Konrad M. Müller · Mittelalterliches Franken

Konrad M. Müller

MITTELALTERLICHES FRANKEN
EIN REISEHANDBUCH

Mit 24 Karten und 58 Abbildungen

Stürtz Verlag Würzburg

Dieses Reisehandbuch ist so verfaßt, daß es nicht als Bildband sondern als bebildertes Buch gelten kann. Um den geschichtlichen Charakter zu unterstreichen, wurden zum Teil ältere Aufnahmen, die leider technische Mängel aufweisen, ausgewählt.
Jedes Kapitel, d.h. jeder Gau, ist entsprechend seines Textumfanges in der Anzahl der Bilder gleichmäßig vertreten.
Die Karten wurden speziell für dieses Buch gezeichnet. Sie geben nur beschriebene Orte und Flüsse wieder, so wie es auch die mittelalterliche Kartographie handhabte.

Satz: Werkstätte für Behinderte gem. GmbH,
Druck- und Verlagshaus Bauland-Hohenlohe, Krautheim
Druck und Bindung: Universitätsdruckerei H. Stürtz AG, Würzburg
Einband, Layout und Karten: Klaus Hartmann, Würzburg
ISBN 3800301415

GRUSSWORT

Das vorliegende Reisehandbuch orientiert sich geographisch an den ehemaligen fränkischen Gauen. Damit wird zugleich der Beginn jenes historischen Zeitraumes abgesteckt, den das Buch behandelt. Die Gaue entstanden im Zuge der fränkischen Besiedelung des heutigen Unterfranken und seiner Grenzgebiete. Besonders kennzeichnend für Franken sind dabei die -feld und Gaue, die auf ehemalige Königsgutbezirke schließen lassen. Auch bei den nach Flüssen benannten Gauen darf man von frühen Ansatzpunkten der karolingischen Staatskolonisation ausgehen.

In einer Reihe von Urkunden des 8. Jahrhunderts begegnen uns die Namen dieser Gaue. So zum Beispiel auch in der Urkunde Karls des Großen vom 7. Jan. 777, durch welche er das Königsgut Hammelburg an das Kloster Fulda schenkte, oder auch in der Würzburger Markbeschreibung vom 14. Okt. 779, die das westlich des Maines gelegene Gebiet erfaßt.

In der Schenkungsurkunde des Jahres 777 ist uns auch das älteste erhaltene Dokument gegeben, das den Weinbau in Franken erwähnt. Wenngleich die Gaueinteilung des Landes seit langem überholt ist und nur dem Geschichtsinteressierten noch etwas sagt, so ist der Weinbau doch geblieben und uns allenthalben gegenwärtig. Die vielgestaltigen, abwechslungsreichen Charaktere des Landes, das von der klimarauhen Rhön bis zu den waldreichen Odenwald- und Spessartkuppen reicht, das den fruchtbaren Ochsenfurter Gau, die liebliche Mainschleife bei Volkach und die erholsamen Steigerwald- und Haßberggebiete umfaßt, die mannigfaltigen kulturellen Sehenswürdigkeiten und eben der Wein machen Unterfranken zu einem reizvollen, unverwechselbaren Teil Bayerns. Ich wünsche allen Besuchern Unterfrankens, daß sie dies schöne Fleckchen Erde genauso lieb gewinnen, wie augenscheinlich der Main, der sich in vielen Windungen durch das Frankenland zieht, so als fürchte er, es allzuschnell verlassen zu müssen.

Philipp Meyer
Regierungspräsident von Unterfranken

GRUSSWORT

Für den Touristen, der sich Oberfranken unbefangen nähert und seine Landschaft bereist, entsteht sehr bald der Eindruck, daß es sich um einen ungewöhnlich vielfältigen Landstrich handelt. Dieser geographischen, geologischen und landschaftlichen Vielfalt entspricht die Vielfalt der kulturgeschichtlichen Entwicklung. Franken, speziell Oberfranken, ist niemals eine abgeschlossene Region gewesen, da es fremden Völkern in friedlichen und kriegerischen Zeiten als Durchzugsgebiet diente. Dadurch hat es Einflüsse aus allen Himmelsrichtungen aufgenommen und verarbeitet und seinerseits wieder die umliegenden Gebiete beeinflußt.

Das Mittelalter ist gerade für den fränkischen Raum von besonderer Bedeutung gewesen, da sich in diesem Reichsland wesentlichste Ereignisse mittelalterlicher europäischer Geschichte abgespielt haben. So sei nur an die Bedeutung Forchheims als Pfalz und Stätte wichtigster reichspolitischer Entscheidungen oder an die Gründung des Bistums Bamberg erinnert.

Friedliche und kriegerische Entwicklungen haben diesem Landstrich gleichermaßen seinen Stempel aufgedrückt. Auf Perioden der Zerstörungen, wie etwa im Hussitenkrieg, Bauernkrieg und Markgräflerkrieg und im besonderen Maße im Dreißigjährigen Krieg, folgten nach fürchterlichem Niedergang und Elend fruchtbare Zeiten eines lebendigen Wiederaufbaues. Daraus erklärt sich ein sehr vielfältiges Erscheinungsbild, insbesondere hinsichtlich der kulturgeschichtlichen Hinterlassenschaft, wenn es auch nicht mehr der Bedeutung der einzelnen Epochen entspricht. Heute sind mittelalterliche Zeugnisse relativ selten, weil – abgesehen von der rasanten Entwicklung der zweiten Hälfte unseres Jahrhunderts – schon die Barockzeit mit einem vorher nie gekannten Bauboom Zeugnisse vergangener Zeiten beseitigt oder zumindest ummantelt hat.

Wenn Sie heute durch Franken reisen, dann betrachten Sie bitte das Land mit Verständnis für seine sehr lebhafte und wenig geruhsame Entwicklung. Nur so können Sie begreifen und verstehen, warum dieses Land Ihnen heute in dieser Gestalt begegnet.

Wolfgang Winkler
Regierungspräsident von Oberfranken

GRUSSWORT

„Was den Menschen auszeichnet", sagt C. F. Weizsäcker, „ist nicht, daß er Geschichte hat, sondern daß er etwas von seiner Geschichte begreift." Es ist erfreulich, daß wir heute wieder zunehmend Zeichen der Besinnung auf das kulturelle Erbe und auf Werte feststellen können, die Kulturpessimisten in einer „geschichtslosen" Zeit verloren glaubten.

Geschichte läßt sich im stillen Kämmerlein, aber häufig noch besser am Ort der Geschehnisse selbst studieren. Wer den heutigen Regierungsbezirk Mittelfranken bereist, wird immer wieder auf Zeugnisse einer reichen geschichtlichen Vergangenheit, insbesondere auch aus dem Mittelalter stoßen. Königsstädte wie die späteren freien Reichsstädte Rothenburg ob der Tauber, Windsheim und vor allem Nürnberg, aber auch zahlreiche Königsburgen erinnern noch immer an die Zeit, als das Königsland Franken Kernland des Reiches war. Die Vielfalt der Herrschaftsbildungen hat auch zu kultureller Vielfalt geführt. Wer mit wachem Sinn auf den Spuren des Mittelalters die Bauten und Ruinen dieses Landes besucht, wird sicherlich etwas von dem verspüren, was Erich Frhr. von Guttenberg den „romantischen Zauber einer in Wahrheit historischen Landschaft" genannt hat.

Nur vor dem geschichtlichen Hintergrund lassen sich die heutigen Probleme Mittelfrankens mit seinen starken Gegensätzen zwischen dem strukturschwachen Westmittelfranken und dem Ballungsraum im Osten verstehen. Vielleicht kann ein Handbuch für eine Reise in das fränkische Mittelalter dazu beitragen, dieses Land auch in seiner Gegenwart kennen und schätzen zu lernen.

Heinrich von Mosch
Regierungspräsident von Mittelfranken

GRUSSWORT

Im Nordosten des Landes Baden-Württemberg wurde im Jahre 1973 der Regionalverband Franken gegründet. Die Region Franken gehört zum Regierungsbezirk Stuttgart. Sie umfaßt die Landkreise Heilbronn, Hohenlohe, Main-Tauber und Schwäbisch Hall sowie den Stadtkreis Heilbronn. Ihre mittelalterlichen Ahnen sind die in diesem Gebiet gelegenen fränkischen Gaue des früheren Deutschen Reiches.

Das Reisehandbuch „Mittelalterliches Franken" wendet sich zunächst an den Touristen, dem die vielfach heute noch erhaltenen Schlösser, Burgen und malerischen alten Ortsbilder der baden-württembergischen Region Franken erschlossen werden. Diese historischen und kulturellen Werte unserer Heimat herauszustellen, ist eine dankbare und wertvolle Aufgabe. Ich verweise beispielhaft auf die hohenlohischen Schlösser Langenburg, Öhringen und Weikersheim sowie auf die Burg Wertheim der Grafen und Fürsten von Löwenstein-Wertheim: eindrucksvolle Anlagen, die in durch moderne Bauten kaum gestörte historische Ortsbilder eingebunden sind. Sehens- und besuchenswert sind die alten Märkte und Kleinstädte wie beispielsweise Forchtenberg, Vellberg, Kirchberg an der Jagst und die Altstadt Lauda in Lauda-Königshofen.

Das Buch „Mittelalterliches Franken" dürfte jedoch auch bei den Franken in der Region Franken Anklang finden. In einer Zeit, in der das Bewußtsein der geschichtlichen Einbindung der Menschen in ihrer Heimat wieder wächst, kann das Handbuch die Liebe zur Heimat fördern. Begrüßenswert ist dabei besonders, daß nicht nur der baden-württembergische Teil des alten Franken, sondern auch der bayerische Teil erfaßt werden. Damit überspringt das Werk die willkürlichen Grenzen der napoleonischen Zeit und präsentiert das alte Franken zu Recht als historische und vor allem kunsthistorische Einheit.

Mit dem wachsenden Verhältnis der Menschen für die Geschichte der Heimat wächst auch das Verhältnis für die Erhaltung und Bewahrung der kunstgeschichtlichen Zeugen der Vergangenheit. Gerade heute, wo trotz zunehmender Aufgeschlossenheit für den Denkmalschutz im Einzelfall immer wieder harte Zielkonflikte zwischen den Aspekten der wirtschaftlichen Effizienz und der Erhaltung des Alten zu lösen sind, ist dies von besonderem Wert.

Das Reisehandbuch „Mittelalterliches Franken" möge dazu beitragen, diese positive Entwicklung zu fördern.

Dr. Manfred Bulling
Regierungspräsident des Regierungsbezirks Stuttgart

INHALT

VORBEMERKUNG

Wo liegt oder lag Franken? Gab es in der Geschichte je eine Zeit, in der von einem Herzogtum Franken gesprochen wurde, so wie z. B. ein Herzogtum Schwaben oder Bayern bekannt ist? War es nicht vielmehr so, daß im Mittelalter neben den Stammesherzögen verschiedene Bischöfe die Macht besaßen? Und gerade die Gebiete des Reiches, in denen Bischöfe die Herzöge waren, bewohnten die Franken: Rheinfranken und Ostfranken. Jener Teil waren die Bistümer Köln, Trier, Mainz, Worms und Speyer. Ostfranken – und nur das ist weiterhin in diesem Buch gemeint – gehörte im Westen zu Mainz und Worms, Mitte und Osten zu Würzburg, Eichstätt und zu dem erst später gegründeten Bamberg. Diese Verhältnisse blieben auch bestehen, als das karolingische Reich aufgeteilt wurde und das Römische Reich Deutscher Nation entstand. Damit beginnt der Zeitraum, der in diesem Buch als „MITTELALTERLICH" behandelt wird.

Dieses Mittelalter soll hier durch Aufsuchen von Übriggebliebenem jener Zeit wieder lebendig gemacht werden: Burgen und Ruinen, Stadtmauern, Türme und Tore sowie anderes Mittelalterliches, wo auch immer es zu finden ist. Aber auch Schlösser werden vorgestellt, die wie Herüberrettungen aus der „Zeit der Burgenromantik" anmuten.

Die Frage nach kirchlichen Bauten, die in das Mittelalter gehören, beantwortet sich durch deren häufige Darstellungen in unzähligen Kunst- und Reiseführern. Die Notwendigkeit dieses Buches wird durch jene sogar unterstrichen, denn sie legen eindeutig Wert auf Kunstgeschichte. Hier: die Beschreibung historischer Ereignisse an ihrem Schauplatz kann diesen zu einem sich lohnenden Besuchsziel werden lassen.

Um eine umständliche Grenzbeschreibung Frankens zu vermeiden, wird dem Leser zunächst eine Übersichtskarte zur Erläuterung an die Hand gegeben.

Als heutiges Franken versteht man Nordbayern mit den Regierungsbezirken Ober-, Unter- und Mittelfranken, deren Hauptstädte Bayreuth, Würzburg und Ansbach sind. Zu Franken gehört aber auch der größte Teil Nordwürttembergs und das badische Frankenland. Viele Orte, die im Mittelalter in Franken lagen, zählen nicht mehr dazu, und viele Orte, die zu Bayern, Rheinfranken und Schwaben gehörten, liegen jetzt in Franken. Das betrifft vor allem das „schwäbische" Mittelfranken um Nördlingen und das „rheinfränkische" Unterfranken um Aschaffenburg.

Fränkisch war, das Land in Gaue einzuteilen, und diese mittelalterliche Landaufteilung wird in diesem Buch angewendet, um die Beziehung der einzelnen Kapitel zur Geschichte herzustellen. In den Geschichtsbüchern ist die Reihenfolge: Neckargau (Ne), Kochergau (Ko), Mulachgau (Mu), Jagstgau (Ja), Wingarteiba (Wi), Taubergau (Ta), Gollachgau (Gol), Rangau (Ran), Volkfeld (Vo), Iffgau (If), Badenachgau (Ba), Waldsassengau (Wa), Gozfeld (Goz), Werngau (We), Saalgau (Sa), Grabfeld (Gr), Tullifeld (dieser Gau liegt außerhalb des betrachteten Gebietes), Haßgau (Ha), Radenzgau (Rad) und Sualafeld (Su). Diese Gaue sind keine festumrissenen Gebiete, die sich nahtlos aneinander anschließen, sondern bis zum nächsten Gau liegen „leere" Räume, die nicht oder nur dünn besiedelt sind. Jedem Kapitel geht eine Karte des betreffenden Gaues voran, so daß seine Lage innerhalb Frankens leicht aufgefunden werden kann. Gaugrenzen als Linien gibt es nicht, sondern nur Grenzgebiete, wie es die Gesamtübersichtskarte zeigt. Orte, die zufällig innerhalb dieser Grenzgebiete liegen, werden immer in dem Gau-Kapitel behandelt, zu dem sie mit größter Wahrscheinlichkeit gehören. Die Grenzen sind nicht willkürlich festgelegt, sondern Dokumente und Urkunden, die Orte in ihrer Gauzugehörigkeit ausweisen, legten diese Einteilung fest.

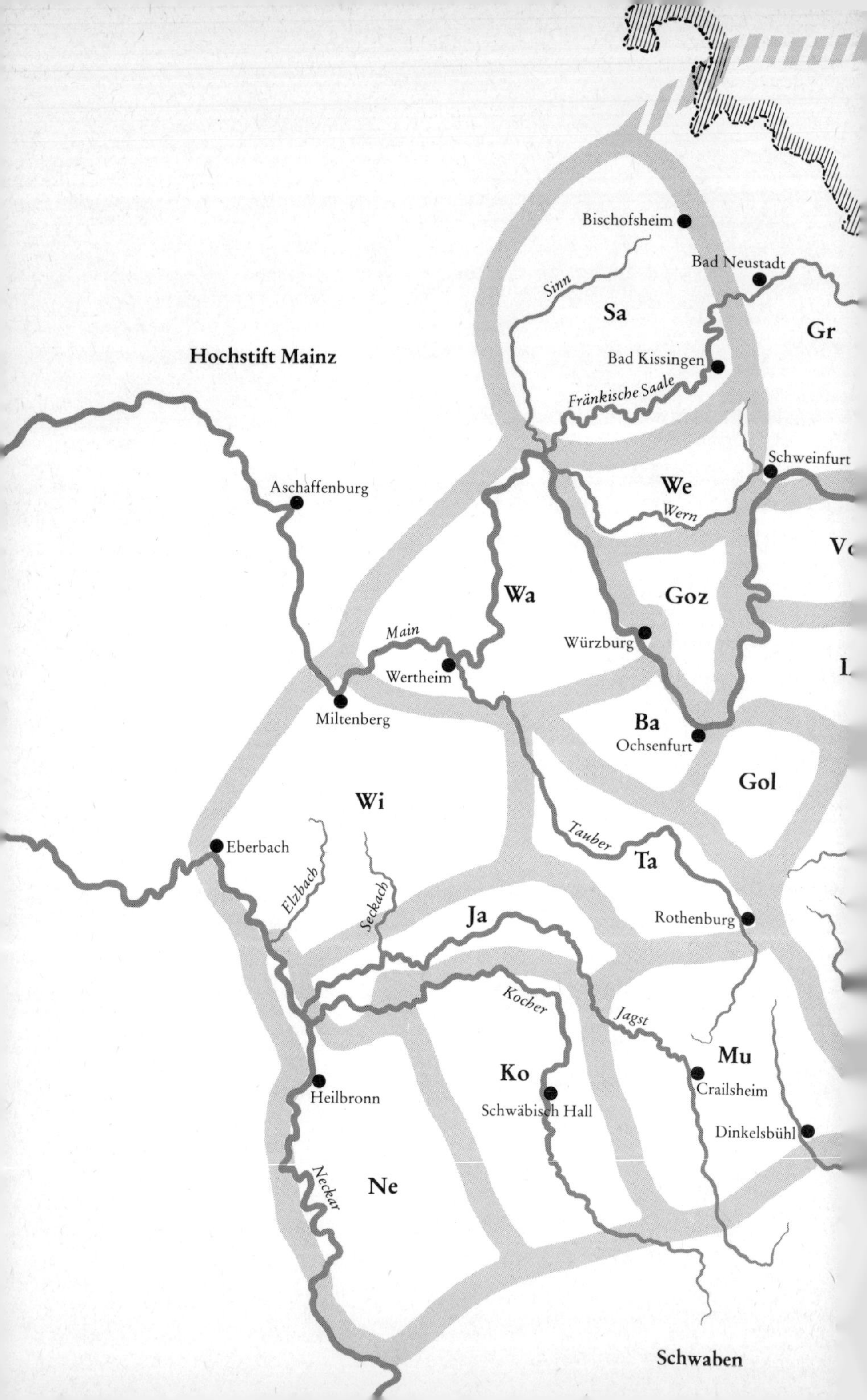

Bischofsheim
Bad Neustadt
Sinn
Sa
Gr
Hochstift Mainz
Bad Kissingen
Fränkische Saale
Schweinfurt
Aschaffenburg
We
Wern
Wa
Goz
Main
Würzburg
Wertheim
Miltenberg
Ba
Ochsenfurt
Gol
Wi
Eberbach
Tauber
Ta
Elzbach
Seckach
Ja
Rothenburg
Kocher
Jagst
Mu
Ko
Heilbronn
Schwäbisch Hall
Crailsheim
Dinkelsbühl
Neckar
Ne
Schwaben

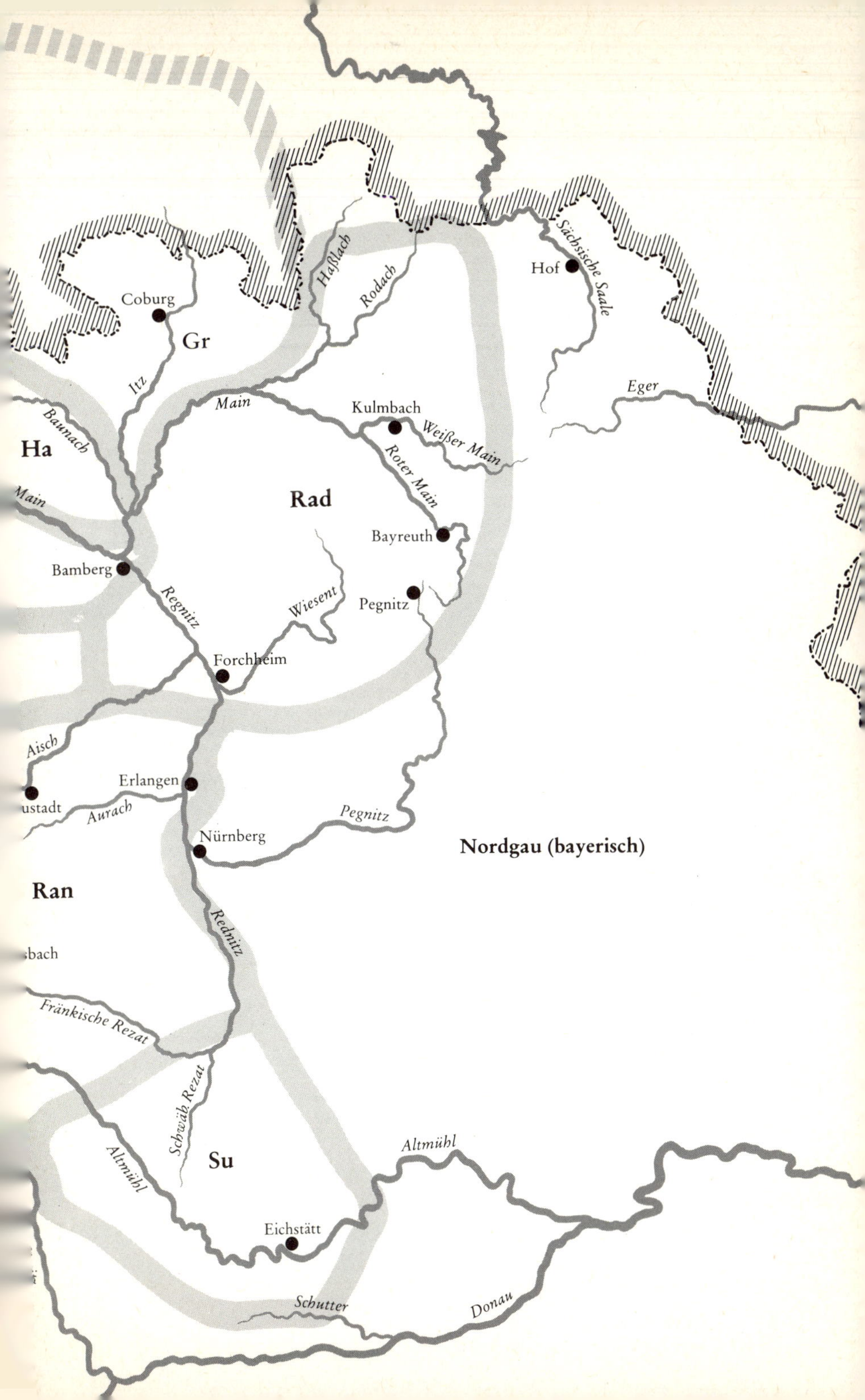

Coburg
Gr
Haßlach
Rodach
Hof
Sächsische Saale
Itz
Main
Kulmbach
Eger
Baunach
Ha
Weißer Main
Roter Main
Main
Rad
Bayreuth
Bamberg
Regnitz
Wiesent
Pegnitz
Forchheim
Aisch
Erlangen
ustadt
Aurach
Pegnitz
Nürnberg
Nordgau (bayerisch)
Ran
Rednitz
bach
Fränkische Rezat
Schwäb. Rezat
Altmühl
Su
Altmühl
Eichstätt
Schutter
Donau

KURZGEFASSTER ABRISS DER GESCHICHTE

Völkerwanderungszeit	Das Maingebiet wurde nicht andauernd von denselben Stämmen besiedelt, sondern als Durchzugsgebiet benutzt
4. Jahrhundert	Bukobanten (Alemannen) am Untermain Burgunder, Wandalen auf dem Durchzug
um 500	Sieg Chlodwigs Expansion der fränkischen Ripuarier
506	Aufstand gegen die Franken
529 (?)	Zug gegen die Thüringer durch König Theuderich
531	Niederlage des thüringischen Königs Herminafrid. Die nördlichen Teile des Thüringerreiches erhielt Sachsen, die westlichen Franken
536 / 37	Die südöstlichen und südlichen Teile Alemanniens werden Franken einverleibt
555 / 56	Aufstand der Sachsen, gemeint Thüringer, von Chlothar I. niedergeschlagen
595	Aufstand der Warnen von Childebert II. niedergeschlage
613	Rado von Chlothar II. in Austrasien als Hausmeier eingesetzt
629	Dagobert Alleinherrscher des Gesamtreichs
641 (?)	Tod Radulfs Herzog von Thüringen sein Sohn Heden d. Ältere Nachfolger sein Bruder Theobald Nachfolger sein Sohn Heden II. Nachfolger Hauptort Würzburg
687	Schlacht von Tertry Pippin d. Mittlere (gest. 714) setzt sich durch
714 – 741	Karl Martell
um 716	Ende des thüringischen Herzogtums mit dem Tod Hedens II.
719	Bonifatius in Thüringen
741	Karlmann erhält Ostfranken Pippin d. Kleine Westfranken

1. April 743	Kurz nach Herrschaftsantritt Karlmanns Bestätigung der Errichtung von 3 Bistümern: Würzburg, (Büraburg und Erfurt)
um 742	Gründung des Bistums Eichstätt
743 – 46	Feldzüge Karlmanns gegen die Sachsen, bzw. Alemannen und Bayern
747	Alleinherrschaft Pippins d. Kleinen
768	Tod Pippins d. Kleinen
768 – 814	Karl der Große
772 – 804	Kämpfe Karls gegen die Sachsen
794	Unterwerfung der Sachsen bei Paderborn Sachsendeportationen nach Franken
800	Kaiserkrönung
806	Reichsteilung
814 – 840	Ludwig der Fromme Lothar erhält die Kaiserwürde Vertrag von Verdun
843	Ludwig d. Deutsche setzt sich in Ostfranken durch Karl der Kahle in Westfranken
843 – 876	Ludwig der Deutsche
865	Reichsteilung: Karlmann – Bayern, Karl – Schwaben, Ludwig d. Jüngere – Ostfranken und Thüringen
876 – 887	Karl der Dicke
Ende 9. Jahrhundert	Normannenkämpfe
887 – 899	König Arnulf von Kärnten
um 900	Machtverlust der Babenberger, Aufstieg der verwandten Schweinfurter Grafen (jüngere Babenberger Linie)
900 – 911	Ludwig das Kind
910 – 915	erste Ungarnstürme
911 – 918	Konrad I.
919 – 936	Heinrich I.
940 – 1002	Festigung der Königsmacht
936 – 973	Otto I.

973 – 983	Otto II.
983 – 1002	Otto III.
1002 – 1024	Heinrich II. Aufstand des Grafen Heinrich von Schweinfurt und Niederlage
1007	Gründung des Bistums Bamberg Durch die königlichen Schenkungen gab es in Ostfranken kaum noch Königsgut
1017	Tod Heinrichs von Schweinfurt
1024 – 1039	Konrad II.
1039 – 1056	Heinrich III. Er beginnt neues Reichsgut zu sammeln (Nürnberg in diesem Zusammenhang erstmals genannt)
1056 – 1106	Heinrich IV.
1057 – 1125	Investiturstreit
1096 – 1291	Zeit der Kreuzzüge
Anfang 12. Jahrh.	Staufer als Erben der Grafen von Rothenburg
1125 – 1137	Lothar von Sachsen
1138 – 1152	Konrad III. Franken wird Mittelpunkt der staufischen Herrschaft Machtkampf zwischen Konrad und Heinrich dem Bayernherzog
1152 – 1190	Friedrich I. Barbarossa
1154	1. Italienzug Kaiserkrönung
1190 – 1197	Heinrich VI.
1198	Doppelwahl: Philipp von Schwaben (Staufer) und Otto IV. von Braunschweig (Welfe) Die fränkischen Bistümer blieben staufisch
1208	Otto von Wittelsbach erschlägt Philipp in Bamberg
1211	In Nürnberg entscheiden sich die deutschen Fürsten für Friedrich, Sohn Heinrichs VI.
1212 – 1250	Friedrich II.
1212	Die fränkischen Bischöfe treten auf Friedrichs Seite
1220	Kaiserkrönung

1245	Absetzung Friedrichs durch das Konzil zu Lyon
1250 – 1254	Konrad IV.
1256 – 1273	Interregnum
1268	Konradin wird hingerichtet
2. Hälfte 13. Jahrh.	Bayerische Expansion auf fränkische Gebiete des Grafen von Öttingen
1273 – 1291	Rudolf I. von Habsburg
1292 – 1298	Adolf von Nassau
1298 – 1308	Albrecht I. von Österreich
1308 – 1313	Heinrich VII. von Luxemburg Die Zeit König Rudolfs, Adolfs, Albrechts und Heinrichs steht unter der Rückgewinnung des ehemaligen Reichsguts an den König
1314	Doppelwahl Friedrichs des Schönen von Österreich und Herzog Ludwigs von Oberbayern
1314 – 1347	Ludwig der Bayer Mit Hilfe des Burggrafen Friedrichs IV. von Nürnberg und anderen Parteigängern siegt Ludwig bei Mühldorf über Friedrich
1322	Periode von Städtegründungen und -bestätigungen
1346 – 1378	Karl IV. von Luxemburg
1356	Goldene Bulle: Königswahlrecht der Kurfürsten Herrschaftsaufbau Karls IV. in Franken und Anbindung an Böhmen
1378 – 1400	Wenzel
1400 – 1410	Ruprecht von der Pfalz
Anfang 15. Jahrh.	Kampf der Städte gegen die Landesfürsten Aufstieg der Zollern
1410 – 1437	Sigismund
1415	Der Burggraf Friedrich VI. von Nürnberg wird Kurfürst von Brandenburg
1415	Verbrennung von Hus auf dem Konzil von Konstanz
1419 – 1436	Hussitenkriege
1438 – 1439	Albrecht II. von Habsburg Das Königtum beruht auf der Basis der österreichischen Hausmacht

1440 – 1493	Friedrich III. Franken ist nur noch passiv an der Politik beteiligt
1500	Schaffung des fränkischen Reichskreises: die drei Hochstifte (Bamberg, Würzburg, Eichstätt), die zollerischen Fürstentümer (Ansbach, Kulmbach-Bayreuth), die fünf Reichsstädte (Nürnberg, Rothenburg, Windsheim, Schweinfurt, Weißenburg), die Reichsdörfer (Gochsheim, Sennfeld), sowie die in Franken ansässigen Grafen und Freiherrn. Die Ritterschaft bildet einen eigenen Ritterkreis, der nicht mit dem Reichskreis übereinstimmt
16. Jahrhundert	Reformation
1517	Luthers Thesenanschlag
1524 / 25	Bauernkrieg
1555	Augsburger Religionsfriede
1552 – 1553	Markgräflerkrieg unter der Herrschaft des Zollern Albrecht Alcibiades
1618 – 1648	Dreißigjähriger Krieg

NECKARGAU

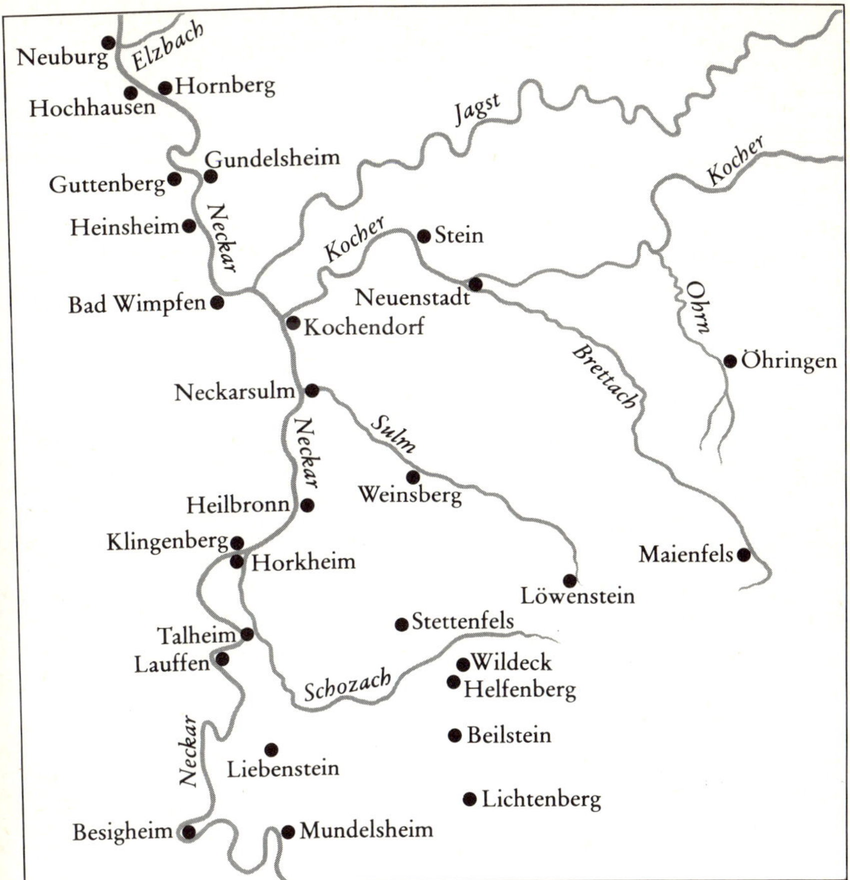

Keine der im Mittelalter bekannten Städte läßt sich als deutsche Hauptstadt bezeichnen. Bekannt sind aber mehrere Orte, wo kaiserliche Pfalzen standen. Zwischen ihnen zogen die Kaiser öfters, ja regelmäßig hin und her, dort hielten sie sich auf. Dort urkundeten sie und saßen zu Gericht, dort bereiteten sie auch ihre Kriegszüge vor. Kurz gesagt: die Pfalz war solange Hauptstadt, wie der Kaiser mit seinem Hofstaat dort regierte.

Eine von den Staufer-Kaisern bevorzugte Pfalz war in **Wimpfen am Neckar.** Wimpfen konnte schon zur Stauferzeit auf eine tausendjährige Tradition zurückblicken. Hatten doch die Römer in unmittelbarer Nähe, wo Jagst und Kocher in den Neckar münden, bereits um 100 n. Chr. ein Kastell erbaut. Diese Siedlung hieß vermutlich Cornelia. Doch schon 820 war der Name „Vuinpina" bekannt. Die Bedeutung des „römischen" Wimpfen verblaßte, als Friedrich I. Barbarossa in Wimpfen am Berg eine seiner Pfalzen errichten ließ. 1182 hielt er hier ein Hoflager, und in den folgenden Jahren wird er seine Baupläne begonnen haben. Bei seinem Tod 1190 als Kreuzfahrer, er ertrank im Fluße Saleph, residierte sein Sohn Heinrich VI. als Deutscher König und Statthalter im Reich in Wimpfen. Außer den Regierungsgeschäften wird er auch den Pfalzbau fortgeführt haben. 1193 weilte er, inzwischen zum Kaiser gekrönt, ein zweitesmal in Wimpfen. Zur Zeit seines Todes 1197 waren vermutlich die meisten Gebäude der Pfalz errichtet. Friedrich II., der sein Leben zum größten Teil in Italien zubrachte, traf sich zweimal in Wimpfen, im Juli und August 1218, mit seinem Sohn Heinrich (VII.). Der eine Kaiser, der andere Rebell. 1220 wohnte Friedrich II. noch einmal in der Wimpfener Pfalz. Bevor Heinrich 1235 nach seiner endgültigen Auflehnung gegen seinen Vater als Gefangener nach Italien geführt wurde, residierte er nachweislich von 1224–1228 und 1232–1235 in Wimpfen. Auch nach dem Einschnitt in die Geschichte durch den Niedergang und Fall der Staufer wird Wimpfen weiterhin von verschiedenen Herrschern besucht. Rudolf von Habsburg hielt 1274 Hoflager, 1282 war er noch einmal hier. Ferner lassen sich aufzählen: Adolf von Nassau 1297, König Albrecht 1300 und 1306, Ludwig der Bayer 1315, 1320, 1336 und 1346. Auch wenn sich diese Daten spärlich ausnehmen, läßt sich trotzdem auf die Bedeutung dieser Stadt schließen.

Um 1250 wurde Wimpfen freie Reichstadt. Aus diesem Jahr stammt das älteste erhaltene Stadtsiegel – Adler mit Schlüssel im Schnabel. Es trägt die Inschrift: Regia Wimpina gerit haec victricia signa. „Das königliche Wimpfen trägt diese siegreichen Zeichen." Freie Reichstadt blieb Wimpfen bis ans Ende des Alten Reiches. Als Wimpfen am 26. April 1930 Kur- und Heilbad wurde, konnte es an die große Zeit des Mittelalters anknüpfen.

Als gebaute Geschichte bietet sich heute die Stadt an. Innen die Pfalz, eingekreist durch die Freie Reichstadt und nahtlos fügt sich daran die Neuzeit, der Badeort.

Durch das Hohenstaufentor oder Schwibbogentor zog der Kaiser in seine Pfalz. Der Ostteil des Burgviertels ist heute noch mit erhaltener Mauer gesichert. Vom Tor steigt die Schwibbogengasse zum Roten Turm hinauf. Dieser Turm war die letzte Zufluchtsstätte für den Kaiser, wenn Gefahr bestand, daß die Burg erobert würde. Er ist im Innern völlig renoviert und zugänglich. Neue Holztreppen ermöglichen einen Aufstieg bis auf die obere Plattform. Das Türmchen, das wie ein Dachreiter auf der Mauer sitzt, erinnert an die Hilfe

Bad Wimpfen, Pfalz und Altstadt

der Nürnberger, die für den Wiederaufbau der Stadt nach dem 30jährigen Krieg gewährt wurde, daher auch der Name „Nürnberger Türmchen". Kapelle und Palas stehen am Rande des Steilabfalles zum Neckar hin. Während die Kapelle nicht zu besichtigen ist, lassen sich die verschieden gestalteten Arkaden der Palaswand am besten vom Haag aus betrachten. Fast unmittelbar an die Nordfront des Palas schließt das Steinhaus an. Erbaut vermutlich um 1200, diente als Wohnung und Amtssitz des Burgvogtes. Heute bietet es Raum für das Heimatmuseum. In seinen Beständen finden sich mittelalterliche Keramik, Waffen und Münzen; Funde aus der Vor- und Frühgeschichte und vor allem aus der Römerzeit; Urkunden zur Geschichte der Stadt; Arbeitsgeräte von Handwerkern und Bauern. Für die Geschichte der Pfalz bedeutsam ist das Modell der ehemaligen Pfalzanlage. Bevor das Burggebiet in die bürgerliche Stadt übergeht, steht als höchstes Bauwerk der Pfalz der Blaue Turm, erbaut um 1200. Nach einem Brand 1848 erhielt er den Aufbau mit dem hochgezogenen gotischen Dach und den vier Ecktürmchen. Der von der Türmersfamilie bewohnte Turm kann bestiegen werden. Wenige Meter weiter steht das Rathaus und die Stadtkirche. Aus der mittelalterlichen Reichstadt ließ jedoch der Dreißigjährige Krieg wenig übrig. Einige Bürgerhäuser aus dem späten Mittelalter sind über die ganze Altstadt verstreut. Teile der Neckarfront im Wormser Hof bei der Stadtkirche stammen noch aus der Stauferzeit. Die Bollwerkanlage am Rande der Altstadt, die nach Plänen von Albrecht Dürer angelegt wurde, stammt aus dem 16. Jahrhundert. Die Hauptstraße bergab führt zum Unteren Stadttor. Hier ist auch die Stadtmauer mit direktem Anschluß an die Pfalzmauer erhalten. Andere Stadtmauerreste und Stadttürme wurden beseitigt. 1951 wurde als letzter der Schneckenturm abgebrochen. Im Innenhof des Bürgerspitals aus dem 15. Jahrhundert mit seinem heute als malerisch empfundenen Fachwerk mag der Gedanke daran, daß in diesem Gebäude Kranke unter größten Schwierigkeiten gepflegt wurden, die Idylle des Mittelalters in rauhe Wirklichkeit zurückholen. Die engen, buckligen Gassen mit Kopfsteinpflaster können trotz Romantik die Beschwerlichkeit dieses Zeitalters nicht verbergen. Doch soll nicht beklagt werden, daß Wimpfen den Charakter eines Museums zeigt, kann doch jeder hier erfahren, wie es sich im Mittelalter in einer Stadt leben ließ.

Wegen der Fülle all der Bauwerke in Wimpfen am Berg wird leicht das noch völlig ummauerte Wimpfen im Tal übersehen. Auch wenn weder Turm noch Tor, abgesehen von einem Torbogen, erhalten sind, gibt es bemerkenswerte Mauerdetails. Die Originalhöhe der Mauer ließ sich fast nirgends bewahren. Der größte Teil der Mauer wurde haltbar restauriert. Einige wenige Stellen sind noch ruinös und bewachsen. An der Außenseite der Mauer führt ein Weg entlang, so daß die ganze Mauer zu besichtigen ist.

Fast alle Burgen bzw. Schlösser neckarabwärts nennen sich Schloßhotel oder zumindest Burgschenke. In **Heinsheim** wird das Schloß als Hotel von der Familie von Racknitz geführt. In der Nähe, allerdings auf Privatgelände, liegt die Ruine **Ehrenburg** aus dem 12. Jahrhundert. Sie ist nicht zu besichtigen.

Oberhalb Neckarmühlbach steht unzerstört die Burg **Guttenberg.** Der Besitzer, schon seit 500 Jahren die Familie von Gemmingen, pflegt drei Aufgabenbereiche: außerhalb der eigentlichen Burg die Burgschenke, im Zwinger die Vorführung von Raubvögeln und in der Burg die Geschichte durch Museum, Archiv, Bibliothek und Gebäude. Diese Burg wurde in der Stauferzeit erbaut, denn wie andere Burgen der Gegend galt sie als Sicherung für die Kaiserpfalz in Wimpfen. Bergfried und Schildmauer sind aus der 2. Hälfte des 12. Jahrhunderts zu datieren, besetzt war sie von Vögten aus dem Umkreis des Kaisers. Um 1300 ist die Burg namentlich mit den Herren von Weinsberg verbunden. Der Bedeutendste des Geschlechts war Konrad von Weinsberg (1370–1448). Intrigen beim Kaiser und finanzielle Gründe betrieben den Niedergang der Weinsberger. Guttenberg wurde zum Teil an Wolf von Wunnenstein verpfändet, später wurde die Burg wieder eingelöst. 1449 kaufte Hans von Gemmingen für 6000 Gulden Guttenberg mit allen Rechten und dem gesamten Besitz. Durch dieses Geschlecht wurde die Burg zu ihrem heutigen Umfang ausgebaut. Oft diente sie Anhängern der Reformation als Zufluchtsort. Auch Karl V. konnte die Herren von Gemmingen nicht mehr zum alten Glauben zu-

Burg Guttenberg

rückgewinnen. Im Bauernkrieg wie auch im Dreißigjährigen Krieg blieb die Burg vor Eroberung verschont. Auch von den Franzosen drohte während des Pfälzischen Erbfolgekrieges von 1688–97 keine Gefahr. Diplomatisches Geschick verhütete auch weiterhin Unheil. So konnte sich die Burg bis in die Gegenwart erhalten.

Ein steiler Fußweg führt bergan, vorbei an der außerhalb der Burg liegenden Kapelle, zum ersten Tor. Ein Ring von Mauern schützt die Burg. Von der Bergseite öffnet die ehemalige Zugbrücke den Zugang durch die verschiedenen Mauernsysteme, besonders gesichert war die Brücke durch flankierende Wachtürme. Dem Zugbrückentor folgt unmittelbar ein zweites Tor, so daß ein Angreifer dazwischen wie in der Falle saß. Im Zwinger zwischen äußerer Wallmauer und innerer Ringmauer sind heute die verschiedenen Raubvögel untergebracht. Die Ringmauer, durch fünf weitere Wachtürme verstärkt, zeigt neben dem Wehrgang auf der Mauerkrone eine große Anzahl von Schießscharten. Die eigentliche Burg wird durch das Torhaus betreten. Der größte Teil der Burg wird von dem Wohnhaus, das nicht besichtigt werden kann, eingenommen. Der kleinere Museumsbau enthält die verschiedenen Sammlungen: Urkunden, Bücher und bildliche Darstellungen aus der Rechtsgeschichte, ein Diorama der Schlacht bei Wimpfen; alte Küchengeräte; Waffen und Rüstungen. Bibliothek und Archiv sind nicht allgemein zugänglich. Berühmt ist die Holzbibliothek, eine Sammlung von Kästchen, in denen die botanischen Merkmale samt Beschreibung von ca. 90 Holzarten aufbewahrt werden. Ein Raum mit Gewehren und Trophäen ist dem Thema Jagd vorbehalten. Schließlich kann durch das Treppenhaus des Museumbaues der Wehrgang auf der Schildmauer erreicht werden. 18 m ist die Schildmauer hoch, von ihr läßt sich durch eine schmale, noch etwas höher angebrachte Pforte der Bergfried besteigen. Er ist 46 m hoch und bis zur Hälfte massiv aufgeführt. Im oberen Teil liegen zwei Räume für den Turmwächter. Die obere Plattform ist nicht ursprünglich, wahrscheinlich trug der Turm ein Spitzdach als Abschluß. Von hier läßt sich die beherrschende Lage der Burg nach zwei Flußtälern, Neckar und Mühlbach, erkennen.

Auf der anderen Seite des Neckar steht, in den Ausmaßen wuchtiger als Guttenberg, Schloß **Horneck** in der kleinen Ortschaft Gundelsheim. 766 wird Gundelsheim erstmals urkundlich erwähnt. Die Burg, nach dem Adelsgeschlecht von Hornegg genannt, wurde 1250 von Konrad von Hornegg dem Deutschorden geschenkt. Von 1420 bis 1525 war Horneck Sitz der Deutschmeister. Ab 25. April 1525 wurde im Bauernkrieg die Burg belagert und, von den Deutschherren im Stich gelassen, kurz darauf eingenommen und niedergebrannt. Zehn Jahre später war Horneck als Renaissanceschloß wieder aufgebaut, erweitert wurde es 1724, dabei barockisiert. Weiterhin war der Deutschorden Besitzer Hornecks, hier war der Sitz eines Komturs und später eines Oberamtes. Mauerreste und Stadttürme der ehemaligen Stadtbefestigung ergeben zusammen mit dem Schloß ein sehr ursprüngliches Bild Gundelsheims. Das Schloß dient heute als Alters- und Ferienheim der Siebenbürger Sachsen. 1968 wurde darin ein Heimatmuseum eingerichtet. Zu seinen Beständen gehören Funde aus der Römerzeit, Darstellungen zur Geschichte der Burg Horneck, des Deutschen Ordens und der Stadt Gundelsheim. Im Siebenürgischen Museum werden Gegenstände zur Heimatgeschichte der Siebenbürer Sachsen gezeigt.

Wenige Kilometer weiter wacht in Neckarzimmern über Weinbergen Burg **Hornberg.** 1123 wird in einer Urkunde Gottfried von Horimberch erwähnt, die Burg selbst das erstemal 1184. Die Burgmänner von Hornberg waren Untertanen des Grafen von Lauffen. Poppo von Lauffen wird 1184 als Besitzer der Burg genannt. Nach Poppos Tod fällt die Burg an seinen Schwiegervater Konrad von Dürn. Nach und nach scheinen sich die Herren von Hornberg von Mit- zu Alleinbesitzern gewandelt zu haben. 1259 verkaufen sie die Burg an den Bischof von Speyer. Mit kurzen Unterbrechungen blieb Speyer bis in die Mitte des 15. Jahrhunderts im Besitz von Hornberg. Mit der Verpfändung der Burg 1328–36 an den Bischof von Trier begann der Reigen der verschiedenen Burgbewohner. Die Burg wurde verschenkt, verpfändet, verkauft. Bischöfliche Amtsleute, z.B. von Ehrenberg, Hohenhard, Utzelingen wechselten sich ab. Bis schließlich 1467 Bischof Mathias die Burg an den Ritter Lutz Schott von Schottenstein, Amtmann zu Weinsberg verkaufte, sind Namen wie Raban von Helmstadt, von Dalheim, Eberhard von Sickingen, Mattheus Remmung, Philipp von Massenbach vorbeigezogen. Für über 2600 Gulden kaufte Schott den gesamten Besitz, Dörfer, Leute, Weinberge usw. eingeschlossen. 1474 wurde die Burg erobert, doch ganz verloren die Schott die Burg nie, denn Conz Schott, der Sohn des Lutz, verkaufte 1517 die Burg an Götz von Berlichingen um 6500 Gulden. Schott selbst endete als Raubritter und Strauchdieb, er wurde enthauptet. Götz, damals noch Amtmann zu Möckmühl, verlegte seinen festen Wohnsitz nach Hornberg. Im Bauernkrieg zwangen ihn aufständische Bauern, den Bauerntrupp als ihr Hauptmann zu führen. Wegen der Teilnahme am Bauernkrieg wurde er zwei Jahre in den Kerker gelegt, er mußte Urfehde leisten, und auf seinen Eid hin wurde er freigelassen, aber verpflichtet, seine Burg Hornberg nie zu verlassen. In dieser Zeit schrieb er seine Lebensgeschichte. 1562 starb er. Seine Nachkommen konnten sich nur wenige Jahrzehnte auf der Burg halten. Seit 1612 ist bis heute die Burg im Besitz derer von Gemmingen. Reinhard von Gemmingen in Michelfeld, mit dem Beinamen der „Gelehrte", kaufte die Burg für 58000 Gulden. Zur Zeit des Pfälzischen Erbfolgekrieges war die Burg nicht bewohnt, und so wurde sie von den Franzosen zerstört. Was sie übrigließen, und was von den nachfolgenden Besitzern restauriert wurde, ist heute zu besichtigen.

Der bewohnte Teil der Burg liegt nicht in der alten Hauptburg, sondern in der Vorburg. Umschlossen wird der gesamte Burgbezirk von der Mauer, dem sogenannten Mantelbau – dem heutigen Wohnhaus der Familie von Gemmingen – und zur Bergseite hin durch einen tiefen Graben. Das untere Torhaus führt in den Burghof der Vorburg, außer dem Mantelbau steht hier der alte Pferdestall mit der Burggaststätte „Im alten Marstall". Zwischen Hof und eigentliche

Burg schiebt sich das Wohngebäude des Weingärtners. Dicht daran stößt die Ringmauer. Der Weg führt zum oberen Torhaus. Es ist samt Ringmauer vorgezogen, so daß der eigentliche Eingang in den Zwinger, das untere Burgtor, noch stärker gesichert war, zumal die Ringmauer überall Wehrgänge trug. Der Zwinger umzieht die Burg schneckenförmig, in Abständen immer wieder durch Tore und Wachtürme gesichert. In einem der Türme befand sich das Burgverlies. Innerhalb des Zwingers ließ Götz von Berlichingen einen Pferdestall anlegen. Schließlich gibt ein spitzbogiges Tor, das mit einem Fallgatter geschlossen werden konnte, den Weg ins Burginnere frei. Der Burghof ist klein und winklig. Verschiedene Wohngebäude sind teilweise oder ganz zerstört. Der Palas des Philipp Ernst von Berlichingen zeigt mit zwei erhaltenen Stockwerken und der nördlichen Giebelwand, wie groß dieses Gebäude gewesen sein muß. Im Erdgeschoß – Wirtschaftsräume, Küche usw. – und im Obergeschoß – der Rittersaal – befindet sich das Burgmuseum, mit Römerfunden, Waffen, Rüstungen, Hausgeräten und Gemmenabdrücken. Im Rittersaal lagern alte Weinfässer. Erhalten blieb auch der Kapelleninnenraum, in dem Grabplatten und mittelalterliche Glasgemälde ausgestellt sind. In der „Götzenstube" im Treppenturm steht die Rüstung des Götz von Berlichingen und sind Hinweise auf sein Leben zu sehen. Das Pförtchen in das Innere des bis zur halben Höhe massiv gebauten Bergfrieds, läßt sich über den Treppenturm erreichen. Der Bergfried, 27 m hoch, bildet in seiner ca. 7 m Durchmesser erreichenden Grundfläche einen Kreis, der gegen den Burghof hin abgeflacht ist. Diese Eigentümlichkeit eines Turmes wird sonst bei keinem anderen Turm gefunden.

Hornberg und die auf dem anderen Neckarufer liegenden Bergschlösser **Hochhausen** und **Neuburg** sind die am weitesten nach Norden vorgeschobenen Orte des Neckargaues. Sowohl Hochhausen wie Neuburg sind als Hotel eingerichtet. Hochhausen ist eine frühmittelalterliche Schloßanlage. 1752 wurde das Schloß durch die Grafen von Helmstadt barock umgebaut. Seither ist es im Besitz dieser Familie. Schloß Neuburg oberhalb Obrigheim blickt auf tausendjährige Geschichte zurück.

Keller, Erdgeschoß und Rittersaal dürften noch aus den Gründerjahren um 970 stammen. Die anderen Stockwerke wurden vermutlich am Ende des 14. Jahrhunderts gebaut. Ein Anbau mit Staffelgiebel erweitert seit 1598 das Schloß.

Von Bad Wimpfen in Richtung Heilbronn ist das Neckartal breiter und dichter besiedelt. Mehr Ortschaften folgen einander, fast in jedem Städtchen steht ein „Schloß". Oft sind diese Schlösser nur vornehmere, größere Steinhäuser, die einem adeligen Besitzer gehören. In **Kochendorf** steht im Park versteckt Schloß Lehen als Hotel und das Greckenschloß nahm Schule und Wohnungen auf. In **Neckarsulm** ist in dem um 1530 erbauten Deutschordenschloß seit 1956 das Deutsche Zweirad-Museum untergebracht.

Heilbronn ist durch Kriegsverwüstungen weitgehend von seiner Geschichte abgeschnitten. Urkundlich wird Heilbronn als Villa Helibrunna im 8. Jahrhundert genannt, später wird daraus Heilicbrunna und dann Heilbronn. Ein merowingisch-karolingischer Königshof stand auf dem Gelände des heutigen Deutschhofs. Von den Grafen von Lauffen und Calw wurde Heilbronn im 12. Jahrhundert mit Münz-, Markt- und Hafenrecht ausgestattet. 1225 ist Heilbronn als ein befestigter Ort genannt, und 1281 wurde das Stadtrecht verliehen. Seit 1371 ist Heilbronn Freie Reichsstadt, und erst 1803 wird sie dem Königreich Württemberg eingegliedert. Aus dieser Zeit blieben als Zeugen nur wenige Bauwerke: Kilianskirche und Kiliansturm, das Rathaus reicht bis in das 13. Jahrhundert zurück. Die Renaissance-Fassade wurde nach der Zerstörung in alter Form wiederhergestellt. Die Kunstuhr schuf Isaak Habrecht, 1580 war sie vollendet. Der Deutschordenshof, wieder renoviert, war die ehemalige Niederlassung der Deutschordenskommende. Der Hafenmarktsturm ist der Rest eines 1688 zerstörten Barfüßerklosters. Der Name des Götzenturm, erbaut 1392, geht auf Goethes Schauspiel zurück. Der Bollwerksturm, erbaut im 14. Jahrhundert, gehört wie auch der Götzenturm zur ehemaligen Stadtbefestigung. Im Bollwerksturm wurde 1519 Götz von Berlichingen eine Nacht gefangen gehalten. Im früheren Fleischhaus, erbaut um 1600, ist heute das Historische Museum untergebracht. Vertreten sind Funde aus der Vor- und Frühgeschichte, Siedlungsfunde aus dem Mittelalter und Belege zur „Geschichte der Reichsstadt". Dokumente vom Mittelalter bis heute erläutern die Postgeschichte Frankens. Nicht zu übersehen sind die Bestände, die Naturgeschichte, Kunst, Volkskunde usw. umfassen.

Immer mehr vom Wein und weniger von Geschichte sind die Städtchen südlich Heilbronn bestimmt. Wenn auch **Horkheim** und **Klingenberg** ein Schloß besitzen, sind diese doch nicht zu besichtigen. Auch die Burg in **Talheim** wird von verschiedenen Familien bewohnt. Erbaut wurde die Burg 1180. Vom Zehnthaus steht noch das Eingangstor von 1200. Im Innenhof läßt sich die ehemals mächtige Anlage überblicken.

Geschichtsbewußter erweist sich **Lauffen.** Auf einer Neckarinsel wurde im 9. Jahrhundert die Pfalzgrafenburg errichtet. Um 1035 taucht erstmals das Geschlecht der Grafen von Lauffen auf, und deren Aussterben im 12. Jahrhundert ermöglichte als Nachfolger die Herrschaft der Grafen von Calw. 1220 war Lauffen an den Markgrafen von Baden verpfändet. Seit 1234 Stadt, wurde Lauffen 1361 württembergisch, und der fränkische Charakter verlor sich. In der erhaltenen Pfalzgrafenburg mit Bergfried ist heute das Rathaus untergebracht. Die Stadt am anderen Ufer kann gut erhaltene Stadtmauern und Tortürme vorweisen.

Noch mehr als Lauffen verloren **Besigheim** und **Mundelsheim** ihre fränkische Zugehörigkeit. Die Enz, die nicht nur die Sprachgrenze zwischen Franken und Alemannen, sondern auch die Stammesgrenze bildet, mündet in Besigheim in den Neckar. Für die Stadt bedeutete das, daß sie immer als Grenzort angesehen wurde. Lange Zeit gehörte Besigheim den Markgrafen von Baden. 1225 wurde es zur Stadt erhoben und befestigt. 1595 kam Besigheim an Württemberg, nachdem schon früher verschiedene württembergische Vögte das obere Schloß bewohnt hatten. Von der Stadtbefestigung blieben Mauerteile und zwei mächtige Türme erhalten: der Schochenturm und der Waldhornturm. Beide sind 26 m hoch und haben 3 1/2 bis 4 m dicke Mauern. Das Rathaus ist ein Holzbau von 1459. Beim Schochenturm steht das „Steinhaus", das gleichfalls noch aus dem Mittelalter stammt. In Zehntkeller und Zehntscheuer am Unteren Schloß zog die Weingärtnergenossenschaft ein. Oberhalb der Stadt, im „Alpengarten", zeigt das Museum Mundi ein „Sammelsurium" von Münzen, Waffen, Zinn und anderen Gegenständen.

Mundelsheim wird erstmals 1245 erwähnt, 1422 erhielt der Ort von Kaiser Sigismund die Stadtrechte. Auf dem ehemaligen Gelände der Burg steht die Kelter der Weingärtnergenossenschaft. Nur ein Stadttor zeugt von befestigter Vergangenheit. Im sogenannten „Schlößle" hat sich die Polizei niedergelassen.

Bei Neckarwestheim steht auf einem Bergsporn Schloß **Liebenstein.** Der älteste bekannte Freiherr von Liebenstein, Reinhard, wird um 1200 erwähnt. Als Zeuge auf einer Urkunde wird Albert von Liebenstein 1235 aufgezählt. 1445 teilt sich das Geschlecht in zwei Linien, das obere und untere Haus. Jakob von Liebenstein aus dem oberen Haus war 1504–1508 Kurfürst von Mainz. 1657 erlosch die Linie des oberen Hauses. Die Besitztümer werden im wesentlichen an das untere Haus vererbt. Philipp Albrecht verkaufte 1673 das Obere Schloß und Philipp Konrad II. vertauschte das Untere Schloß 1678. Damit ging der Besitz an Württemberg über. Die alte (untere) Burg war mit Wall und Graben umgeben. Der 35 m hohe Bergfried hat seinen Eingang etwa 10 m über dem Boden. Diese alte Burg wird durch das neue Schloß mit Gebäuden und Ringmauern mit Wehrgängen eingeschlossen. Gegen Ende des 16. Jahrhunderts war die Schloßanlage, wie sie sich heute darbietet, vollendet. An der Nordseite steht die Schloßkirche, über deren Haupteingang das Liebenstein-Wappen angebracht. Flankiert wird die Kirche von einem achteckigen Turm, er bildet gleichzeitig den Chor der Kirche. Heute wird das Schloß als Jugendfreizeitheim genutzt.

Bei Oberstenfeld steht seit 1200 Burg **Lichtenberg**, eine ununterbrochen bewohnte und nie zerstörte Staufenburg. Hier saßen seit 1197 die Herren von Lichtenberg. Bekannt sind Sibotho, Bischof von Speyer und Kanzler, Hermann, Bischof von Würzburg und Kanzler. 1357 kam die Burg durch Verkauf an Württemberg. Graf Eberhard gab sie als Lehen 1483 Dietrich von Weiler. Dessen Nachkommen besitzen die Burg heute noch. Die Kemenate im Palas wurde zu einer Gaststätte eingerichtet. Außerdem können die Kapelle besichtigt und der Bergfried bestiegen werden.

Ebenfalls als Stauferburg läßt sich Burg **Hohenbeilstein** ansprechen. Die Burg wurde wahrscheinlich von Berthold von Beilstein im 12. Jahrhundert erbaut. Die Herren von Beilstein waren eine Seitenlinie der Grafen von Calw. Nachfolger als Besitzer waren die Markgrafen von Baden. Jedoch seit Mitte des 14. Jahrhunderts ist Beilstein württembergisch. Der fünfeckige Turm, „Langhans" genannt, ist 23 m hoch. Auf dem Burggelände ist eine Gaststätte errichtet, und im Burggraben ist eine Falknerei untergebracht. Wehrhaft sind die Burgmauern immer noch.

In Sichtnähe nördlich Beilstein liegen die Ruine **Helfenberg** und Schloß **Wildeck** über dem Tal der Schozach. Helfenberg ist wegen Baufälligkeit nicht zu betreten. Wildeck ist Privatgelände der Weingärtnergenossenschaft von Weinsberg. Über Untergruppenbach versteckt sich im Wald. Schloß **Stettenfels**, das Kursteilnehmern für Studium und Wohnung vorbehalten ist.

Weinsberg ist der Hauptort des Sulmanachgaues, der zum Neckargau gerechnet wird. Nicht nur in mittelalterlicher Zeit wurde seine Geschichte durch Urkunden und Erzählungen berühmt, auch die Römerzeit ist durch Funde und Ausgrabungen gegenwärtig. Die Burg, vermutlich im 10. Jahrhundert schon bestehend, ist um 1000 von einem Popponengrafen bewohnt. Zu den Saliern hatte dieses Geschlecht eine enge Verbindung. Die Burg diente als Wohnsitz der Kaisermutter Konrads II. Im 12. Jahrhundert konzentrierten die Staufer hier ihre Macht. Zu der „Tat der Treuen Weiber von Weinsberg" kam es, als König Konrad III. 1140 die Burg Welf VI. nach mehrwöchiger Belagerung entriß. Zu diesem Zeitpunkt erscheinen auch auf der Burg staufische Dienstmannen, aus denen das Geschlecht der Herren von Weinsberg hervorging, und das dann wieder im 15. Jahrhundert erlosch. Die Stadt unterhalb der Burg entwickelte sich nur langsam. 1230 wurde sie als staufische Stadt gegründet. Eine Hälfte gehörte zum Lehensbesitz der Burgherren und die andere Hälfte war Reichsgut, daraus entstanden häufig Streitigkeiten. 1428 wurde die Stadt geeint. 1450 wurde Weinsberg an die Kurpfalz verkauft und verlor seine Rechte als Freie Reichsstadt. Im Bauernkrieg wurde die Burg erobert und zerstört. Aber von den Ständen des Schwäbischen Bundes wurde die Stadt trotz Eroberung als Anhänger der Bauern bezeichnet und vom Reichsheer unter Truchseß von Waldburg zurückerobert, geplündert und niedergebrannt. Seit dem 16. Jahrhundert blieb Weinsberg mit kurzen Unterbrechungen bei Württemberg. Wegen der „Strafexpedition" des als Bauernjörg bekannten Heerführers ist aus der ehemals befestigten Stadt nur wenig erhalten geblieben: Reste der Stadtmauer sind zwischen den beiden Ecktürmen

„Geisterturm" und „Wolfsturm" und hangabwärts je von den Türmen aus erhalten. Der Geisterturm ist vom Grundstück des Kernerhauses her betretbar, während sich im Wolfsturm eine Transformatorenstation befindet. Auch die Burg entging nur knapp der endgültigen Zerstörung. Während die Ringmauer verschieden hoch erhalten ist, und Turmstümpfe von unterschiedlicher Funktion beinahe zusammenhanglos dastehen, sind keine Gebäudereste mehr vorhanden. Der Dicke Turm oder Äolsharfenturm wurde erst im späten Mittelalter, als die Feuerkraft der Kanonen es erforderte, in dieser Stärke gebaut. Durch Justinus Kerner wurden die Mauern dieses Turmes zu einem steinernen Erinnerungsalbum, denn seine Besucher verewigten sich an der Wand mit ihren Namen.

Löwenstein ist um 1100 im Besitz der Grafen von Calw. 1281 erwirbt es Rudolf von Habsburg für seinen Sohn, Albrecht von Schenkenberg. Zur Stadt erhoben wurde Löwenstein 1287. Über ein Jahrhundert, von 1441 bis 1574, gehörte Löwenstein zur Kurpfalz. Bis 1810 war es im Besitz von Löwenstein-Wertheim-Freudenberg. Erst dann fiel es an Württemberg. Die Burgruine wurde 1972–74 renoviert.

Die Burg stand auf dem Berg, der von der Stadt her nicht allzu steil ansteigt, aber nach der anderen Seite, vor allem am Halsgraben, fast senkrecht abfällt. Die restliche Burgspitze wurde ummauert. Diese äußere Mauer ist erhalten. Betreten wird die Ruine über eine verschüttete Brücke mit links erhaltener Mauer, auf der eine Rittergestalt ohne Kopf steht. Rechts wird die Brücke von einem größtenteils zerstörten Turm flankiert. Eine bastionartige Ausbuchtung vergrößert das Burggelände. Über dem Burghof, der durch ehemalige Ringmauern eingefaßt wird, erheben sich außer dem Turm keine Gebäudereste. Der durch ein Tor verschlossene Turm ist besteigbar.

Viele Geschichtsbücher rechnen den Brettachgau zum Kochergau, doch mit dem selben Recht läßt er sich dem Neckargau unterordnen.

Auf den nördlichen Höhen des Mainhardter Waldes steht auf Felsen gebaut die Burg **Maienfels.** Wenn sich auch die Burg im Privatbesitz befindet, kann trotzdem der Innenhof frei besichtigt werden. Ursprünglich war Maienfels von Ortsadeligen gebaut und bewohnt, später kam es als Lehen an Weinsberg und dann an die Kurpfalz. Als Raubritterburg wurde Maienfels von Hallern erobert und zerstört. Das heutige Bauwerk ist ein Gemmingensches Schloß.

Öhringen an der „Ecke" des Brettach- bzw. des Neckargaues liegt im Orengau, der sowohl dem Neckargau wie dem Kochergau zugeteilt werden kann. Sicher ist, daß zur Römerzeit der vicus Aurelianus mit zwei Kastellen zu den wichtigsten befestigten Grenzorten am Limes gehörte. Nur eine kurze Zeit im frühen Mittelalter, als Adelheid, die Mutter Konrads II., 1037 das Stift zu Öhringen gründete und sich darin zeitweilig aufhielt, wurde hier Geschichte gemacht. Für die weitere Entwicklung der Stadt ist das Jahr 1250, als die Grafen von Hohenlohe Öhringen erwarben, von Bedeutung. Von da an wandelte sich die Stiftstadt über eine Bürgerstadt zur Residenzstadt. Die Residenz – eines der einfachsten Schlösser in Hohenlohe – liegt zwischen Stiftskirche und Stadtmauer an der Ohrn. Reste der Stadtmauer sind vom Schloßpark aus immer noch zu besichtigen. Um die beengte Lage an der Ohrn elegant zu lösen, wurde eine fürstliche Brücke von der Residenz in den Park hinein über die Ohrn hinweg gebaut. Städtische Ämter und Schloßkellerei haben sich Räume des Schlosses ausgesucht. Der Schloßpark blieb der Allgemeinheit frei zugänglich. Im Weygang-Museum in der Vorstadt mit dem Schwergewicht auf römischen Funden und dem Bereich der Zinngießerei gibt es daneben auch Zeugnisse aus Mittelalter und Volkstum.

Öhringen, Grabmal von Kaiserin Adelheid

Wo die Brettach in den Kocher mündet, liegt **Neuenstadt.** Wahrzeichen ist weniger das Schloß oder das alte Stadttor, sondern die „tausendjährige" Linde. Vor dem Stadttor zwischen Linde und dem Schloß, das von Familien bewohnt wird, liegt im ehemaligen Stadtgraben eine Freilichtbühne. Weitere Teile der Stadtbefestigung sind nicht erhalten. Gegründet wurde Neuenstadt 1325. Später war sie Residenzstadt einer Nebenlinie des württembergischen Herzoghauses.

In **Stein am Kocher** wartet ein völlig leerstehendes und fast zur Ruine gewordenes Wasserschloß auf Erlösung aus seinem traurigen Dasein. Bis zur Mündung des Kochers in den Neckar berührt der Fluß noch einige Städtchen, fast jedes kann ein „Schloß" vorweisen.

Der Neckar ist wieder erreicht und die Silhouette Wimpfens weist darauf hin, daß Wimpfen Ausgangspunkt in den Neckargau war und nun dessen Besichtigung auch wieder beschließt.

KOCHERGAU

Das fränkische **Schwäbisch Hall** heißt amtlich seit 1934 Schwäbisch Hall. Aber schon im Mittelalter wird schwäbisch als politischer Begriff gebraucht, denn die fränkischen Besitzungen der Staufer, an die Hall fiel, wurden mit dem Schwäbischen Herzogtum vereinigt. Nach fränkisch-altgermanischem Recht waren Bergwerke und Bodenschätze Eigentum des Königs. Also war auch die Salzquelle in Hall Königsgut. Um 800 wurde die Salzquelle wieder entdeckt, nachdem sie 600 Jahre verschüttet gewesen war. Wenige Urkunden aus dieser Zeit beziehen sich auf Hall, erst 1037 ist Hall eindeutig genannt als „villa halle superiori" – das obere Hall (im Gegensatz zu Niedernhall).

Die Vorfahren von Adelheid, Mutter von Konrad II., waren solange die Herren von Hall,bis die Kochergaugrafen auf der Comburg das Dorf Hall in Besitz nahmen. Um 1075 wurde die Comburg langsam in ein Kloster umgewandelt, und da Burkhard von Comburg ohne Nachkommen blieb, fiel 1116 die Grafschaft und die Salzquelle samt Hall an die Staufer. Für die Verwaltung wurde neben St. Michael der Königshof gebaut, da die Comburg endgültig Kloster wurde. Nur 1191 hielt Heinrich VI. auf der Comburg noch einmal einen Fürstentag. 1156 erhielt Hall unter Friedrich I. Barbarossa das Markt- und Befestigungsrecht. Hall kann sich nun als „halle regia" – königliches Hall – bezeichnen. Der Salzhandel nimmt einen großen Aufschwung. Adelige sind in die verschiedenen Stadtämter für die Nutzung der Salzquelle vom König eingesetzt. Bis 1512 werden die Reichsrechte vom Stadtadel gewahrt. Mit dem Niedergang der Staufer drängten vom Norden die Grafen von Hohenlohe und vom Süden die Grafen von Limpurg, die Macht über die Stadt zu übernehmen. Schenk Walter I. von Schüpf, der sich nach der Burg von Limpurg nennt, konnte 1230 die Aufsicht über Reichsgüter und Salzquelle übernehmen. 1251 erhielt der Schenk von Limpurg den königlichen Wildbann im Osten, Süden und Westen der Stadt, d.h., er liefert den Brennstoff für die Salzgewinnung. Die Hohenlohe erweiterten ihr Gebiet im Nordwesten bis an den Kocher. In dieser Zeit, in der Hall kurz vor dem Verlust der Selbständigkeit stand, brach 1261 eine Empörung der Bürger gegen den Stadtadel aus. Trotz der Niederschlagung des Aufstandes verließen mehrere Adelsfamilien die Stadt. Inzwischen kam Hall unter die Landgerichtshoheit des Würzburger Bischofs. Dieser Entwicklung, in Abhängigkeit zu kommen, setzte Rudolf von Habsburg ein Ende, als er Hall 1276 als Reichsstadt anerkannte. Die Verfassung bestätigte Ludwig der Bayer 1340, und bei dieser blieb Hall bis 1803. Ein zweiter Aufstand der Handwerker gegen den Stadtadel 1340 brachte die Vertreibung von fast der Hälfte des Stadtadels mit sich. 1382 konnte Hall das Reichsschultheißenamt erwerben, und das bedeutete, daß Hall sich nun Freie Reichsstadt nennen durfte. Im dritten Streit zwischen Bürgern und Stadtadel setzten sich die Bürger unter Hermann Büschler 1512 durch, daraufhin verließen fast alle Adeligen die Stadt, und Hall besaß von da an eine bürgerliche Regierung. 1541 gelang es, die Burg Limpurg zu kaufen. In den wenigen Gefechten im Bauernkrieg konnte sich Hall behaupten. 1595 gelang noch einmal eine bedeutende Gebietserweiterung. Drei Städte, 111 Dörfer und Weiler und viele Burgen gehörten zu Hall. Der Dreißigjährige Krieg, der viele Plünderungen und Reparationen, Kämpfe und Menschenverluste mit sich brachte, beendete die Zeit des Wachstums. Die Kraft, von sich aus zu wirken, hatte Hall verloren. Die Zeit der „Bürokratie" begann.

Die Baugeschichte Halls wurde durch die feindliche Nachbarschaft Limpurgs und durch den Schutz der Salzquelle geprägt. Die erste Stadtbefestigung schloß die Quelle, das Haal, noch nicht mit ein. Erst als der „Blockgassenkocher" zugeschüttet worden war, erhielt die Stadt entlang des heutigen Kocher die Mauer, wie sie noch als Ufermauer – allerdings nicht mehr in der ursprünglichen Höhe (8 m) – zu sehen ist. An der Kocherfront sind noch von den ehemaligen Türmen und Toren der Sulfer-Torturm und der Diebsturm erhalten. Ursprünglich führte das Sulfertor nicht zu einer Brücke, sondern zu einer Furt, das erklärt auch den Namen: Sulfurt – ein Tor über eine Furt zur Sule (Salzquelle). Der Turm ist mit der Ringmauer verbunden, tritt aber nicht aus der Mauer hervor. Er ist 15 m hoch und bis zur Höhe von 10,5 m mit Buckelquadern gemauert. Die Durchfahrt ist 4,5 m breit. Im ersten Geschoß war ein Gefängnis eingebaut, das für die Gefangenen im Bauernkrieg benutzt wurde. Fast ohne Fenster wurde der Turm 1250 gebaut. Erst als er 1728 ausgebrannt war, wurden verschieden Fenster im 2. und 3. Geschoß eingesetzt. Das eingekurvte Spitzdach ist in Hall üblich.

Der Diebsturm, um 1250 gebaut, ist außer dem nicht erhaltenen Turm der Stadtmühle einziger Rundturm Halls. Er ist wie ein Bergfried angelegt: das Untergeschoß – Diebsgefängnis – war durch ein Loch im Boden zugänglich (Nordfenster und heutiger Zugang wurden später ausgebrochen), das 1. Obergeschoß war vom Wehrgang zugänglich, dieses und das zweite Geschoß waren aufgrund der schmalen Fenster mehr für Beobachtung als für Verteidigung geeignet, im 3. Geschoß waren vier Schießscharten für Hakenbüchsen. Der Turm hat eine Höhe von 18 m, und seine Mauern sind 1,8 m stark. Betrachtet werden kann der Turm nur von der Kocherseite, da er innerhalb der Jugendstrafanstalt steht.

Von der Befestigung im Nordosten entlang der heutigen Gymnasiumstraße blieben der Säumarktturm und der Malefizturm stehen. Zwischen diesen beiden Türmen wurde die Stadtmauer samt Zwinger im 18. Jahrhundert mit einem Gefängnishaus überbaut. Heute werden diese Bauten von der Polizei genutzt. Der Säumarktturm gehört noch in die Zeit der ältesten Stadtbefestigung. Da der Graben aufgefüllt wurde, ist sein steinerner Unterbau aus der Zeit vor 1250 nicht mehr zu sehen. Das Fachwerkgeschoß ist vermutlich nach 1728 entstanden, ein weiteres Geschoß kam 1935 dazu.

Der Malefizturm, um 1250 gebaut, war über den Wehrgang der Stadtmauer zugänglich. Die Fenster wurden nachträglich in die Mauer gebrochen, als er zum Gefängnis umgebaut wurde. Das „Haller Dach" erhielt er erst nach dem Stadtbrand 1728. Die Höhe an der Südwestseite mißt 20 m, von der Straßen-

Schwäbisch Hall, Crailsheimer Tor

seite wirkt der Turm klein durch die Grabenauffüllung. Seine Wände sind 1,6 m stark.

Bis zum höchstgelegenen Platz der Altstadt am Langenfelder (Crailsheimer) Tor fehlen jegliche Reste der Stadtbefestigung. Jedoch an der Südseite, wo der Herrschaftsbereich Limpurgs bis auf wenige Meter an die Stadt heranreichte, sind von den aufwendigen Verteidigungsmaßnahmen die Bauten erhalten.

Das Langenfelder Tor war ursprünglich ein Doppeltor, das Innere Tor ist schon lange abgebrochen, aber das Äußere Tor ist in seiner Mächtigkeit erhalten, wenn auch Torflügel und Fallgatter verschwunden sind. Der Grundriß ist mit beinahe 11 m quadratisch und hat im Erdgeschoß über 3 m starke Mauern. Vom aufgefüllten Graben erreicht es eine Höhe von 32 m.

Die Mauer entlang des Schiedgrabens (heute Zwinger) ist bis zur Unterlimpurger Straße in einer Stärke von fast zwei Meter erhalten. Allerdings ist die Mauer nur im oberen Teil entlang des Zwingers in voller Höhe von 9,4 m stehen geblieben. Durch bauliche Veränderungen und Straßenführungen ragt der untere Teil der Mauer nicht mehr über den Boden.

Als ältester Turm an dieser Front steht der Folterturm hinter der Stadtmauer. Er hat einen Grundriß mit ungefähr 6 m auf 13 m. Von ihm war der Wehrgang – in diesem Bereich erhalten – zu erreichen. Ursprünglich war dieser Turm viel höher, heute erhebt er sich nur noch 2,3 m über die Stadtmauer hinaus. Seine ältesten Teile im Erdgeschoß stammen noch aus der Bauzeit um 1200.

Unmittelbar daneben steht das „Große Büchsenhaus" (Neubau). Zum Folterturm hatte der Neubau keine Verbindung. Er war auch nie zur Verteidigung gedacht. Nur in der ersten Zeit, das Gebäude wurde von 1505 bis 1527 erstellt, diente das Erdgeschoß der Haller Artillerie als Zeughaus und die übrigen Geschosse als Getreidespeicher. Später wurde das Erdgeschoß als Theatersaal benutzt.

Das anschließende Kastengärtle ist ursprünglicher als der Neubau, der in dieses ehemalige Bollwerk hineingebaut wurde.

Vor der Stadtmauer steht der um 1500 gebaute Pechnasenturm. Den Namen hat er von den Pechnasen an den drei Außenwänden, aber die Anordnung dieser Pechnasen deutet mehr auf Verzierung als auf Verteidigung. Der Turm ist über 14 m hoch. Der heutige Zugang in der Südwand wurde erst 1926 in die Mauer gebrochen und führt in den Neubau.

Hiermit enden die erhaltenen Befestigungswerke, denn wenige Schritte weiter, bei dem Treppchen zum Kastengärtle, beginnt der Teil der Stadtmauer, der den Graben am Hang einfaßt. Neben dem Treppchen ist der ehemalige Mantelturm als Ruine, die aus dem Graben herauswächst, bis auf Straßenhöhe erhalten. Ursprünglich war er 24 m hoch.

Im Graben, der sich hier überblicken läßt, steht ein gefängnisartiges Haus, das den Graben abschließt. Wo der Graben auf die Unterlimpurger Straße stößt, ist an der Ecke eine Tafel angebracht, die besagt, daß hier das Limpurger Tor gestanden hat.

An die Altstadt schließen verschiedene Stadterweiterungen an, die lange Zeit ebenfalls befestigt waren. In der Gelbinger Vorstadt blieb der Josenturm erhalten und auf der linken Seite des Kocher entstand um 1515 das Weiler Tor.

Von den Adels-Wohntürmen und anderen mittelalterlichen Gebäuden sind nur wenige und auch diese oft nur in einigen Teilen vor Stadtbränden und anderer Verwüstung erhalten geblieben. In einem der ältesten Gebäude in der Unteren Herrengasse, als Keckenturm bekannt, ist das Stadtmuseum untergebracht. Von 1380–1549 bewohnte diesen Wohnturm die Familie Keck. Umgebaut wurde es von der Ratsherrenfamilie Sanwald, die das Haus von 1722–1799 besaß. Das Museum ging aus der Sammlung des Historischen Vereins für Württembergisch-Franken hervor. 1936 zog dieser Verein hier mit seinen Beständen ein. Funde aus Steinzeit und Römerzeit bis in die Merowingerzeit. Die Stadtgeschichte wird durch Ansichten illustriert. Ferner Dokumente zur Geschichte der Salzgewinnung; Münzsammlung, die vor allem auf die Entstehung des Heller eingeht; Gerätschaften aus dem täglichen Leben im Mittelalter; Sammlung von Schützenscheiben; die Wand- und Deckenbemalung der Steinbacher Synagoge von 1738/39; bürgerliche und bäuerliche Kunst.

Der Sitz des Kochergaugrafen ist mit Hall verbunden. Im frühen Mittelalter war seine Burg die Comburg. Aber schon 1079 wurde die Burg von Graf Burchard in ein Kloster umgewandelt. 1079–1488 war es Benediktinerkloster St. Maria und St. Nikolaus, 1488–1802 Chorherrenstift. Von der Grafenburg ist vermutlich nur die Kapelle erhalten, alle anderen Gebäude sind in der Zeit des Klosters entstanden.

Im ganzen Bereich Halls zeugen Ruinen von der Gegnerschaft der Ritter mit dem reichen Hall. Von der Stadt wurden die meisten dieser Adelssitze erobert und abgebrochen.

Der gefährlichste Gegner und gleichzeitige Nachbar war der Graf von Limpurg. Gegen ihn dauerte der Kampf Jahrzehnte. Was von der Ruine bis ins 20. Jahrhundert übriggeblieben ist, wurde in den letzten Jahren so verändert, daß diese Reste nur noch unwesentlich einen Kinderspielplatz „geschichtlich" bereichern.

Von der Wasserburg in **Untermünkheim** ist ein Gewölberest zu finden. Bei **Obermünkheim** in der Nähe des Lindenhofs steht von der Geyersburg ein wohnturm-ähnlicher achteckiger Stumpf, vier Seiten sind bis in die Höhe von ca. 10 m erhalten, während die anderen Seiten abgebrochen sind. Alle übrigen Gebäudereste sind überwuchert und zugewachsen.

Im unteren Tal der Bühler liegt, über **Cröffelbach** versteckt und nicht leicht zu finden, die Ruine Bielrieth. Die Burg war im 11. Jahrhundert der Sitz der Grafen von Bielrieth. Dieses Geschlecht war verwandt mit den Kronberger und Rothenburger Grafen. Eine Zeitlang waren sie Küchenmeister des Deutschen Reichs. Nach 1300 zerfiel ihr Besitz, und im 14. Jahrhundert starben sie aus. Die wechselnden Besitzer überfielen mit Vorliebe die reichen Kaufmannszüge von und nach Hall. Als schließlich die Burg an Hall kam, wurde sie 1386 gesprengt. Auf dem größtenteils zugewachsenen Gelände sind deutlich Halsgraben, Mauer und Turmhügel zu erkennen. Auf dem Turmhügel steht sogar noch ein Rest gemauerter Wand.

Die Macht des Kochergaugrafen und später der Stadt Hall wurde nicht nur von Raubrittern und Limpurger Grafen gefährdet, sondern die Herren von Hohenlohe gewannen immer mehr an Einfluß. Mit der Macht wuchs auch der

Drang, aus der Burgenge herauszukommen in weiträumige fürstliche Schloßgebäude. So blieben in den hohenlohischen Zentren von mittelalterlichen Bauresten wenig stehen. Doch fast in jedem Ort, der zu hohenlohischem Gebiet gehört, steht noch heute ein Schloß.

Als **Waldenburg** 1253 geschichtlich nachweisbar erscheint, war es keine Burg der Staufer mehr, sondern schon Sitz eines Zweiges der Hohenlohe. Gottfried von Hohenlohe übernahm das regensburgische Lehen, als der Bischof als Anstifter eines Mordanschlags auf Konrad IV. entdeckt wurde. Von der Burg Gottfrieds ist nur noch der Unterbau des Bergfrieds erhalten. Die Burg selbst wurde unter Georg Kern Anfang des 16. Jahrhunderts zu einem Residenzschloß umgebaut. Nicht nur Brände und Beschießungen veränderten das Aussehen, sondern als die Waldenburger Linie 1679 ausstarb, wurde nach jahrzehntelangem Leerstehen Baufälliges abgebrochen. Bis es 1945 von amerikanischen Truppen in Brand geschossen wurde, hat noch mancher Umbau stattgefunden. Wieder aufgebaut wurde das Schloß 1954–1960. In einem Teil des Schlosses ist ein Siegelmuseum untergebracht. Außer Siegelabdrücken und Darstellungen zur Geschichte des Siegels gibt es eine Sammlung von hohenlohischen Münzen und Medaillen. Zinnfiguren-Dioramen erläutern die Geschichte einzelner Hohenlohe-Fürsten.

Neuenstein kam um 1250 unter den gleichen Voraussetzungen wie Waldenburg an die Familie Hohenlohe. Nur wenige Jahre besaß ein Rittergeschlecht von Stein die Wasserburg Neuenstein. Auf der benachbarten Burg Neuenfels konnte sie sich noch längere Zeit halten. Von ihrer Burg in Neuenfels ist heute ein umgestürzter Turmsockel einziger Zeuge. Unter den Hohenlohe wurde die Burg Neuenstein zum Wasserschloß ausgebaut und Hauptsitz der Regierung. Die Blütezeit des Schlosses lag im 16. Jahrhundert, unterbrochen wurde sie durch den Dreißigjährigen Krieg und trotz Erneuerung und Bautätigkeit sank das Schloß um 1700 zur Bedeutungslosigkeit herab. 1906–13 wurde das Schloß restauriert und als Familienmuseum des Gesamthauses Hohenlohe zur Besichtigung freigegeben. Da das Museum jeglichen Sammelbereich umfaßt, sollen wenige Hinweise genügen: Kunst- und Raritätenkammer mit Elfenbeinschnitzerein, im Rittersaal die Kassettendecke mit Malereien aus der Geschichte der Hohenlohe, im Erdgeschoß eine mittelalterliche Küche.

Hohenlohe-Schlösser, die sich nicht mehr im Besitz der Familie befinden: Schloß Friedrichsruhe ist heute Luxus-Hotel. Im Schloß zu Pfedelbach sind verschiedene Amtsräume untergebracht. Im Schloß von Kupferzell befindet sich die Landwirtschaftliche Haushaltungsschule.

Das Schloß in **Döttingen** war einst Witwensitz der Hohenlohe. In die Zeit vor dem Dreißigjährigen Krieg geht der älteste Teil des Schlosses zurück. Heute ist

Schloß Neuenstein, mittelalterliche Küche

es eine gutgeführte Pension. Für alle Pensionsgäste ist die Wendeltreppe zugänglich, sie blieb in ihrer Ursprünglichkeit erhalten.

Das „Schloß" von **Braunsbach**, einst im Besitz der Herren von Crailsheim, war eine Burg, auf deren Gelände heute eine Kirche steht. Von der Befestigungsanlage blieben das Burgtor mit Rundturm, der Galeriegang hinter dem Tor, Ummauerung und einige Wachtürmchen erhalten.

Das Schloß in **Künzelsau** wurde von den Hohenlohe 1679 errichtet. Heute ist es Gymnasium und Internat. Mittelalterlich gibt sich die Schnurgasse mit dem Morsbacher Tor.

Nicht nur Sitz der Hohenlohe war in **Ingelfingen**, sondern eine Linie der Familie ist so benannt. Bevor aber die Hohenlohe ab 1287 Besitz von Ingelfingen ergriffen, soll die Burg Lichteneck über Ingelfingen durch Kraft von Boxberg um 1250 erbaut worden sein. Die Mauerreste, zum Teil bis zu 10 m hoch, wurden in letzter Zeit vor dem völligen Zerfall gesichert. Wann Burg Lichteneck zerstört wurde, ist nicht bekannt. Ende des 15. Jahrhunderts war sie vermutlich schon aufgegeben. Das Alte Schloß mit seinem Rundturm innerhalb der Stadt ist heute allerdings auch ein baufälliges Gebäude. Ganz in der Nähe stehen ein alter Stadtturm und ein Stück Stadtmauer mit einem Wachturm. Das Neue Schloß, das die Blütezeit der Hohenlohe im

18. Jahrhundert erlebte, ist heute Notariat und Städtische Volksbücherei. Am Kurgarten entlang ist die Stadtmauer teilweise in gesamter Höhe erhalten.

Niedernhall hat sich vermutlich aus einer Siedlung von Salzsiedern entwickelt. Die Salzquellen gehörten den Adeligen der Umgebung. Erwähnt wird Niedernhall zum erstenmal in einer Urkunde von 1037, als hier Güter, die der Bischof Gebhard von Regensburg als Sohn eines Grafen im Raum Öhringen erbte, an das Chorherrenstift von Öhringen kamen. Am Ende des 11. Jahrhunderts hatte eine gefährliche Familie von Stein in Niedernhall Besitzungen, deren Erbe wurde aufgeteilt an das Kloster Comburg, an die zum Uradel gehörenden Belsenberg, Nagelsberg und vor allem an die Neuenstein. Auch die Grafen von Dürn besaßen am Kocher Güter und Rechte, die das Kloster Schöntal bis um 1300 an sich brachte. Zur selben Zeit meldeten die Grafen von Hohenlohe als Verwandte der Grafen von Dürn ihre Erbansprüche an. Um 1323 verwalteten die Hohenlohe von ihren Ämtern in Forchtenberg und Ingelfingen aus ihren Anteil in Niedernhall. Kloster Schöntal verkaufte seinen gesamten Besitz mit Ausnahme der Weinberge 1326 an den Erzbischof Matthäus von Mainz, weil der Druck, den die Hohenlohe auf das Kloster ausübten, zu stark wurde. Beide Landesherren hatten in Niedernhall verschiedene Rechte und Besitzungen. Mainz besaß vor allem Steuerrechte und das Siederecht, Hohenlohe vor allem kirchliche Rechte. Von Erzbischof Gerlach von Mainz erhielt Niedernhall mit Bestätigung Kaiser Karls IV. am 22. Dezember 1356 das Stadtrecht. Im Verhältnis ihrer Besitzungen erbauten die Stadtherren die Stadtbefestigung. Von Mainz wurden zwei Drittel der Stadtmauer und von Hohenlohe der Rest errichtet. Laut Vertrag sollte die Stadtmauer bis zum 29. September 1363 fertiggestellt sein. In den folgenden Jahrhunderten war der Entwicklung Niedernhalls durch das Beharren der Stadtherren auf ihren Rechten Grenzen gesetzt. Erst in langjährigen Verhandlungen verkaufte Mainz seinen Anteil im 19. Jahrhundert an Fürst Friedrich Ludwig von Hohenlohe-Ingelfingen, der somit alleiniger Landesherr in Niedernhall wurde. Nicht jedem Ort, der eine ruinöse Stadtmauer besitzt, gelingt es, die Mauer nicht nur zu renovieren, sondern sogar fehlende Teile neu aufzubauen. Niedernhall hat bis auf verkehrsbedingte Lücken seine Mauer wieder erhalten. Nach historischen Vorlagen wurden der Säuturm, der Malefizturm und das Salztor, wie es heute heißt, wieder errichtet. Neu gebaut wurde an einem Mauerdurchbruch das Staufertor. Wo es möglich war, ist der überdachte Wehrgang wieder angebracht worden. Am Malefizturm ist ein Aufgang, wo ein kurzes Stück des Wehrgangs zugänglich ist. Im Laufe der Zeit sollen weitere Aufgänge geschaffen werden. Eine Besonderheit ist die Einbeziehung der Mauer in das Stadthallen-Restaurant. Zwischen Stadthalle und Götzenhaus ist ein Kuriosum: auf der Mauer befindet sich die „Kanzel", von der erzählt wird, daß entweder der Pfarrer von da oben predigte oder

Niedernhall, Salztor

daß der Lehrer Götz von Berlichingens ihm von da oben das Reiten beibrachte. Sollte in einigen Jahren die Neueinrichtung des Heimatmuseums – vielleicht im Götzenhaus – stattfinden, würde Niedernhall noch an Geschichtsbewußtsein gewinnen.

Abgelegen über dem Kochertal zwischen Niedernhall und Forchtenberg liegt das Schloß **Hermersberg**. Es diente den Grafen von Hohenlohe-Neuenstein als Jagdschloß. Seine Bauten stammen aus dem 15. und 16. Jahrhundert. Heute befindet es sich in Privatbesitz.

Forchtenberg war bis nach der Jahrtausendwende Sitz eines Grafen, der den unteren Kochergau beherrschte. In dieser Zeit hieß die Siedlung noch Wülfingen, erst als dem Grafen von Dürn 1220 Ort und Burg als Lehen übertragen wurden, nannte Boppo von Dürn 1240 die neugebaute Burg Forchtenberg. Er gründete auch die Stadt, die unter seinem Nachfolger Ruprecht II. 1298 die Stadtrechte erhielt. Als zu Beginn des 14. Jahrhunderts das Geschlecht ausstarb, fiel der Besitz an die Hohenlohe. Berühmt wurde Forchtenberg durch die Bildhauerfamilie Kern. Im Heimatmuseum im Würzburger Tor liegt das Schwergewicht auf Entwicklung und Werk von Michael Kern d.J.

Weitere sehenswerte Reste der Befestigungsanlagen sind erhalten. Die Ruine ist allerdings nur mit Erlaubnis des Besitzers zu betreten. Im Burghof hat er eine Baumschule angepflanzt. Aber auch der Anblick vom Graben zur mächtigen Schildmauer hin kann den Besucher damit versöhnen, daß der Zugang nicht jederzeit frei ist.

Sindringen wird einigemal im 11. Jahrhundert erwähnt. Als Reichsgut wurde Sindringen durch die Vögte in der Burg verwaltet. 1042 übertrug Kaiser Heinrich III. den Besitz als Lehen dem Bistum Würzburg. Als Lehensträger Würzburgs unterstand Sindringen bis 1140 den Grafen von Calw-Löwenstein. 1321 gehörte es als Besitz den Herren von Weinsberg, die Sindringen in dieser Zeit die Stadtrechte gaben. In den Jahren 1322–1328 kam Sindringen an Hohenlohe, bei diesem Hause blieb es, wenn auch unter verschiedenen Linien.

Die Anlage der Stadt ist ein Quadrat, in der einen Ecke stand die Burg, die in das Mauerviereck der Stadt miteinbezogen war. Von dieser Wehranlage sind heute noch entlang des Kochers und an der Bergseite die ziemlich verbauten, aber deutlich zu erkennenden Reste der Mauer zu sehen.

Wenn auch Hall und Hohenlohe im Kochergau alles beherrschend wirken, darf das Geschlecht der Freiherrn von Stetten nicht übersehen werden. Die Familie von Stetten, die heute noch die Burg **Stetten** bewohnt, kann ihre Ahnenkette bis ins Ende des 11. Jahrhunderts zurückverfolgen. 1098 wird Odalrich als erster Stetten urkundlich erwähnt. Seine Nachkommen im 12. Jahrhundert haben die erste Burg am heutigen Standort erbaut. Ein Wehrturm hinter der Kapelle ist als ältester Bauteil anzusehen. Schildmauer und Bergfried sind nur wenig jünger. Ursprünglich war der Bergfried noch zwei Stockwerke höher, diese wurden aber aus Baufälligkeit 1830 abgebrochen. Das „Innere Haus" ist, wie es heute noch steht, im 16. Jahrhundert erbaut. Das „Äußere Haus" trat an die Stelle der ehemaligen Vorburg, getrennt war es vom „Inneren" durch einen zweiten Graben, der aber nun zum größten Teil aufgefüllt wurde. Die Ringmauer mit ihren Wehrtürmen ist zu Beginn des 15. Jahrhunderts angelegt worden. Die meisten Räume stehen Gästen zur Verfügung, denn schon seit vielen Jahren ist die Burg als Hotel für Besucher eingerichtet. Beim tagelangen Aufenthalt wird sich Bau- und Familiengeschichte erschließen.

Auch der Nachbar – Burg **Tierberg** – kann aufgesucht werden, wohl ist diese Burg in Privatbesitz und daher ist das Innere des Burggeländes nicht zugänglich. Bedeutsam ist die Geschichte Tierbergs, als es lange Zeit Ursache für einen Streit zwischen Hohenlohe und Stetten war.

Den Abschluß der Beschreibung des Kochergaus soll eine Grenzstadt bilden. **Gaildorf** kam erst 1806 an Württemberg, vorher residierten hier seit dem

Schloß Stetten

14. Jahrhundert die Schenken von Limpurg. Ihr Schloß am Kocherufer wird heute von verschiedenen Familien bewohnt. Es heißt das Alte Schloß, da auf der anderen Seite des Kocher das Neue Schloß steht, dessen „Schloßbewohner" sind Bürgermeister und Stadtbedienstete. Wenn Gaildorf auch kein politischer Grenzort mehr ist, bleibt hier immer noch die Sprachgrenze zwischen Schwäbisch-Alemannisch und Fränkisch bestehen.

MULACHGAU

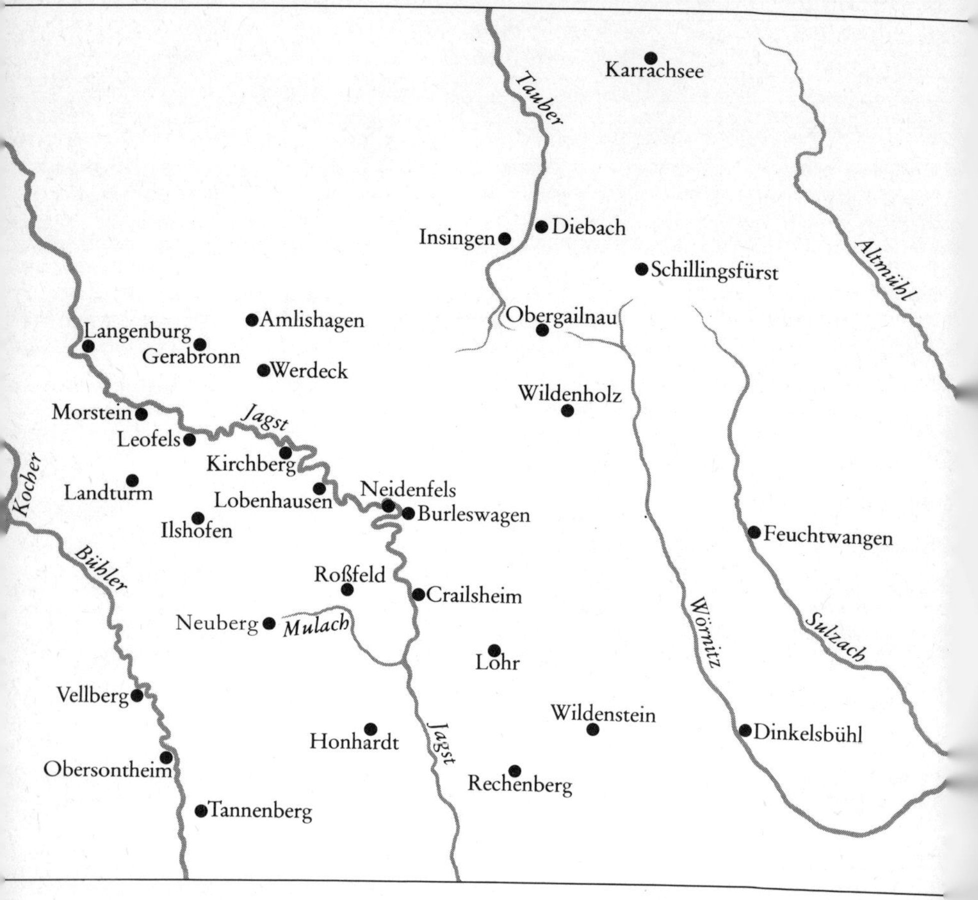

Im Mulachgau sind Namen von Burgen, Orten und Ländereien mit Hohenlohe verbunden, auch wenn Adelshäuser aus der früheren Geschichte bekannt sind, führt ihr Weg meist auf die Fürsten von Hohenlohe hin.

Bevor **Kirchberg an der Jagst** 1265 in einer Urkunde zum erstenmal erwähnt wird, drängen sich im Gebiet um Kirchberg verschiedene Edelherren. Ob der Graf von Lobenhausen als Mulachgaugraf angesehen werden kann, ist nicht sicher. In frühen Urkunden des 8.–10. Jahrhunderts wird öfters der Gaugraf des Mulachgaues genannt. Als aber 1085–1104 Engelhard I. von Lobenhausen erstmals, ein mit Namen bekannter Graf dieses Geschlechts,erwähnt wird, gelten diese Grafen schon seit 1033 als die Nachfolger der Gaugrafen.

Von der Burg in **Lobenhausen** blieb außer den Steinen, die für die Kirche und andere Gebäude im Ort verwendet wurden, nichts erhalten. Auch die Burg der Grafen von **Werdeck** ist bis auf wenige Mauerreste und den Halsgraben verschwunden. Der Lobenhauser Besitz, der von Werdeck aus verwaltet wurde, gehört jetzt zur Stadt **Gerabronn.** In einer Schenkungsurkunde von 1226 übergibt Walther von Langenberg Gerabronn Bischof Hermann von Würzburg und nahm es (mit anderen Orten zusammen) wieder als Lehen zurück. Der Ort Gerabronn machte die verschiedenen Wechsel über Werdeck mit. So übernahm es auch der Landgraf Johann von Leuchtenberg eine kurze Zeit als Pfand. 1399 kam Gerabronn durch Verkauf an die Zollern, Burggrafen von Nürnberg. Auch als die Hohenzollern Markgrafen von Brandenburg-Ansbach wurden, blieb Werdeck und damit Gerabronn bei Brandenburg. Von einigen Verpfändungen abgesehen, änderte sich bis 1797 an dieser Herrschaft nichts mehr. Von der Befestigung Gerabronns, die auf älteren Ortsansichten mit Wall bzw. Hecke, Graben und zwei Toren dargestellt wird, blieb ein Tor erhalten.

Über die Rolle, die der Gerabronner Ortsteil **Amlishagen** gespielt hatte, ist erst seit dem 15. Jahrhundert ein wenig bekannt. Im Schloß saßen von 1463 bis 1708 die Herren von Wollmershausen. Wesentlich älter ist aber der Wehrturm der alten Burganlage. Außerdem ist, durch Urkunden belegt, Amlishagen schon 1260 erwähnt. Wenige Reste der alten Ortsbefestigung wurden entdeckt. Auch wenn das Schloß nur von außen zu besichtigen ist, bietet es mit seiner erhaltenen Schildmauer, mit Ringmauer und Wehrtürmen ein illustrierendes Beispiel für Burgenbauweise.

Zur Stadt **Ilshofen** gehört der Weiler **Leofels,** auf dessen Gelände die gleichnamige Ruine liegt. Seit 1976 ist diese Eigentum von Ilshofen. Sie liegt am Rande der wenigen Häuser der Ortschaft, getrennt durch einen natürlichen Graben, auf einem vorspringenden Bergrücken, der zum Jagsttal abfällt.

Solange der Graf von Lobenhausen die Herrschaft im Mulachgau ausübte, war Leofels, das im Besitz derer von Lobenhausen war, ein burgähnlicher Hof, der als Festung für die Sicherheit im Gau beitrug. Aus dieser Zeit ist nichts erhalten, die Burg war auch vermutlich kleiner als die, die seit 1303 bekannt ist. Damals wurde die Burg noch Lewenfels genannt. Mit dem Aussterben der Grafen von Lobenhausen um 1280 fiel Leofels an Würzburg. Bischof Hermann von Würzburg verpfändet 1333 den Besitz an Graf Ulrich von Wirtemberg. Bis 1409 scheinen diese Grafen im Besitz von Leofels geblieben zu sein, denn aus diesem Jahr ist bekannt, daß sie Leofels an Hugo von Vellberg verpfändeten. Bis zum Aussterben 1592 blieben die Vellberg im Besitz von Leo-

Burgruine Leofels

fels. Seit 1468 haben die Vellberg allerdings die Burg wieder Württemberg als Lehen zurückgegeben. Um 1593 kam Leofels an das Haus Hohenlohe, bei dem es bis 1976 blieb. Als die Burg 1864 auf Verkauf abgedeckt wurde, war bald der Ruinenzustand, wie er sich heute zeigt, erreicht.

Da die Abtragung noch nicht so lange zurückliegt, ist noch viel aufgehendes Mauerwerk erhalten: Toranlage, Umfassungsmauern, vor allem zum Graben und Jagsttal hin. Die Mauern zur Bergseite sind weitgehend abgerissen. Auch innerhalb der Burg sind wenige Mauern erhalten. Einige Gewölbe sind noch zugänglich. Das Bedeutendste sind die Fenster, die auf dieselbe Stilepoche wie der Kaiserpfalz in Wimpfen hinweisen. Das heißt, die Nachfolgeburg wurde in der Stauferzeit mit demselben Kunstempfinden ausgestattet. Damit kann Leofels – abgesehen von Kirchen – neben den wenigen sonstigen Baudenkmälern als Beispiel der Stauferzeit gelten.

Auf dem Gebiet von Ilshofen steht bei **Hörlebach** ein Landturm. 1587 wurde er zum Zweck der Zollerhebung an der Grenze des Stadtstaates Schwäbisch Hall erbaut. Seit 1923 dient er als Jugendherberge.

Als weiterer Herr im Mulachgau kommt der Graf von Flügelau in Frage. Jedoch können die Bodenreste seines „Wasserschlosses" in der Nähe von Roßfeld nur mit Mühe in einer Wiese gefunden werden.

Südlich von Crailsheim liegt **Honhardt** mit einem Schloß, das heute ein Landwirtschaftsbetrieb beherbergt. Der Herrensitz gehörte ursprünglich zum Bereich der Grafen von Flügelau. Später kam es an die Grafen von Öttingen, die es 1310 an die Hohenlohe verloren. Bei Hohenlohe blieb es fast das ganze 14. Jahrhundert. Im ausgehenden Mittelalter wechselte der Besitz zwischen der Stadt Hall bzw. dem Spital Hall und dem Markgrafen von Brandenburg-Ansbach. Auf der Burg selbst lebten von 1274 bis 1489 die Herren von Honhardt.
Die Anlage als Wasserschloß ist mit erhaltenem Graben und Mauern eines der wenigen Beispiele des Gebietes dafür, daß nicht nur Höhenburgen Sicherheit boten.

Auch ostwärts der Jagst hatten die Grafen von Flügelau Besitzungen. Die Herren von Lare waren Dienstleute des Grafen. Heute gehört **Lohr** – Lare ist der alte Namen – zur Gemeinde Westgartshausen. Um 1254 wird der Ort urkundlich erwähnt. Die Burg der Herren von Lohr ist bis auf den Graben verschwunden. Ob die Burg Ende des 12. oder 13. Jahrhunderts abgegangen ist, kann noch nicht geklärt werden. 1124 und 1144 wird in Urkunden ein Graf Ludwig von Lare genannt. Giso von Lare, der 100 Jahre später lebte, soll sogar ein Verwandter der Grafen von Krautheim gewesen sein. Nach dem Aussterben der Herren von Lare ging der Besitz an Ellwangen, aber um diese Zeit wird nur noch vom Berg zu Lohr geredet, die Burg muß also schon verschwunden sein.

Nicht so alt ist die Geschichte **Wildensteins** wenige Kilometer südöstlich. 1507 war Ritter Hans von Schwabsberg Herr über den Ort und die verstreuten Einzelhöfe. Er stammt aus dem Ellwanger Gebiet, stand aber im Dienst des Markgrafen von Brandenburg-Ansbach. Nach 1512 baute er das Schloß, das während des 30jährigen Krieges unbewohnbar wurde. Zwischen 1828 und 1840 wurden Wohnhaus und Türme zu der heutigen Schloßanlage umgebaut. Bewohnt ist das Schloß von den Freiherren der Hofer von Lobenstein.

Als „Grenzfeste" mag Schloß **Rechenberg** angesehen werden. Das Schloß wurde im 13. Jahrhundert errichtet und im 16. umgebaut. Nach der Einrichtung als Jugendherberge 1966 wurde es modernisiert.

Ritter von Rechenberg sind für die Zeit von 1229 bis 1405 bekannt. Sie waren Dienstmannen des Grafen von Öttingen. Zeitweise war auch der Burggraf von Nürnberg Besitzer. 1526 ging Rechenberg an das Stift Ellwangen über. Einen Teil des Besitzes verkaufte es an die Steinhäuser von Neidenfels, den anderen Teil überließ es als Lehen. Heinrich Steinhäuser von Neidenfels war es, der die Burg zum Schloß umbaute. 1617 wurde Rechenberg an die Berlichingen von Neunstetten verkauft. 1840 wurde der Besitz von Württemberg erworben.

Mit **Kirchberg**, das zu Anfang des Kapitels zur Auffindung der weniger bekannten Namen erwähnt wurde, soll die Geschichte der Hohenlohe im Mulachgau beginnen.

Durch Kauf erhielt Kraft II. von Hohenlohe-Weikersheim 1323 die Burgen **Sulz** und Kirchberg. Die Edelfreien von Sulz saßen bereits seit Ende des 11. Jahrhunderts auf der Burg, deren Bergrücken über dem anderen Ufer der Jagst in Kirchberg zu sehen sind. Verwandt mit ihnen waren die Herren von Horenberg, die seit 1148 bekannt sind. Burg **Hornberg** war bis vor wenigen Jahren noch als Adelssitz von der Familie von Crailsheim bewohnt. Raban von Kirchberg, der vermutete Erbauer der ersten Burg, oder sein Sohn, übergab diese um 1301/03 an Konrad von Flügelau und 1313 wurde sie als würzburgisches Lehen an Kraft II. von Hohenlohe vergeben.

Kirchberg a.d. Jagst

Die Familie von Kirchberg zog auf die Burg **Neuberg** bei Oberspeltach. Mit Adam von Kirchbergs Tod 1466 erlosch die Familie. Von der Burg ist nur noch der Halsgraben zu erkennen.

Kraft IV. von Hohenlohe macht Kirchberg zum Zentrum seiner Herrschaft. Von Kaiser Karl IV. erhielt er 1373 für Kirchberg die Stadtrechte. Seine Söhne Ulrich und Friedrich verpfändeten 1384 Kirchberg, das dann durch Verkauf an die Reichsstädte Rothenburg, Dinkelsbühl und Hall überging, die sich ab 1299 in der Verwaltung abwechselten. In dieser Zeit wurde Kirchberg einschließlich Schloß befestigt. Der vordere Stadtturm, der heute noch steht, wurde um 1400 gebaut. Der zweite Stadtturm, heute Kirchturm, folgte 1437 und die Ringmauer war um 1455 vollendet. Das Kornhaus mit Räumen für die Gesandten der Reichsstädte wurde 1496 errichtet, heute befindet sich das renovierte Haus in Privatbesitz. 1562 kaufte Graf Ludwig Kasimir von Hohenlohe Kirchberg samt Besitzungen zurück. 1590–97 wurde die Burg zum Renaissance-Schloß umgebaut. 1650–1861 blieb Kirchberg hohenlohische Residenz.

Die ehemalige Lateinschule von 1747 beherbergt heute das Sandelsche Museum: in erster Linie Heimatmuseum. Besonderheit ist das Apothekenzimmer, das Erinnerungen an den Stifter des Museums, den Apothekersohn Sandel, und Einrichtungsstücke der alten Apotheke zeigt. Das Schloß wurde 1946 vom Landesverband der Inneren Mission für ein Alters- und Pflegeheim gepachtet. 1952 kam es durch Kauf an die Evangelische Heimstiftung. In einigen Räumen wurde ein Schloßmuseum eingerichtet. Die ehemalige Ausstattung des Kirchberger Schlosses kam allerdings in das Hohenlohe-Museum Schloß Neuenstein.

In einer Urkunde 1201 wird Walther de Langenberc erstmals genannt. Mit Eintritt in den Deutschorden verzichteten Walther und sein Sohn Albrecht 1232 auf den Besitz von **Langenburg.** Gottfried von Hohenlohe, dessen Mutter Adelheid von Langenburg war, erbte den Besitz. Unter seinen Nachkommen wurde Langenburg öfters verpfändet, erst mit Albrecht I. (1383–1429) kam Langenburg wieder fest an das Haus Hohenlohe. Von da an blieb Langenburg in ununterbrochener Folge bis heute hohenlohische Residenz.

Im 13. Jahrhundert erweiterte Graf Gottfried die Burg auf die Anlage, wie sie jetzt als Schloß mit seinen vier Flügeln und Rundtürmen dasteht. Auf diese erste Burg gehen verschiedene Gebäudeteile zurück: das Tonnengewölbe der Lindenbastion, Mauern des Verbindungsbaues zum Westflügel und des Westflügels, der Sockel des Archivturms. Die zweite Burg läßt sich im Unterbau des Ostflügels, in den Fundamenten der Schildmauer und den beiden Osttürmen, Kapellen- und Bettenturm, feststellen. Aber auch Mauern im Untergeschoß und teilweise des Obergeschosses der Längsflügel mögen noch aus der Zeit stammen. Die Ringmauer mit dem alten Eingang an der Südseite, Archiv- und Hutzelturm oder Hexenturm stammen ziemlich sicher aus dieser Bauepoche. Die späteren Umbauten dienten vor allem der Verwandlung von Verteidigungsburg zu wohnlicher Residenz. Was heute in den Museumsräumen gezeigt wird, ist Zeugnis für das Leben einer fürstlichen Familie. Verständnis für das Leben des Adels in seiner Entwicklung aus dem Mittelalter bis in die Neuzeit wird anhand der Sammlungen im Schloß Langenburg erreicht.

Zwischen diesen Hohenlohe-Residenzen liegen im Land verstreut Adelssitze, die zeitweise im Besitz der Hohenlohe waren oder die ihre Verbindung zum ortsansässigen Adel nie verloren.

Crailsheim war eine stark befestigte Stadt mit einer türmebewehrten Stadtmauer und drei Stadttoren. Die Bombardierung 1945 überdauerten der Diebsturm und einige Meter Stadtmauer am Rande der heutigen Stadtgartenanlagen.
1350 begann die Ummauerung, erweitert und verstärkt wurde sie bis 1707, dann begann die Zeit des Abbruchs, und der 2. Weltkrieg beseitigte fast alle Reste.

Gegründet wurde Crailsheim vermutlich im 6. Jahrhundert. Zur Stadt erhoben wurde es von Kaiser Ludwig am 1.8.1338. Das Adelshaus, das sich nach der Stadt nennt – Walther von Crailsheim seit 1221 bekannt –, gelangt in Crailsheim nicht zu der Bedeutung, wie Nebenlinien der Familie außerhalb der Stadt (im Mulachgau: Morstein und Hornberg, im Rangau: Rügland, Sommersdorf, im Iffgau: Frühstockheim-Rödelsee, Altenschönbach und im Radenzgau: Neuhaus).

Seit dem Anfang des 14. Jahrhunderts war Crailsheim im Besitz der Hohenlohe, von ihnen wurde es zeitweise verpfändet und verkauft. Am 20.1.1399 kam Crailsheim an den Burggrafen von Nürnberg, d.h. an die Hohenzollern. Als diese später mit der Mark Brandenburg belehnt wurden, wurde Crailsheim bis 1806 brandenburgisch.

Das 1921 gegründete Fränkisch-Hohenlohische Heimatmuseum ist seit 1957 in der ehemaligen Spitalkapelle „Zum heiligen Geist" untergebracht. Der Bau stammt aus dem Anfang des 15. Jahrhunderts. Das Schwergewicht der Sammlung liegt bei der Stadtgeschichte und in einem Bestand Crailsheimer Fayencen, doch gibt es auch Funde aus den fränkisch-alamannischen Reihengräbern bei Ingersheim, Stadtteil im Süden Crailsheims.

Schloß **Morstein** ist seit 1337 im Besitz der Familie Crailsheim. Als heutiges Renaissance-Schloß wurde es um 1571 gebaut, nachdem es Anfang des 16. Jahrhunderts abgebrannt war. Aus der Zeit vor dem Brand stammt noch der Bergfried, dessen Alter nicht genau bestimmt werden kann. Obwohl viel Sehenswertes zu besichtigen wäre, ist das Schloß nicht zugänglich.

Burleswagen und **Neidenfels** in geringer Entfernung von Crailsheim sind durch die Geschichte ihrer Schlösser verknüpft. Die Hochburg in Burleswagen ist schon 1085 bewohnt. Im 13. Jahrhundert saß auf Burleswagen ein Reichsdienstmann von Uffenheim. Die Anlage, die fast immer aus zwei Burgen bestand, war seit der Mitte des 14. Jahrhunderts von anderen Familien bewohnt. Nach Streitigkeiten und Aussterben von einzelnen Familien blieben die Sekkendorf, derer Lehnsherr der Bischof von Würzburg war, als Besitzer übrig.

Im 30jährigen Krieg wurden die Burgen von kaiserlichen Truppen gestürmt. Von der vorderen Burg war 1689 nur noch ein Trümmerhaufen zu sehen. Heute stehen noch im Burghof der Stumpf des Bergfrieds und andere Mauerreste. Allerdings sind weder der Burghof noch das bewohnte Schloß zu betreten. Am eindrucksvollsten bietet sich das Schloß über dem Steilufer der Jagst dem Betrachter aus dem Tal dar.

Die untere Burg Neidenfels oder Nidenfels ist als Wohnsitz des Hartmut Fuchsen von Dornheim um 1385 bekannt. Dieser war wahrscheinlich der Erbauer, zuvor saß er auf Schloß Burleswagen. Bei den Dornheim blieb die Burg bis in die Neuzeit. Im 30jährigen Krieg wurden die drei Wohnhäuser, die die Burg bildeten, zerstört. Obwohl zwei der Häuser von Johann Friedrich von Ellrichshausen wieder errichtet wurden, ist heute nur noch der Schloßkeller erhalten.

Eine andere Art von Mittelpunktsbedeutung hatte **Vellberg.** Kein Adelsgeschlecht übte hier in der Frühzeit seine Macht aus, sondern auf der **Stöckenburg,** wo schon im 5. Jahrhundert eine fränkische Königssiedlung stand, wurde eine Ur- und Missionskirche gegründet, von welcher ein großer Teil des Mulachgaues betreut wurde. Die Kirche steht immer noch innerhalb von erkennbaren Ringwallanlagen wie zur Gründungszeit, sie blieb bis heute Pfarrkirche für Vellberg. Obwohl Vellberg mit dem Heraufkommen der Herren von Vellberg an Bedeutung gewann, wurde hier nie eine Kirche gebaut, nur im Schloß gibt es eine Kapelle. Woher und wann die Herren von Vellberg kamen, ist nicht bekannt; die früheste Urkunde von 1102 nennt einen Heinrich von Vellberg. Später war Vellberg Lehen der Hohenlohe, wie eine Urkunde von 1351 beweist, als Konrad und Raban von Vellberg den Besitz verwalteten. Mit der Zeit entwickelte sich Vellberg, denn mehrere Adelsfamilien hatten Besitzrechte an der Burg. Zum ewigen Burgfrieden schlossen sich die Herren von Vellberg 1481 zusammen. Von dieser Zeit an kann mit dem Ausbau und der Befestigung des Orts bis zur Stärke einer unbezwingbaren Festung gerechnet werden. Erobert wurde Vellberg nur einmal vom Schwäbischen Bund durch Verrat im Jahre 1523, zerstört wurde dabei das dem Wilhelm von Vellberg gehörende Schloß. 1546 stand es wieder, wie es sich heute zeigt. Unter Konrad von Vellberg, dem Letzten des Geschlechts, das damit 1592 ausstarb, wurden die Festungswerke vollendet. Mit seinem Tod fiel das Erbe an Hohenlohe zurück und wurde daraufhin an Hall verkauft. Hall mußte allerdings mit dem Bischof von Würzburg, den Markgrafen von Brandenburg-Ansbach und dem Ritterkanton Odenwald um den Besitz streiten. Erst 1760 war Hall alleiniger Besitzer. 1802 fiel Vellberg an Württemberg.

Vellberg liegt auf einem Bergsporn, der steil zur Bühler abfällt. Die Bergseite ist durch einen tiefen Burggraben und Mauer mit Stadttor und drei Wehr-

Vellberg, Befestigung

türmen geschützt. Die ehemalige Zugbrücke ist längst durch eine steinerne Brücke ersetzt, die immer noch die einzige Zufahrt zur „Stadtburg" bildet. Der Torturm oder „Städtlesturm" kann als Bergfried gelten. Dadurch daß er vor der Mauer steht, läßt sich der Graben leichter verteidigen, zumal Schießscharten in jede Richtung drohen. Das Tor konnte zusätzlich durch den Fallgatter gesichert werden, und ein Eindringling wurde durch einen Pechregen überrascht. Innerhalb der Stadtmauer verläuft ein unterirdischer Wehrgang, der einzige in Süddeutschland erhaltene. Er ist durch die runden Türme zu betreten. Der übliche Wehrgang auf der Mauerzinne blieb nicht erhalten. Der viereckige Wehrturm an dieser Stadtfront war Geschützturm. Vom Tal her ist Vellberg durch das Zwingertor betretbar, das durch einen Geschützturm bewehrt ist. Verschiedene Gänge führten in Kasematten, wo vermutlich Waffen und Munition lagerten. Diese Gänge verbanden die Bastion mit den Wehranlagen. Die Bastion war nie bewohnt, sondern diente immer der Verteidigung. Für Fußgänger dient das Obere Zwingertor, „Pömplestor", als weiterer Zugang in die Stadt. Das älteste Gebäude der Stadt, das Schloß, beherbergt ein Hotel und das Rathaus. Die ehemalige Waffenkammer im Erdgeschoß wird als Restaurant, der Rittersaal im 1. Stock mit alten Fresken – Jagdszenen – als Cafe genutzt. Die Schloßkapelle steht für Hochzeiten und Taufen offen.

Beim Weinbrunnenfest am ersten Juliwochenende spielt ganz Vellberg als Edelleute und Landsknechte Mittelalter.

In unmittelbarer Nähe, südlich Vellbergs, wo Alemannien und Franken zusammentreffen, stehen die Burg **Tannenberg** und das Schloß von **Obersontheim.** Das Schloß wurde im 16. Jahrhundert von den Schenken von Limpurg gebaut. Seit 1903 ist es im Besitz der Samariterstiftung Stuttgart, die hier ein Altersheim einrichtete.

Zu Burg Tannenberg gehören verschiedene Gebäude, die sie zu einem großen landwirtschaftlichen Betrieb machen. Die Burg dient dem Besitzer als Wohnhaus: zwei aneinanderstoßende Flügel mit Schildmauer und teilweise abgebrochenem Turm, der über den nicht mehr überdachten Wehrgang zu erreichen ist. Im ältesten Teil der Burg steht eine Sammlung von Bauernmöbel, die der Besitzer zum Verkauf zeigt. Einige Zimmer stehen für „Ferien auf dem Bauernhof" zur Verfügung.

1283 wird Tannenberg als Stauferburg erwähnt. Im Bauernkrieg wurde sie zerstört. Später kam sie in den Besitz des Fürstpropstes von Ellwangen. Mit der Säkularisierung fiel Tannenberg an Württemberg.

In der Landhege – ehemals hohenlohisches Gebiet im Besitz der Reichsstadt Rothenburg –, die sich zur Frankenhöhe hinüberzieht, stehen Landtürme, und in vielen Orten ist noch bekannt, daß einmal eine Burg bestand. Meist ist aber nur ein Hügel mit schwach erkennbarem Wall und Graben zu finden.

Das beste Beispiel eines Landturms der Landhege bietet der Turm in **Lichtel** (siehe Karte Taubergau). Er ist besteigbar, und eine Tafel erklärt, für welchen Zweck Turm und Hecke mit Graben errichtet wurden. Aber diese Schutzmaßnahmen gehören nicht mehr in die Zeit des Mittelalters, sondern in jene, während Rothenburg als Freie Reichsstadt ihr Gebiet sicherte.

Auf eine andere Befestigung geht die Anlage am Ufer des **Karrachsees** zurück. Zu sehen ist eine mit Graben vom Land abgetrennte Insel, auf der einmal ein Turm gestanden haben mag. Ein Steinbrückchen führt auf die Insel hinüber.

Mitten in diesem einst burgenreichen Gebiet – in **Diebach, Insingen, Obergailnau, Wildenholz** sind Burgställe bekannt – liegt das Schloß **Schillingsfürst**, das häufig unter Kriegseinwirkungen zu leiden hatte. In einer Schenkungsurkunde Ottos III. wird um 1000 eine Burg zu Schillingsfürst genannt. Vermutlich bestand schon 1260 ein verwandtschaftliches Verhältnis zwischen der Familie der Schillingsfürst und Hohenlohe. Ab 1313 ist die Burg hohenlohisch. Im Streit zwischen Kaiser Ludwig dem Bayern und Friedrich dem Schönen von Österreich wurde Schillingsfürst 1316 das erstemal restlos zerstört. Im Bauernkrieg wurde die Burg 1525 zum zweitenmal niedergebrannt. Die dritte Zerstörung erfolgte dann im Dreißigjährigen Krieg 1632. Der Wiederaufbau begann 1660, allerdings war es nur ein Gebäude mit den notwendigsten Wohnräumen und einer Kapelle. Das Schloß von heute wurde 1723–1750 gebaut. Obwohl das Schloß zum größten Teil bewohnt wird, können verschiedene, mit zahlreichen Familienerinnerungen ausgestattete Räume, besichtigt werden (Schloßmuseum).

Feuchtwangen a.d. Sulzach – Grenzfluß von Mulach- und Rangau – ist durch den romanischen Kreuzgang und „das schönste Heimatmuseum Bayerns, vielleicht der Bundesrepublik" (Dr. J.M. Ritz) bekannt. Von der Stadtbefestigung blieben große Teile der Mauer, zum Teil mit Wehrgang, erhalten. Das einzige Tor, das Obere, verlor durch Umbauten seine Schutzfunktion. Alle anderen Tore wurden abgebrochen. In einem alten Gerberhaus ist das Museum untergebracht. Zu den Beständen gehören Sammlungen des bäuerlichen und handwerklichen Lebens, Fayencen und Porzellan aus Ansbach und Crailsheim sowie Dokumente zur Stadtgeschichte.

Wo sich im Mulachgau die Nord-Süd-Straße von Köln, Frankfurt, Rothenburg, Augsburg und die West-Ost-Straße Straßburg, Ellwangen, Nürnberg, Prag schneiden, liegt **Dinkelsbühl**, das dieser Verkehrslage jahrhundertelang seine Bedeutung als Reichsstadt verdankt. Im Besitz der Staufer wurde Dinkelsbühl bereits am Ende des 12. Jahrhunderts mit einer zweiten, der heutigen Ummauerung versehen. Nach dem Untergang der Staufer wurde Dinkelsbühl Freie Reichsstadt. 1274 wird es von König Rudolf mit anderen Städten aufgezählt. Frei blieb die Stadt bis 1804. Die Bedeutung Dinkelsbühls wurde aber durch den Dreißigjährigen Krieg beendet. Wahrscheinlich rettete dieses „Randdasein" die Stadt vor Zerstörung.

Die Stadtmauer läßt sich unter drei Gesichtspunkten erleben: von außen als „Feind" – unbezwinglich; von innen als „Bürger im Frieden" – durchlässig für Handel und Verkehr; von oben, auf dem Wehrgang, als „Bürger im Krieg" – schützend und verteidigend. In Abschnitte wird die Mauer durch Wehrtürme und die vier Stadttore eingeteilt.

Der bekannteste Zugang zur Stadt ist das Wörnitztor, das älteste Tor der Stadt. Der Unterbau mit seinen Buckelquadern aus dem 13. Jahrhundert blieb erhalten, als um 1400 der Turm erhöht wurde. Im Uhrzeigersinn folgt die „kleine Bastei". Angelegt wurde dieser Turm mit seinem Kegeldach im 16. Jahrhundert. Fast angebaut ist der Dreigangsturm aus der 2. Hälfte des 15. Jahrhunderts. Der Henkersturm als ehemalige Wohnung des Henkers ist außen an die Mauer angebaut. Der Bäuerlinsturm trägt seinen Namen nach einem Besatzungsmitglied aus dem 15. Jahrhundert. Auf dem aus Buckelquadern gemauerten Unterbau sitzt ein vorkragender Fachwerkbau mit einem Satteldach. Wo die Mauer ihre Richtung ändert, ist die Stadtmühle in die Mauer miteinbezogen. Das Nördlinger Tor, ein viergeschossiger Torturm, stand schon vor 1425. Wo die Mauer wieder die Richtung ändert, steht der

Salwartenturm, so nach Jörg Salwart, der um 1473 lebte, benannt. Der Krugsturm oder Königsturm ein Rundturm, der im unteren Teil aus Buckelquadern besteht und dessen Kegeldach mit farbig glasierten Ziegeln gedeckt ist. Der Hertlesturm, benannt nach der Patrizierfamilie Härtlin, ist ein Rundturm. Am Hagelsturm, ein vierseitiger Turm, blieb die Stadtseite offen, damit Munition oder Waffen und anderes Gerät auf den Wehrgang hochgezogen werden konnte. Er wurde erst im 17. Jahrhundert zugemauert. Der Dönersturm oder Weißer Turm ist nach einem der ältesten Stadtgeschlechter benannt, ein vierseitiger und viergeschossiger Turm, jetzt Transformatorenstation. Der Haymersturm, ein kleiner Rundturm, der nach der gleichnamigen Familie heißt. Der Berlinsturm ist nach dem Bürgermeister Götz Berlin, der im 15. Jahrhundert in der Nähe wohnte, benannt. Er ist ein dreigeschossiger, viereckiger Turm. Der Wächtersturm wurde bis 1473 als der „Turm beim Frauenhaus" bezeichnet. Das Segringer Tor wurde bei der Belagerung durch die Schweden 1648 so schwer beschädigt, daß der Turm 1651 einstürzte. Als barocker Turm wurde er 1655 wieder aufgebaut. Hier ändert die Mauer wieder die Richtung. Der Dreikönigsturm ist heute durch ein Privathaus verbautes quadratisches Türmchen. Er hat seinen Namen nach der in der Nähe liegenden Dreikönigs-

Dinkelsbühl, Rothenburger Tor

kapelle. Der Grüne Turm oder Hoher Turm ist um 1400 gebaut, ein Rundturm mit Kegeldach und wenigen Fensterchen. Der Faulturm (erster Name Feulturm), später „Turm beim Bauhof", ist gleichfalls ein Rundturm mit Kegeldach und schmalen Schießscharten. Diese Stadtmauerecke samt Turm wurde vom Spitalmeister Bumm gekauft. Er hat das Gelände gärtnerisch umgestaltet, und nach seinem Tod wurde hier 1833 der Stadtpark angelegt. Beim Faulturm geht die Mauerrichtung auf das Rothenburger Tor hin. Diese Toranlage entstand vor 1390. Der quadratische Turm ist fünfgeschossig. Das Vortor stammt aus dem 16. Jahrhundert, im Obergeschoß hat es wohnliche Erker. Das erste Stockwerk des Torturm ist über den Wehrgang zu erreichen. Der zweite Stock ist ein tonnengewölbter Raum, der als Gefängnis diente. Letzte Richtungsänderung der Mauer beim Dalkinger Turm, dann trifft die Mauer wieder auf das Wörnitztor.

Gegenüber von St. Georg steht das Deutsche Haus, seine Fassade ist wahrscheinlich um 1543 entstanden, es gehörte der Metsiederfamilie Drexel. Heute ist es ein Hotel. Wenig weiter steht eine der drei erhaltenen Schrannen in Dinkelsbühl. Im ersten Stock befindet sich der größte Saal der Stadt. Diese Schranne, erbaut um 1600, diente als Verkaufsstätte für landwirtschaftliche Erzeugnisse. Im Spital an der Straße zum Rothenburger Tor hin ist das Historische Museum untergebracht. Gesammelt wurde alles, was die Geschichte der Reichsstadt betrifft. Der Bereich des Handwerks ist vor allem durch die sechs Zünfte vertreten, die im Rat der Stadt saßen: Bäcker, Schneider, Metzger, Schmiede, Schuster und Weber. Aber auch Zinngießer, Töpfer u.a. werden durch ihre Erzeugnisse und ihr Handwerksgerät vorgestellt. In der Kornschranne, erbaut 1508, war für die Notzeiten Korn gelagert. Heute ist sie Jugendherberge. Das Alte Rathaus brannte 1919 ab, wurde aber wieder originalgetreu aufgebaut. Das Neue Rathaus am Schweinemarkt wurde 1855 bezogen. Im Garten beim Künßberghaus ist – mit der Stadtmauer als Kulisse – eine Freilichtbühne eingerichtet worden, wo das Fränkisch-Schwäbische Städtetheater im Juli und August Freilichtspiele aufführt. Ein Spiel, bei dem die ganze Stadt samt Bewohner beteiligt ist, findet im Juli statt, wenn die Kinderzeche an der Errettung Dinkelsbühls vor den Schweden erinnert. Mit Festspiel und Umzug lebt die Geschichte auf.

JAGSTGAU

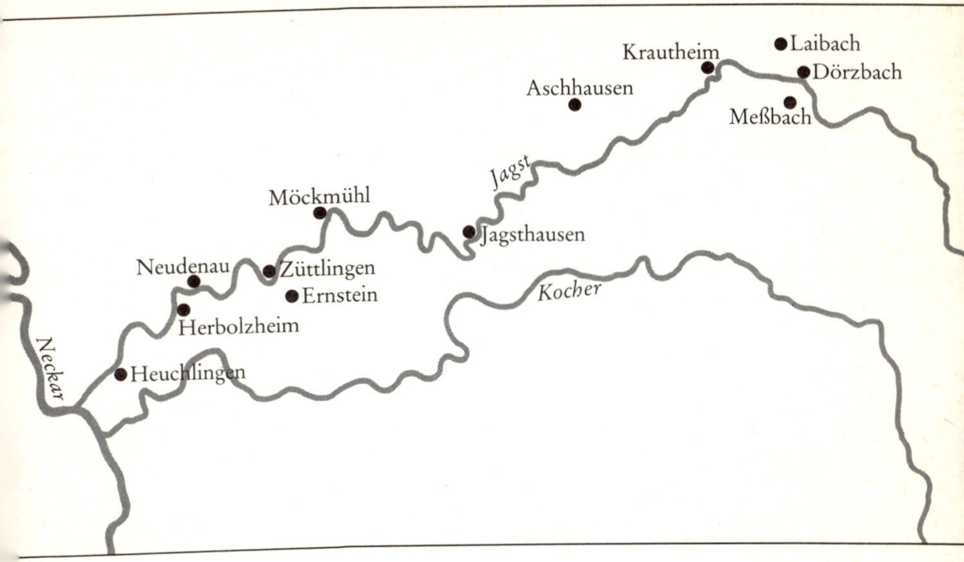

Der Gaugraf des Jagstgaues beherrschte sein schmales Flußgebiet als Herr von **Krautheim.** Die Burg war ursprünglich im Besitz der Grafen von Rothenburg-Comburg, erst später erwarben die Herren von Mulfingen den Besitz und nennen sich seither von „Crutheim". Wolfrat von Crutheim baute um 1200 den Bergfried, den Hauptteil des Palas und die Ringmauer. Um 1230 wird die Kapelle gebaut. Kraft von Krautheim und Gottfried von Hohenlohe waren Erzieher und Berater des staufischen Kronprinzen Konrad. Richza, die Schwester von Konrad von Krautheim, war mit Gottfried von Hohenlohe verheiratet, an diesen verkaufte Konrad 1239 die Burg. Bewohnt wurde die Burg noch von Konrads Brüdern Wolfrat und Kraft. Ohne weitere Nachkommen ist die Familie ausgestorben. Eine Zeitlang war die Herrschaft über Krautheim beim Grafen von Eberstein, an den Krautheim 1245 kam. Schließlich im 14. Jahrhundert wurde Burg und Stadt zur Hälfte an Mainz und zur Hälfte an Würzburg verkauft und verpfändet. Sowohl im Bauernkrieg wie im Dreißigjährigen Krieg wurde Krautheim erobert. Zerstört wurde aber die Burg schon im Bauernkrieg. Das neben der Burg erbaute Mainzische Amtshaus entstand 1610, es beherbergt jetzt das Johanniterhaus.

Obwohl der Bergfried nicht mehr in seiner gesamten Höhe erhalten ist, wirkt seine Mächtigkeit immer noch durch die Ausmaße. Er hat einen Durchmesser

Burgruine Krautheim, Bergfried

von 8 Meter und seine Mauerstärke beträgt 2,8 m. An vielen Mauerresten und Wehrtürmen ist die Baukunst der Stauferzeit zu erkennen. Mit dem Palas ist der Bergfried, der hinter der Schildmauer steht, durch eine Brücke verbunden. Der Burggraben ist zum Teil aufgefüllt. Führungen durch die Ruinc sind möglich.

Zur Stadt Krautheim gehört die Gemeinde **Dörzbach**. Mehr als ein Blick in den Innenhof des ehemaligen Wasserschlosses, das 1526 gebaut wurde, und das der Familie von Eyb gehört, ist nicht gestattet.

In **Meßbach** steht ebenfalls ein Schloß im Privatbesitz der Familie von Palm. Es ist 1750 gebaut mit vier mächtigen Ecktürmen. Hinter dem Schloß ist ein alter Park mit Weiher und seltenen Bäumen.

In **Laibach** steht das Schloß der Familie von Rackwitz. Hervor ging der Bau aus Resten einer Burg, die jetzige Anlage wurde 1620–25 zum heutigen Aussehen verändert.

Nur die geschichtliche Bedeutung Krautheims kann die Waage halten mit dem bekannteren **Jagsthausen.** Hier verbrachte Götz von Berlichingen seine Kindheit. Auf Resten der Römersiedlung wurde der Ort neu von den Franken wie-

dergegründet. 1090 wird Jagsthausen als Besitz eines Robert von Husen genannt. Die Herren von Husen waren Dienstmänner des Grafen von Dürn. Seit deren Aussterben sind die Berlichingen im Besitz des Schlosses geblieben. Umgebaut wurde es 1876. Alt wirken noch der Innenhof und die flankierenden Türme des Nordflügels. Den Runden Turm beherrscht das Schloßmuseum. Ausgestellt sind Funde aus dem Römerkastell, Waffen und die Eiserne Hand Götz von Berlichingens. Im Archivturm ist die Familiengeschichte in Urkunden und Dokumenten nachzulesen. Verschiedene Räume werden als Hotel und Restaurant genutzt. Alljährlich im Sommer werden im Innenhof Goethes Schauspiel „Götz von Berlichingen" und seit einigen Jahren auch andere Theaterstücke aufgeführt.
Das Rote Schloß, heute Restaurant, wurde als Herrenhaus im 17. Jahrhundert gebaut.
Das Weiße Schloß wurde 1792 gebaut. Die Parkanlagen der Schlösser sind öffentlich zugänglich.

Zwischen Jagsthausen und Krautheim liegt abseits des Jagsttales auf der Höhe **Aschhausen**. Benannt ist die Burg, die 1163 zum ersten Mal erwähnt wird, nach den Edelfreien von Aschhausen. Sie sind später Dienstleute der Herren von Krautheim. Ab 1315 wird der Besitz als Lehen des Erzbischofs von Mainz vergeben. 1671 geht Aschhausen in den Besitz des Klosters Schöntal über. Da die Burg 1525 zerstört wurde, errichteten die Äbte von Schöntal hier von 1737–52 ihre Sommerresidenz. Besitzer und Bewohner des heutigen Schlosses ist die Familie von Zeppelin. Von der ersten Burg blieben Bergfried, einige Gebäude und die Umfassungsmauern des Neubaues aus dem 16. Jahrhundert erhalten. In den Museumsräumen werden präparierte Tiere, vor allem Vögel und Funde aus Vor- und Frühgeschichte, Möbel, Porzellan usw. gezeigt.

Ins Jagsttal zurückgekehrt, wird in **Möckmühl** eine weitere Station aus dem Leben Götz von Berlichingen erreicht. Auf der Götzenburg war er Vogt von Herzog Ulrich von Württemberg. Die Burg ist im 13. Jahrhundert von den Grafen von Dürn gegründet worden. Erben waren 1287 die Hohenlohe. Albert von Hohenlohe nennt sich sogar nach der Stadt, aber schon Mitte des 14. Jahrhunderts muß Kraft von Hohenlohe die Burg an Mainz verpfänden. 1445 war Möckmühl kurpfälzisch und ab 1504 württembergisch. Bei der Belagerung durch den Schwäbischen Bund 1519 kam Götz von Berlichingen in Gefangenschaft nach Heilbronn.

Die Stadtmauer, an deren Renovierung gearbeitet wird, läßt sich rings um die Stadt verfolgen, sie zieht sich bergwärts bis zur Burg hin. Drei Türme, davon einer sehr baufällig, und ein Teil des einzig erhaltenen Tores geben nur ein schwaches Bild der einst türmereichen Stadt.

Am Wege nach Neudenau liegen in Züttlingen Schloß **Domeneck** und **Assumstadt**. Von der Burg in **Ernstein** in der Nähe von Züttlingen blieb nur ein

Turmstumpf. Auch wenn von Befestigungen in **Neudenau** keine Rede sein kann, ist das friedliche Bild der Fachwerkhäuser ein Zeugnis für den Städtebau des Mittelalters. Im Alten Schulhaus, dem Heimatmuseum, sind römische und steinzeitliche Funde, kirchliche Kunst aus dem 13.—16. Jahrhundert und viele volkskundliche Gegenstände zu besichtigen.

Eine Burg wurde in Neudenau 1216 von den Grafen von Dürn gebaut. Neudenau war der Stützpunkt, von wo aus die Grafen ihre Besitztümer, die weit entfernt von ihrer Stammburg der Wildenburg lagen, verwalteten. Sie haben vermutlich auch Neudenau zur Stadt erhoben, denn Urkunden von 1263 weisen Neudenau bereits als Stadt aus. Mit dem Niedergang der Grafen von Dürn wuchs die Macht des Kurfürsten von Mainz. Nachfolgestreitigkeiten endeten, als 1364 Neudenau endgültig an Mainz fiel.

Über **Herbolzheim** bei Neudenau liegt die Ruine mit rundem Bergfried, Ringmauerresten und überwuchertem Keller. 1268 ist die Burg erstmals erwähnt. 1431 starben die Herren von ,,Herbortsheim" aus. Aber schon seit 1330 war sie als Lehen von Worms an die Herren von Ebersberg gegangen. Ab 1362 wurde Mainz bis 1802 Besitzer. Wann die Burg zerstört wurde, ist nicht bekannt.

Im Einzugsbereich des Neckargaues, vielleicht auch nicht mehr zum Jagstgau zählend, steht das Deutschordensschloß **Heuchlingen.** Urkundlich sind die Brüder Konrad Mulner und Heinrich von Huchelheim 1222 bekannt. 1502 wurde der Deutschorden Besitzer. Unter dem Deutschmeister Walter von Kronberg ist 1530 das heutige Schloß auf dem Gelände gebaut worden, wo die von den Bauern abgebrannte Burg bis 1525 stand. 1805 wurde Schloß Heuchelheim württembergisch. Heute wird das Schloß als riesiger Gutshof bewirtschaftet.

WINGARTEIBA

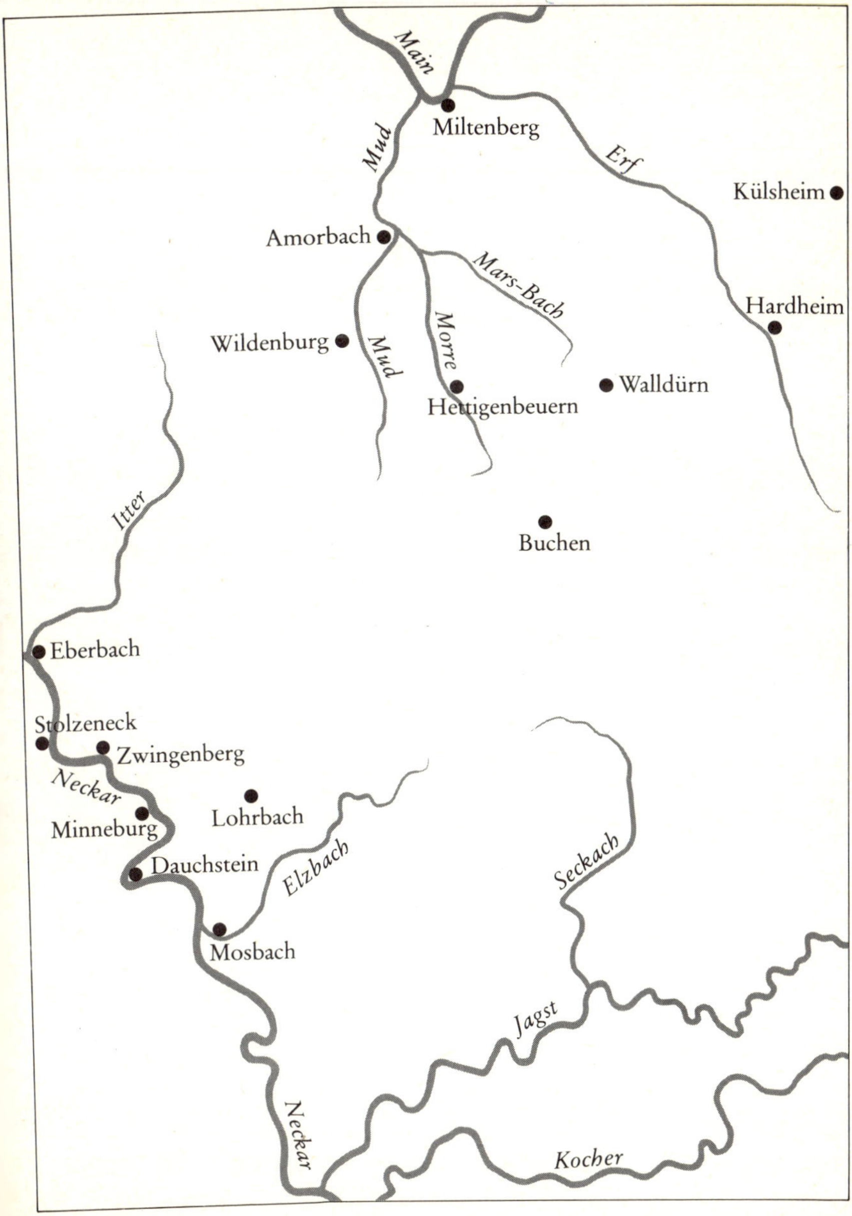

Wer „Owê muoter" aus Parsifal von Wolfram von Eschenbach kennt, denkt an den Ort, wo der Vers in Stein gemeißelt ist, zur Stauferzeit war er der kulturelle Mittelpunkt der Wingarteiba: die **Wildenburg.**
1168 erhielten die Herren von Dürne (oder Dürn) auf dem Reichstag zu Würzburg durch Friedrich I. Barbarossa die Vogtei über Kloster Amorbach. Sie errichteten die Burg Wildenburg. Der erste und bedeutendste war Ruprecht I. von Dürn. Er wird in über 100 Urkunden genannt, er war in unmittelbarer Gefolgschaft von Kaiser Friedrich I. und Heinrich VI. Eine Inschrift im Torturm der Burg bezeichnet Ruprecht als Erbauer. Um 1197, mit der letzten Urkunde, verliert sich weiterer geschichtlicher Nachweis. Sein Sohn, Ulrich I., ist früh gestorben, nach 1201 wird er nicht mehr genannt. Seine Söhne Konrad I. und Ulrich II. treten in Urkunden 1222 als Herren von Wildenburg auf. 1226 dürfte die Burg vollendet gewesen sein. Sein jüngerer Bruder Ulrich tritt in den Deutschen Orden ein. Gestorben ist er vermutlich um 1250. Konrad gab Amorbach 1253 die Stadtrechte. Er starb 1258. Seine Nachkommen verloren den bisherigen politischen Einfluß. Er hatte drei Söhne, die sich nach ihren Burgen – Dilsberg, Forchtenberg, Wildenburg – nannten. Ulrich III. verkaufte Wildenburg 1271 und Amorbach 1272 an den Kurfürsten von Mainz. 1308 starb er. Die Burg wurde Amtssitz des Mainzer Erzstiftes bis zum Bauernkrieg. 1356 beschädigte ein Erdbeben die Burg. Sie wurde wieder hergestellt, und Neubauten wurden durchgeführt. Am 4. Mai 1525 wurde die Burg vom Odenwälder und Neckartäler Bauernhaufen erobert und niedergebrannt. Seither blieb die Ruine in Trümmern liegen. In den folgenden Jahrhunderten wurde manche Steinladung in die benachbarten Dörfer weggefahren.

Aus den Trümmern lassen sich zwei Wohnbereiche rekonstruieren. Unter dem Schutz des Bergfrieds und der Schildmauer liegt ein Wohnbau in der Ostecke der Burg. Der quadratische Bergfried mißt eine Seitenlänge von fast 10 m, eine Mauerstärke von beinahe 3 m, eine Höhe von 25 m. Er ist aus Buckelquadern gemauert. Sein ursprünglicher Zugang lag 8 m über dem Boden. Eine 1935 eingebaute Treppe ermöglicht die Besteigung. Die Schildmauer ist 37 m breit und 2,5 m dick. Die Nordseite der Burg nimmt der Palas ein. Ihm ist ein kleiner Turm als Schutz zur Seite gegeben. Die 90 m langen Längsseiten sind durch Richtungsverschiebungen in Harmonie mit den Türmen auf die wirkungsvollste Art und mit einfachsten Mitteln zur Verteidigung erdacht worden. Betreten wird die Burg durch den aus der Mauerflucht hervortretenden Torturm. In seinem Obergeschoß befand sich die Burgkapelle.

Viele Bauteile – Säulenbasen und -kapitelle – lagern heute im Freilichtmuseum von Schloß Eulbach, im Stiftsmuseum der Stadt Aschaffenburg und in **Amorbach.** Im Kellereigebäude des ehemaligen Oberamtes von Kurmainz ist seit 1932 ein Heimatmuseum eingerichtet. Grabungen entlang des Limes

Burgruine Wildenburg, Blick vom Bergfried

brachten Funde aus der Römerzeit zu Tage, die zum Teil in das Museum kamen. Was auf der Wildenburg unzerstört blieb und nicht verschwand, fand seine Aufstellung in einem Raum. Neben den Funden bilden Ansichten, Bilder und Modell der Wildenburg eine Ergänzung nach dem Besuch der Ruine. Die anderen Zimmer sind mit Odenwälder Volkskunst und Gegenständen aus der Volkskunde angefüllt. Dokumente zur Geschichte des Fürstenhauses von Leiningen gehören in die neuere Geschichte.

Der geringe Teil, den der Gau Wingarteiba am Main hat, trügt über seine Bedeutung, denn in **Miltenberg** wurde der ganze Handelsverkehr zwischen Ostfranken und Mainz kontrolliert.
Auch wenn Miltenberg erst 1226 in Urkunden erwähnt wird, heißt das nicht, daß der Ort nicht schon viel länger vorhanden war. Die Römer hatten hier zwei Kastelle. Die Alemannen erstürmten 260 die Römerstadt. Um 1210 errichtete Pfalzgraf Otto dort, wo das Altstadtkastell stand, die Siedlung Wallhausen. Während eines Streites zwischen Pfalz und Mainz flohen die Bewohner der Siedlung Wallhausen in die besser gesicherte Mildenburg. Diese Burg wurde von Mainz um 1180 errichtet, und der erwähnte Streit war dann Anlaß, daß sich im Schutz der Mildenburg der Ort Miltenberg entwickelte, der

bereits Anfang des 14. Jahrhunderts auf eine Fläche wuchs, die sich heute noch vom Würzburger Tor bis zum Spitzen Turm erstreckt. Im Bauernkrieg bewirkte die Übergabe der Stadt an die Bauern und die spätere Milde von Mainz – d.h. Straffreiheit Miltenbergs –, daß diese Zeit keinen allzu großen Schaden anrichtete. Im Markgräflerkrieg wurden die Mildenburg und ein Teil der Stadt von Albrecht Alcibiades in Brand geschossen. Der Dreißigjährige Krieg brachte nur jedes denkbare Unheil nach Miltenberg. 1631 wurde die Stadt an König Gustav von Schweden übergeben. Seit 1816 ist Miltenberg bayerisch.

Seine wehrhafte Seite zeigt Miltenberg demjenigen, der vom Würzburger Tor zum Burgweg läuft und bei der evangelischen Kirche auf die Stadtmauer schaut, die bis zur Mildenburg hin mit mehreren Türmen und Durchlässen erhalten ist. Der Innenhof der Mildenburg ist für Besucher zugänglich. Die Ringmauer von 10 m Höhe trägt noch den allerdings nicht mehr überdachten Wehrgang. Der Bergfried ist 27 m hoch und in Bodennähe sind seine Mauern 3 m dick. Der Bergfried stammt noch aus der Erbauungszeit der Burg um 1200. Er ist über den Wehrgang zu erreichen und kann bestiegen werden. Der Palas und seine Erweiterungen stammen aus späteren Jahrhunderten, dieses Gebäude ist jedoch nicht zu besichtigen,

Der Weg bergabwärts führt zum Schnatterloch mit jenen Fachwerkhäusern, die unzähligemal abgebildet wurden. Eines davon, die ehemalige Amtskellerei aus dem späten 16. Jahrhundert, beherbergt heute das Heimatmuseum. Durch Funde aus Vorzeit und römischer Herrschaft und Dokumenten aus dem Mittelalter wird die Geschichte Miltenbergs belegt. Gerichtsprotokolle von Hexenprozessen weisen auf ein dunkles Geschichtskapitel. Haus- und Arbeitsgerät aus Handwerk, Zunft und Handel illustrieren das frühe Bürgertum. Kunst aus dem Bereich der Volkskunde, Gemälde und Zeichnungen des Miltenberger Malers Wirth usw. ergänzen die Geschichtssammlungen. Schlußpunkt der Stadtbegehung sollte der Spitze Turm (Mainzer Tor) erst sein, wenn all die verschiedenartigen Fachwerkhäuser entlang der Hauptstraße genügend gewürdigt wurden. Viele reichen ins 16. Jahrhundert zurück. Der jetzige Bau des „Riesen", eines der ältesten Gasthäuser Deutschlands, wurde 1590 errichtet. In dem gotischen Steinbau, dem Mainzer Kaufhaus (Altes Rathaus), wurden die Maßnahmen ergriffen, die Miltenberg als Handelsstadt zur Bedeutung brachten.

Gleich Miltenberg am Main liegt **Eberbach** am Neckarknie und übt hier ebenfalls die Kontrolle des Handels am Neckar aus. Seit sich die Franken entlang des Neckars niederließen, ist auch das Gebiet um Eberbach besiedelt. Erstmals wird der Name in einer Urkunde des Pfalzgrafen Heinrich 1196 erwähnt. Zu dieser Zeit war Konrad von Eberbach Burgherr. Als Besitz der Bischöfe von Worms ist die Burg für Anfang des 13. Jahrhunderts bezeugt. Als Gründungsjahr der Stadt wird 1227 angegeben, als Heinrich VII., Sohn von Friedrich II., mit der Burg belehnt wurde. 1340 wurde Eberbach durch Brand völlig zerstört. Mit den Gebäuden gingen alle Urkunden der Frühzeit verloren. 1346 wurde nach dem Wiederaufbau von Kaiser Ludwig die Reichsfreiheit bestätigt. Allerdings war Eberbach nie frei, denn der Pfalzgraf besaß die Stadt als Pfand und dieses Pfand wurde vom Reich nie eingelöst.

Unmittelbar neben dem Kurhaus steht das Wahrzeichen Eberbachs: der Maintal- oder Pulverturm. Er ist ein Eckturm der Stadtmauer, die hier nach beiden Seiten ein Stück weit erhalten blieb. Entlang der Neckarfront ist die Mauer fast restlos abgerissen oder als Hausmauer in die Gebäude einbezogen. Der nächste Eckturm, der Blaue Hut, diente oft als Brechpfeiler gegen Eis und Hochwasser. Bis zum nächsten Eckturm ist die Stadtmauer völlig erhalten, unterbrochen wird sie durch das Bettendorfsche Tor, das Einlaß bietet in den „Hof". Wo die Stadtmauer endet, steht ein Rundturm, der Rosenturm. Der vierte Stadtturm, der Haspelturm, ist von Häusern umgeben, er steht nicht mehr im Zusammenhang mit der Stadtmauer. Das älteste Gebäude der Stadt, um 1400 gebaut, ist das Thalheimsche Haus. Die zwei Pfarrhäuser im „Hof" sind Fachwerkgebäude aus der Mitte des 16. Jahrhunderts.

Zur Zeit der Stadtgründung wird auch der Bau der Burg stattgefunden haben. Es ist nicht ganz richtig, von einer Burg zu sprechen, denn hier standen drei in sich abgeschlossene Burgen: die älteste, die Vorderburg, danach Mittel- und Hinterburg. Als der Bischof von Worms den Lobdengau und Besitzungen in der Wingarteiba von Kaiser Heinrich II. 1011 erhielt, wurde die Burg Eberbach zur Sicherung des Odenwaldes zwischen Neckar und Kloster Amorbach errichtet. Konrad von Eberbach ist als Graf 1196 bekannt, nach 1200 Heinrich von Eberbach und später Konrad der Rote von Eberbach. Heinrich VII., Sohn Kaiser Friedrichs II., kaufte 1227 die Burg dem Hochstift Worms ab. Auf Heinrich VII. geht der Bau der Hinterburg zurück. Bis 1330 residierte auf Burg Eberbach ein kaiserlicher Vogt, dann wurden Stadt und Burg an den Pfalzgrafen bei Rhein verpfändet. Seit 1361 setzte der Pfalzgraf auch den Vogt ein. In der Zeit der Verpfändung an Hans von Hirschhorn ließ dieser vermutlich 1403 die Burg Eberbach schleifen.

Die Umfassungsmauer der Vorderburg schließt eine unregelmäßige Fläche ein. In der Südostecke stehen die Reste eines Wehrturmes, der auf ein älteres Gebäude zurückgeht. Die Versorgung der Burg mit Wasser war nur durch eine Zisterne möglich, die vor dem Wohnturm 3,5 m tief in den Fels geschlagen ist. Ein zweiter Turm in der Nordostecke diente in erster Linie für die Sicherung des Haupttores.

Die Mittelburg bestand aus zwei Bauten. Der Bergfried mit Seitenlängen von 11 Meter und einer Mauerstärke von 3 Meter stand auf dem gewachsenen Felsen. Im Untergeschoß ohne Eingang und Fenster, hatte der Turm erst im

Eberbach, Mittelburg

Obergeschoß einen Zugang. Der Palas zerfällt durch eine Trennwand in zwei ungleiche Teile. Die Wohnräume befanden sich im Obergeschoß. Erhalten blieb ein dreiteiliges Fenster mit zwei Doppelsäulen.

Die Hinterburg wurde erst in diesem Jahrhundert soweit ausgegraben, daß Mauern unterschieden werden können. Der Turm mit über 2 m starken Mauern, vier Räume, die mit Trümmerschutt gefüllt waren und der Palas, dessen Fundamente allein zu erkennen sind.

Die Vermutung, daß die Burgen entlang des Neckars in der Wingarteiba ebenfalls wie im Neckargau zur Zeit der Stauferkaiser der Erhaltung der Macht dieses Kaiserhauses dienten, geht wohl nicht fehl. Allerdings reichen die Ruinen von Stolzeneck und Minneburg, Zwingenberg und Dauchstein nicht auf frühmittelalterliche Burgen zurück, sondern auf Anlagen aus späteren Jahrhunderten.

Burg **Stolzeneck** ist schon 1292 seit den Versprechungen Albrechts von Österreich für den Fall seiner Königswahl auf die Pfalz ausgerichtet. 1418 bis 1458 war sie pfälzisches Eigentum. Im Landshuter Erbfolgekrieg wurde sie 1504 zerstört, aber wieder aufgebaut. 1612, als der letzte Besitzer, Freiherr von Frauenberg, starb, fiel die Burg wieder an die Pfalz, und zu dieser Zeit wurde sie geschleift. Von den zwei Teilen der Burg sind nur das Gelände und ein Turmfundament der Vorburg zu erkennen, die Hauptburg steht mit Schildmauer und Palas als umfangreiche Ruine da. Die Schildmauer, beinahe 21 m hoch und fast 3 m stark, war die einzige Verteidigung zur Bergseite. Der ehemalige überdachte Wehrgang fehlt heute. Durch zum Teil neu errichtete

Treppen ist aber die Plattform zugänglich. Der Palas war ein viergeschossiges Gebäude, das vermutlich im 13. oder 14. Jahrhundert gebaut wurde.

Die Ruine der **Minneburg** geht auf die Bauten zurück, die der letzte Besitzer, Wilhelm von Haben, Vogt von Heidelberg, in den Jahren nach 1521 errichten ließ. In den Jahrhunderten zuvor sind als Besitzer im 13. Jahrhundert bekannt die Hofwart von Kirchheim, dann die Rüdt von Kollenberg, 1349 der Pfalzgraf Rupprecht I., dann Reinhardt von Sickingen, Konrad von Rosenberg, 1402 ging die Burg an die Familie von Pfalz-Mosbach und 1499 wieder an die Kurpfalz. Zerstört wurde die Burg im Dreißigjährigen Krieg.

Die unregelmäßige fünfeckige Außenmauer der Hauptburg schließt den Bergfried, den Palas und den sogenannten Küchenbau ein. Der Bergfried ist nicht in seiner ursprünglichen Höhe erhalten. Er war ein schwacher, nicht sehr hoher Turm. Zugänglich war er vermutlich von benachbarten Gebäuden oder vom Wehrgang. Der Palas hatte drei Geschosse, die durch einen Treppenturm betreten wurden. Eine beinahe künstlerische Neuheit war der durch alle drei Geschosse gehende Erker. Das Gebäude neben dem Burgtor diente vermutlich, wie ausgegrabene Wasserleitung und weitere Grabungsfunde erkennen lassen, als Küche oder Schlachtraum. Der tiefergelegene, kellerartige Nachbarraum kann die Backstube gewesen sein. Zur Bergseite ist die Burg durch die Zwingermauer mit den runden Zwingertürmen geschützt. Von der Vorburg stehen keine erkennbaren Gebäudereste.
Durch die Bauinschriften ist der Baumeister, Hans Steinmiller aus Wertheim, bekannt.

Zwingenberg ist heute im Besitz des Markgrafen von Baden, ein Prinz dieses Hauses bewohnt das Schloß. Aus diesem Grund sind auch nur einige Räume und Teile der Burg zeitweilig zu besichtigen. Die Herren, die der Burg den Namen gaben, verloren ihren Besitz schon 1363, da sie gewaltsam Zölle am Nekkar erpreßten. In der Zeit, als Kurpfalz und Kurmainz Zwingenburg verwalteten, war keine Burg vorhanden. Erst als 1404 Hans und Eberhard von Hirschhorn Lehensmänner wurden, errichteten diese die Burg in ihrem heutigen Aussehen. Allerdings wurde in den folgenden Jahrhunderten geändert und Neues dazu gebaut. Als das Geschlecht der Hirschhorn 1632 ausstarb, kam Zwingenberg nicht ganz rechtmäßig an Kurpfalz. Der belehnte Reichsgraf von Wieser mußte dem erbberechtigten Göhr von Ravensburg weichen, der aber seinerseits die Burg 1746 an die Kurpfalz verkaufte. Kurfürst Karl Theodor übertrug die Burg seinem Sohn Graf Karl August von Bretzenheim. In der napoleonischen Zeit wurde dann Großherzog Karl Friedrich von Baden Besitzer.

Zu besichtigen sind die Durchgänge im Erdgeschoß, die ehemalige Burgküche, die als kleines Burgmuseum eingerichtet ist, das ehemalige Schlachthaus, das als Ausstellungsraum für künstlerisch bearbeitete Marmorplatten dient, der

Burginnenhof und der Zwinger. Der Bergfried ist nicht zugänglich, da die Treppen zusammengebrochen sind. Die Burgkapelle ist nicht nur zur Besichtigung frei, sondern sie kann auch für Hochzeiten und Taufen benützt werden. Die ziemlich gut erhaltenen Wandmalereien stammen vermutlich aus dem Anfang des 15. Jahrhunderts.

Die Ruine der Burg **Dauchstein** bei Binau hat außer dem erhaltenen Turm, der aber abgeschlossen und nicht zu betreten ist, nur unzusammenhängendes Mauerwerk, das wegen Einsturzgefahr nicht betreten werden soll.

Der weitaus größte Teil der Wingarteiba war im frühen Mittelalter in einer Hand vereinigt. Die Grafen von Dürn wurden vermutlich 1168 auf dem Hoftag zu Würzburg belehnt. Bei Aussterben der Familie 1323 traten die Hochstifte Worms, Mainz und Würzburg und der Pfalzgraf bei Rhein die Besitznachfolge an. Auf dem Höhepunkt der Macht um 1253 gab Konrad von Dürn selbstherrlich seinen Orten das Stadtrecht: Amorbach, Dürn (Walldürn), Buchen u.a.

Walldürn wurde 1294 an den Erzbischof von Mainz verkauft. Das Grafenschloß wurde als Steinbruch benützt und an derselben Stelle wurde die Mainzer Kellerei 1492 errichtet. Heute ist darin das Finanzamt untergebracht. Durch das sogenannte Blutwunder 1330 entwickelte sich der bisher Dürn genannte Ort zu einem Wallfahrtsort, und damit ändert sich der Name zu Walldürn.
In einem alten Patrizierhaus, „Haus zum Güldenen Engel", fanden die Sammlungen des Walldürner Heimatmuseums, das schon seit 1828 besteht, ihren letzten Ausstellungsplatz. Das Sammelgebiet zerfällt in zwei Bereiche, zum einen die religiöse Volkskunst durch die Wallfahrten bedingt und zum anderen geschichtliche Funde, angefangen von Vorgeschichtlichem über Römisches aus Kastell und entlang des Limes bis zu Plänen, Urkunden und einigen „Folterinstrumenten".

In der Nähe von Walldürn, in Hettigenbeuren steht der „Götzenturm", ein Steinhaus, das aus der Zeit Götz von Berlichingen stammt. Dorfherren waren die Ritter von Berlichingen-Rossach.

Hardheim ist durch das Rittergeschlecht von Hardheim schon im 13. Jahrhundert bekannt. 1300 war Hardheim Eigentum des Bischofs von Würzburg und an die Grafen von Dürn zu Lehen gegeben. Die Herren von Hardheim besaßen als Afterlehen einen Teil. Auch Graf Poppo von Wertheim war 1313 Mitbesitzer von Teilen Hardheims. Beim Aussterben der Grafen von Dürn gab der Bischof von Würzburg deren Lehen an den Grafen von Wertheim und an die Herren von Hardheim. Eine Nachricht, wann die beiden Schlösser von Hardheim gebaut wurden, gibt es nicht. Das obere Schloß wird aber 1324 als freies Eigentum von Werner I. erwähnt. Die untere Burg ist 1326 Wertheimer Lehen im Besitz Reinhards II. und Walters. 1389 erhielten die Herren von Hardheim von König Wenzel die Gerichtsbarkeit über den Ort. 1435 starb die Linie des oberen Schlosses aus. Das Erbe ging an die stammesältesten Konrad IV. und Reinhard V. Die Vermögensverhältnisse Konrads verschlechterten sich zusehends, und 1444 wurde die untere Burg zerstört. Als steinerner Turm ist der Rest der Ruine noch zu sehen. Das obere Schloß wurde auf dem Platz der ehemaligen mittelalterlichen Burg 1561 als Renaissance-Schloß erbaut. Von der Anlage her ist es ein Wasserschloß, aber es war eher zur Repräsentation geeignet als für Verteidigungszwecke. Heute beherbergt es das Rathaus. Das Heimatmuseum ist nicht nur Orts-, sondern auch Landschaftsmuseum. Zur Ortsgeschichte gibt es Urkunden und Kaufverträge. Außerdem sind umfangreiche Sammlungen von Zeugnissen zur Volkskunde ausgestellt.

Külsheim, vermutlich von den Grafen von Dürn gegründet, wird erstmals in der Mitte des 12. Jahrhunderts urkundlich erwähnt. 1292 erhielt der Ort die Stadtrechte. Von der Burg sind Gebäude, Graben und Bergfried gut erhalten. Erbaut wurde die Burg wahrscheinlich um 1000.

Die Geschichte **Buchens** geht ins frühe Mittelalter zurück. In Urkunden von 774 wird der Ort als Buchheim erstmals erwähnt. Im 12. Jahrhundert besaßen die Grafen von Dürn die Gerichtsbarkeit und eine Vogtei. Von 1272–1803 gehört Buch zum Hochstift Mainz. Von der Stadtbefestigung blieb ein Torturm erhalten. In der ehemaligen Kurmainzischen Kellerei ist das Bezirksmuseum untergebracht.

Der Stadtkern von **Mosbach** ist durch seine Fachwerkbauten, die zum Teil ins ausgehende Mittelalter zu datieren sind, berühmt. Am Marktplatz das Palmsche Haus von 1610, Haus Kickelhain in der Harnischgasse, Haus Lindenlaub von 1589, das Alte Hospital von 1521. Das Rathaus mit Turm wurde 1558 gebaut. Das Heimatmuseum bleibt wegen Neuordnung noch einige Zeit geschlossen.

In der Nähe Mosbachs, in **Lohrbach**, steht ein langsam verfallendes Wasserschloß.

TAUBERGAU

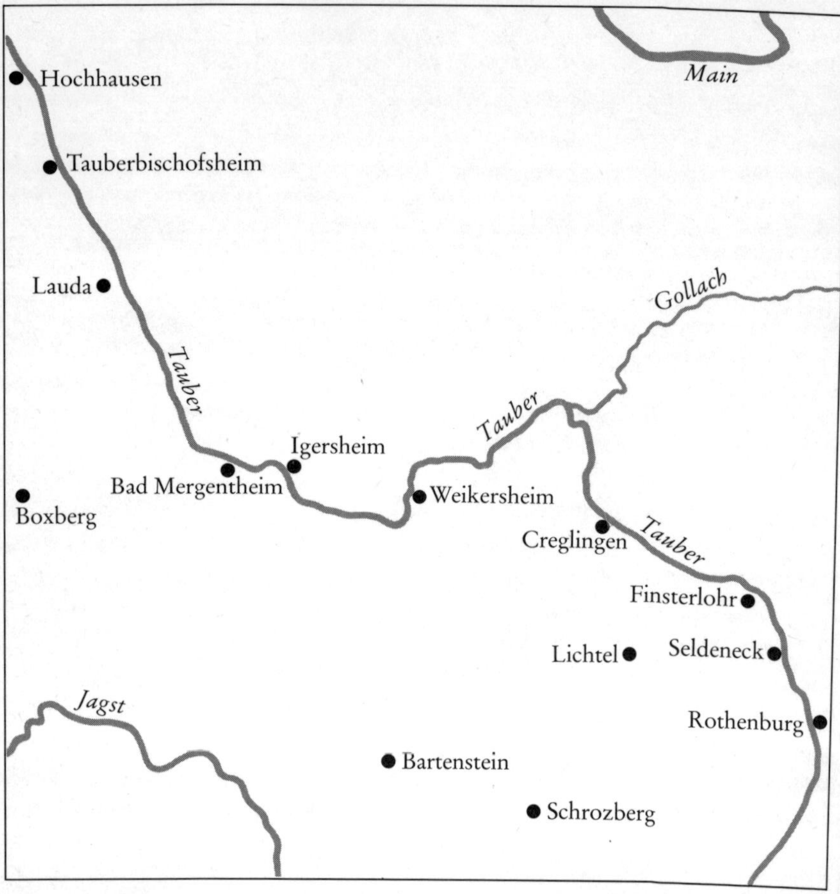

Wer auch immer im frühen Mittelalter Gaugraf im Taubergau war, ob ein Graf von Mergentheim oder von Rothenburg, ist nicht sicher überliefert. Tatsache aber ist: schon frühzeitig haben die Herren von Hohenlohe Besitzungen im gesamten Taubergebiet. Später gingen große Teile an den Deutschorden über, und nur verstreut blieben einige Rittergeschlechter und Städtchen zwischen Hohenlohe und Deutschorden und dem Einflußgebiet der Stadt Rothenburg bestehen.

Bevor Franken das Land besiedelten, mußte die frühere keltische Bevölkerung den Alemannen weichen. Obwohl bei **Finsterlohr** eine befestigte keltische

Stadt als sicheres Rückzugsgebiet bestand, waren die germanischen Eroberer schließlich die siegreichen. Wall und Graben dieser Anlage sind gegen die Hochebene erhalten, während zum Tauberabhang keine Befestigung mehr vorhanden ist. Ausgegraben wurde ein Teil der mit Holzbalken verstärkten Mauer im Bereich des einzigen Tores.

In der Nähe liegt die Ruine **Seldeneck.** 1265 wird die Burg erstmals als Stammburg der Küchenmeister von Rothenburg genannt. Zeitweilig war sie hohenlohisches Lehen, sie wurde auch an die Herren von Seinsheim verkauft, und die Burggrafen von Nürnberg, die die Burg 1344 kauften, überließen sie 1404 der Stadt Rothenburg. 1407 soll sie zerstört worden sein. Heute sind nur wenige Fundamentreste und ein hochragendes Mauerstück mit Fensteröffnungen zu sehen.

Die Besitzungen des hohenlohischen Hauses lagen im Tauber- und im Gollachgau. Den Namen gab die Burg **Hohlach** bei Uffenheim im Gollachgau. Zur größeren Bedeutung entwickelte sich die Familie, die in Weikersheim und Mergentheim Burgen oder zumindest Herrenhöfe bewohnten. 1153 sind als Stammväter des gesamten Hauses in einer Urkunde Konrad und sein Bruder Heinrich von Weikersheim genannt. Konrads Söhne, Konrad, Heinrich und Albrecht, legten den Grund zum späteren Reichtum der Familie, denn ihnen stand schon das Recht des Geleitschutzes im Gau an der Straße von Frankfurt nach Augsburg zu. Seit 1178 nennt sich Heinrich „von Hohenlohe". Albrecht nahm am Kreuzzug 1189 teil. Nur Heinrich hatte Nachkommen, fünf Söhne: Andreas, Gottfried, Konrad, Heinrich und Friedrich. Bei der Erbteilung erhielt Gottfried Burg Hohenlohe oder Weikersheim und Konrad Brauneck. Die drei anderen Brüder treten in den Deutschorden ein und schenken ihren Anteil in Mergentheim dem Orden.

In **Weikersheim,** das um 1200 noch Wichartesheim hieß, bestand ziemlich sicher schon eine Burg, die um die Mitte des 11. Jahrhunderts gebaut worden ist. Die Herren von Hohenlohe standen von Anfang an auf seiten der Staufer. Gottfried und Konrad wurden häufig mit Regierungsgeschäften von Kaiser Friedrich II. betraut. Sie waren an den Heereszügen beteiligt und nahmen an den Reichstagen teil. 1225 führte Gottfried Isabella, Tochter König Johanns von Jerusalem, zur Hochzeit mit Friedrich II. nach Italien. 1226 war er in der Begleitung des Kaisers beim Feldzug in die Lombardei, 1227 zusammen mit dem Kaiser auf dem Reichstag zu Regensburg. Während der Kaiser sich 1228 auf dem Kreuzzug befand, war Gottfried sein Gewährsmann für König Heinrich (VII.). In der Zeit des Streits zwischen dem Kaiser und seinem Sohn stand Gottfried auf der Seite des Kaisers, während dieser Auseinandersetzung ist vermutlich Burg Hohenlohe (die Burg in Weikersheim) zerstört worden. Als Entschädigung fiel Burg Langenburg an das Haus Hohenlohe. Als Verwalter der Grafschaft Romagna erhielt Gottfried den Grafentitel. Nach der Absetzung von König Heinrich wurde Kaiser Friedrichs zweiter Sohn König. Als Reichspfleger wurde Erzbischof Siegfried von Mainz bestimmt, und unter den Reichsräten befand sich auch Gottfried. Von 1237 bis 1246 war er für die Politik in Deutschland mitverantwortlich. In der Schlacht zwischen König Konrad und Gegenkönig Heinrich Raspe wurde Konrad 1246 geschlagen. Nach dem Mordanschlag auf Konrad wurde Gottfried mit dem Regensburgschen Lehen Öhringen ausgestattet, da der Bischof von Regensburg die Verschwörung angezettelt hatte. Selbst nach dem Tod Friedrichs II., 1250, hielt Gottfried den Staufern die Treue. 1254 starb Gottfried. In der Zeit nach den Staufern waren die Herren von Hohenlohe mehr um Erweiterung ihres Hausbesitzes bemüht und traten in der Reichspolitik weniger hervor.

Weikersheim, Schloßturm

Weikersheim wurde öfters verpfändet. Erst 1467 kam es endgültig an das Haus Hohenlohe zurück. Unter Graf Wolfgang wurde Weikersheim 1586 wieder hohenlohische Residenz. Damals bestand noch eine alte Wasserburg, deren Bergfried, Toreinfahrt, Nordflügel und Gräben zum Teil erhalten sind. Von 1595 bis um 1605 wurde an der Residenz gebaut. Eine Dreiflügelanlage um einen Innenhof schließt die mittelalterlichen Gebäude ein. Neu wurde der sogenannte Saalbau errichtet. Der Rittersaal mit den Maßen 35 m zu 12 m und 8 m Höhe

ist ohne Säulen konstruiert. Die in Kassetten gegliederte Decke zeigt in Ölgemälden Szenen aus der Jagd. Aus den Wänden treten sehr lebendig wirkende Tierreliefs hervor. Der Kamin zeigt in einem Relief eine „Türkenschlacht".
In den folgenden Jahrhunderten wandelte sich Schloß Weikersheim mehr und mehr von einer mittelalterlichen Burg zur Residenz. 1679–84 wurde der Marstall gebaut, der sich zwischen die vom Marktplatz zum Schloß führende Brükke und den Ostflügel schiebt. Im frühen 18. Jahrhundert wurden nicht nur die Innenräume neu ausgestaltet, sondern auch der Park angelegt. Seinen Abschluß fand die Gartenkunst in der Orangerie.
Seit 1967 gehört Schloß Weikersheim dem Land Baden-Württemberg und ist als Zweigmuseum des Landesmuseums zu besichtigen.

Weikersheims Stadtbild wird, was auch nur als natürlich empfunden wird, vom Schloß geprägt. Doch Schloßbedienstete wohnten im Schutze von Mauern vor dem Schloß, und Teile dieser Stadtmauer wurden renoviert und sind sowohl an der Tauberseite wie auch an der Bergseite zugänglich gemacht worden. Ein viereckiger Mauerturm läßt die ehemalige Befestigungsart erahnen. Ein Zugang zum Stadtinnern führt immer noch durch ein Tor.

Die hohenlohische Geschichte **Mergentheims** endet mit der Übergabe der Besitzungen durch die drei Brüder Andreas, Heinrich und Friedrich, als sie 1219 in den Deutschorden eintraten. Heinrich war der Vertraute des Hochmeisters Hermann von Salza. Um 1230 hielt er sich in Palästina auf. Deutschmeister und damit Vertreter des Hochmeisters in Deutschland wurde er 1232. In dieser Zeit begann die Eroberung Preußens. 1244 wurde Heinrich Hochmeister, und als solcher war er am Reichsgeschehen eng beteiligt. Seine Vermittlermission zwischen Papst und Kaiser auf dem Konzil zu Lyon scheiterte. 1249 ging er wieder nach Jerusalem, wo er 1250 starb. 1340 wurde Mergentheim zur Stadt erhoben und gehörte bis zur Aufhebung des Deutschordens immer in den Herrschaftsbereich des Ordens. Nach der Schlacht bei Tannenberg 1410, in der der Orden eine Niederlage erlitt, gingen die Ostgebiete verloren, und seither kam Mergentheim mehr zur Geltung in der Geschichte des Ordens. 1525 verlegte der Deutschmeister seine Residenz von Horneck nach Mergentheim, und im gleichen Jahr trat Hochmeister Albrecht von Brandenburg von seinem Amt zurück, da er sich zur Reformation bekannte. Der Regent der katholisch gebliebenen Ordensgebiete nannte sich von da an Hoch- und Deutschmeister, und seine Residenz wurde Mergentheim. 1565–70 wurde die Ordensburg unter Hochmeister Wolfgang von Schutzbar, genannt Milchling, zur Residenz in ihren heutigen Ausmaßen umgebaut. 1809 kam Mergentheim nach der Aufhebung des Ordens an das Königreich Württemberg.
Das Schloß, seit 1934 Bezirksheimatmuseum, wurde 1969 neu gestaltet zum Deutschordensmuseum. Nicht nur Dokumente und Bilder zur Deutschor-

densgeschichte, sondern auch Funde aus vor- und frühgeschichtlicher Zeit sind neben heimat- und volkskundlichen Abteilungen zu besichtigen.

In einer Urkunde von 1080 wird **Igersheim** erstmals urkundlich erwähnt: Wignand von Mainz schenkte dem neugegründeten Kloster von Jegersheim einige Güter. 1108 erwarb das Würzburger Stift Neumünster Güter in Igersheim. Um 1200 schenkten die Hohenlohe Teile ihres Besitzes dem Deutschen Orden, der daraufhin eine Niederlassung in Mergentheim gründete. Die Güter in Igersheim fielen an Konrad von Brauneck. Heinrich von Hohenlohe-Brauneck verpfändete seinen Anteil in Igersheim und anderen Orten an das Würzburger Stift Neumünster. 1282 wurde die Burg **Neuhaus** auf einer Urkunde, die älteste, die bekannt ist, erwähnt. Sie war der Sitz des Edelherrn Gebhard von Hohenlohe-Brauneck. Als Gebhard 1300 starb, übergaben seine Witwe und ihr Sohn Ulrich die Burg Neuhaus mit den dazugehörenden Dörfern, darunter Igersheim, mit allen Leuten, Gütern und Rechten an den Bischof von Würzburg. Heinrich von Brauneck erhielt Neuhaus und Igersheim als Lehen vom Bischof von Würzburg. 1304 starb Heinrich, und das Lehen ging in den Besitz seiner Söhne Gottfried und Gebhard über. Ulrich wurde abgefunden. Einen weiteren Anteil hatte Andreas von Brauneck, Domherr von Würzburg. 1315 starb Gottfried. Gebhard und Andreas von Brauneck verkauften 1331 die Burg Neuhaus an ihre Vettern Gottfried d.Ä. von Brauneck-Brauneck und Gottfried von Hohenlohe. 1340 starb Gebhard von Brauneck-Neuhaus. Als zur selben Zeit auch Gottfried von Hohenlohe starb, wurde

Burgruine Neuhaus

Gottfried d.Ä. von Brauneck-Brauneck alleiniger Besitzer der Güter in Igersheim. 1354 starb Gottfried d. Ä., sein Erbe wurde Konrad von Brauneck-Brauneck. Als Konrad 1390 ohne Erben starb, erlosch diese Seitenlinie der Hohenlohe. Der Bischof belehnte 1394 seine Vettern, die Grafen Johann und Günter von Schwarzenburg, mit Amt und Burg Neuhaus. Schon 1398 verpfändeten die Grafen ihre Güter an den Deutschen Orden. Wenige Jahre später wurde der gesamte Besitz 1411 vom Deutschen Orden gekauft. Der neuerworbene Besitz bildete das Deutschordensamt Neuhaus, das von einem Amtsmann verwaltet wurde. In den Jahren um 1454 wurde Igersheim mit Wall und Graben befestigt. Im Bauernkrieg wurde die Burg Neuhaus 1525 erobert und geplündert. Die Burg brannte ab. Als Walter von Kronberg Hochmeister des Ritterordens 1526 wurde, ließ er die Burg wieder aufbauen. Die Außenwerke wurden befestigt, und im Burghof wurde ein 80 Klafter tiefer Brunnen gegraben. Zum zweitenmal wurde die Burg nach neuntägiger Belagerung 1552 im Schmalkaldischen Krieg zerstört. Erst 1566 wurde die Burg wieder aufgebaut. Während des Dreißigjährigen Krieges wechselten die Besatzungen zwischen kaiserlichen Truppen, Schweden und Franzosen. Noch einmal wurde die Burg 1704 instand gesetzt und als Festung ausgebaut, doch als 1732 der Blitz in den Bergfried schlug, begann ihr Niedergang. 1790 wurde die Burg bis auf wenige Reste abgebrochen.

Heute liegt die Ruine innerhalb von Hofanlagen. Die ehemalige Zugbrücke ist durch eine Steinbrücke ersetzt. Graben und starke Mauern geben von hier aus noch den Anschein von Wehrhaftigkeit, aber hinter dem Torhaus liegen friedliche Gebäude des Staatsgutes. Über Treppen und alte Teile des Wehrgangs ist die eigentliche Ruine zu erreichen. Nach der jahrelangen Nutzung als billiger Steinbruch blieben schließlich nur die geborstenen Mauern eines Gebäudes, der Stumpf des Bergfriedes und wenige andere Mauerreste übrig.

Eine Neben- oder Hilfswissenschaft der Geschichtswissenschaft hat Platz für ihr Material im Militärmuseum zu **Bartenstein** gefunden. Dort wurde viel militärisches Sammelgut (Uniformen, Orden usw.) aus verschiedenen Ländern und Zeiten zusammengetragen. So, wie sich heute Schloß Bartenstein zeigt, wurde es 1756–1760 gebaut. Ab 1247 war Bartenstein von hohenlohischen Lehensleuten bewohnt. Die Burg wurde im Bauernkrieg und im Dreißigjährigen Krieg zerstört. Von 1688–1806 war Bartenstein Residenz der Linie Hohenlohe - Waldenburg - Bartenstein.

Die Herren von Schrot sind seit 1262 bekannt, als Konrad von Schrotsberg in einem Vertrag des Klosters Schäftersheim mit Ritter Konrad von Amlishagen erwähnt wird. 1345 teilten sich den Besitz von **Schrozberg** die Herren von Schrot und Heinrich von Rothenburg. Die Herren von Neuenstein wurden 1397 von König Wenzel mit einem Teil Schrozbergs belehnt. Wo die erste Burg von Schrozberg stand, kann nur vermutet werden. Wahrscheinlich am nördlichen Ortsrand, wie Angehörige bezeugen. Friedrich von Berlichingen und Ulrich von Schrotsberg schlossen 1424 einen Burgfrieden. 1488 erteilte König Friedrich dem Conrad von Berlichingen und Eberhard von Schrotsberg das Recht, Stock und Galgen zu errichten. Um 1500 war Schrozberg durch einen Graben und Zaun geschützt und drei Tore führten in den Ort. Schrot von Schrotsberg verkaufte 1521 seinen Anteil an die Herren von Adelsheim, die ihn ihrerseits 1558 an Graf Casimir von Hohenlohe weiterverkauften. Conrad von Berlichingen verkaufte 1609 seinen Teil an Wolfgang von Hohenlohe. Das Schloß von Schrozberg war 1671 unter Graf Christian Kraft von Hohenlohe Residenz dieser Linie, bis die Hofhaltung 1701 nach Ingelfingen verlegt wurde. Heute dient das Schloß als Rathaus. Der Turm ist nach den Berlichingen genannt, was vor allem an die Zeit erinnert, als Götz von Berlichingen hier bei seinem Onkel „das Kriegshandwerk erlernte".

Der Name **Boxberg** kommt zum erstenmal in einer Schenkungsurkunde um 1108 von Frau Guota und ihres Mannes Cunrad von Bockesberg vor. 1313 erlosch das Geschlecht der Herren von Bockesberg. Zeitweise war die Herrschaft in den Händen der Grafen von Wertheim und des Johanniterordens. 1381 kamen die Brüder Arnold, Eberhard d. J., Konrad und Eberhard d. Ä. in Besitz der Burg. Mit ihnen begann eine 200jährige „Raubritterschaft". Sie befestigen die Burg durch Mauern und Türme, ließen den Brunnen im Schloßhof graben und legten unterirdische Gänge an. Schlimmer trieben es die drei Brüder Georg, Arnold und Michael um 1450. Erobert, aber nicht völlig zerstört, wurde die Burg 1470. Georg von Rosenberg baute die Burg wieder auf. Um 1521 hausten die Brüder Hans Thomas, Hans Melchior, Hans Ulrich und deren Vetter Albrecht auf der Burg. 1523 wurde die Burg erobert und abgebrannt. Bei der Eroberung beteiligten sich auch Nürnberger, und daher nahm Albrecht von Rosenberg 1544 einen Nürnberger Ratsherrn gefangen, der erst für 10000 Goldgulden nach 60-wöchiger Gefangenschaft freigelassen wurde. 1547 war die Burg, oder wie es dann hieß, das Schloß, wieder errichtet. 1632 starb das Geschlecht der Rosenberg aus. Bis ins 19. Jahrhundert kam das Schloß ziemlich unbeschädigt, dann wurde es 1857 verkauft, als Steinbruch benützt und fast restlos abgerissen. Wall und Graben sind zu erkennen, auch blieben ein gedeckter, aber beschädigter Rundturm und verschiedene Gewölbe erhalten. Der Brunnen ist bis auf etwa 8 m zugeschüttet. Im Ruinengelände wurde ein Kinderspielplatz angelegt.

Die Straße zwischen Tauberbischofsheim und Bad Mergentheim führt beinahe achtlos an **Lauda** vorbei. Der Obere Torturm mit drei Durchfahrten läßt nur in der Fantasie die ehemalige Befestigung erstehen. Ein Turm mit einem sehr kurzen Mauerstück könnte das Bild noch ergänzen. Laudas Tor hat aber als

Besonderheit der Ursprünglichkeit Torflügel, die sich noch in den Angeln drehen.

Im Jahre 800 kommt der Ort **Bischofsheim** schon vor. 911 erhielt Jutta, die Mutter von Kaiser Ludwig dem Kind, die Einkünfte Bischofsheims von Erzbischof Hatto I. von Mainz als Witwe zur lebenslänglichen Nutzung. Erst unter Otto I. erhielt es der Mainzer Erzbischof Wilhelm vom König zurück, Otto II. bestätigte das 978. Um 1200 saßen Vögte des Herzogs von Schwaben in Bischofsheim. 1237 wurde die staufische Vogtei von Friedrich II. aufgehoben, und Bischofsheim wurde an den Mainzer Erzbischof Siegfried II. abgetreten. Um 1275 erhielt Bischofsheim das Stadtrecht, damit war der Bau der Befestigungsanlagen möglich. Durch die Beteiligung am Bauernkrieg auf Seiten der Bauern wurde nach deren Niederlage der Stadt 1527 die Selbstverwaltung entzogen und ein neues Stadtrecht eingeführt.
Nur ganz geringe Reste der Stadtbefestigung blieben in der Nähe des Schlosses übrig.

Als man 1970 das Kurmainzische Schloß zum Landschaftsmuseum einrichtete, verwendete man dafür vor allem die ältesten Bauteile. Auch der Türmersturm, der im Rahmen des Museumsbesuches zugänglich ist, muß hier erwähnt werden, denn er wurde um 1280 unter Erzbischof Werner von Eppstein erbaut. Als Bergfried der ältesten Burg ist er heute das Wahrzeichen von Tauberbischofsheim. Er ist 28 Meter hoch und hat einen Durchmesser von 8 Meter. Der Palas wurde ungefähr zur selben Zeit erbaut. Erweiterungsbauten und Veränderungen während der Regierungszeiten aller Erzbischöfe haben dem Schloß sein heutiges Aussehen gegeben. In den Palasräumen sind dem Charakter des Landschaftmuseums entsprechend die Ausstellungsgegenstände daraufhin ausgesucht, in erster Linie Volkskundliches zu belegen. Gerätschaften aus Handwerk und Bauerntum, Trachten und Möbel bestimmen die Räume. Doch die Geschichte kommt nicht zu kurz, denn Siegel aller Erzbischöfe, viele Bilder und Gemälde von Erzbischöfen und Geschichtskarten, die die Entwicklung des Mainzer Gebiets zeigen, sind zu sehen. Drei Räume sind der Vorgeschichte gewidmet, in ihnen sind viele Funde aus dem Taubertal ausgestellt.

Creglingen war schon in der ersten Hälfte des 1. Jahrtausend von Vorfahren des Alamannen Crago besiedelt, auf diesen Gründer geht der Ortsname zurück, der urkundlich in der Mitte des 11. Jahrhunderts erstmals erwähnt wird. 1045 ist eine Urkunde ausgestellt, die bezeugt, daß Creglingen und Umgebung vom Luxemburger Graf Heinrich II., Herzog von Bayern aus Geldnöten an den Bischof von Bamberg verpfändet wurde. Ende des 11. Jahrhunderts war aber Creglingen wieder im Besitz der Grafen von Luxemburg. Wahrscheinlich wurde 1095 aber der gesamte Besitz Creglingen an das Kloster Comburg in (Schwäbisch) Hall verschenkt. Es kann vermutet werden, daß die Grafen von Hohenlohe die Schutzvogteirechte für das Kloster ausübten und allmählich den Besitz an sich zogen. Um 1304 gab der Abt von Comburg auch die kirchlichen Rechte zugunsten des Bischofs von Würzburg auf, denn der Anspruch der Hohenlohe auf kirchliche Ämter wurde abgewiesen. 1349 wurde Creglingen durch Gottfried von Hohenlohe-Brauneck zur Stadt erhoben. Mit der Erhebung erhielt Creglingen das Rothenburger Recht. Creglingen wurde befestigt, urteilte über Gesetzesbrecher und vollzog die Todesstrafe am Galgen. Ein Wochenmarkt belebte den Handel zwischen der Stadt und dem Umland. Mit dem Aussterben der Hohenlohe-Brauneck am Ende des 14. Jahrhunderts fiel das Erbe an Konrad von Weinsberg. Zeitweilig gehörte Creglingen dem Burggrafen von Magdeburg, Michael. Dieser verkaufte 1448 seine hohenlohischen Besitzungen an den Markgrafen von Brandenburg-Ansbach, Albrecht Achilles. Von 1448–1792 gehörte Creglingen zur Herrschaft Ansbach.

Die Türme Creglingens verraten mehr Wohnlichkeit als Wehrhaftigkeit, nur in ihrem Bereich und an der Bergseite blieben Teile der Stadtmauer erhalten. Die Tore sind gefallen samt den Tortürmen, so der Obere Torturm, der Taubertorturm und der Herrgottsturm. Verstreut entlang der Stadtmauer stehen der Zinkenistenturm, der Lindleinsturm, der Faulturm und der Schlossersturm. Zwei burgartige Gebäude, durch viele Umbauten verändert, stehen bei der Kirche und auf dem Bergabhang. Das „Schloß" an der Kirche zeigt noch Bauteile aus der Stauferzeit. Das „Haus Weinsberg" stammt aus dem späten Mittelalter. Hier residierte der ansbachische Oberamtsmann.

Röttingen ist seit dem 13. Jahrhundert durch Urkunden bekannt. Älter als der Nachweis, Röttingen sei Stadt, sind die beiden Erwähnungen der Burg 1230 und 1245. Zumindest seit dem 19. Dezember 1275 ist durch Konrad von Hohenlohe bestätigt, daß Röttingen eine Stadt war. Bei einer Aufzählung in einer Rothenburger Urkunde von 1284 wird auch Röttingen genannt. Kaiser Ludwig der Bayer, der als Städtegründer in Franken bekannt ist, erneuerte in einer Urkunde von 1337 die Stadtrechte, die Gottfried von Hohenlohe für Röttingen und Weikersheim besaß. Um diese Zeit bestand wahrscheinlich schon die Stadtbefestigung. Obwohl die Hohenlohe versuchten, ihren Besitz zu bewahren und zu vergrößern, wurde Röttingen 1345 an das Hochstift zu Würzburg verkauft. Während der Regierungszeit von Bischof Johann II. von Brunn (1411–40) wurde Röttingen verpfändet. Während des Bauernkrieges beteiligten sich die Bürger auf seiten der Bauern, was nach der Niederlage der Bauern für Röttingen erhöhte Steuerabgaben und viele andere Lasten zur Folge hatte. Dem wirtschaftlichen Aufschwung, der unter Fürstbischof Julius Echter von Mespelbrunn (1573 bis 1617) einsetzte, und der vor allem auf den Weinbau zurückging, wurde durch den Dreißigjährigen Krieg mit seinen Verhehrungen ein Ende gesetzt.

Wer von Weikersheim nach Röttingen kommt, steht zunächst am Hundheimer Torturm, an ihn anschließend, setzt sich die durch einen eckigen und einen runden Turm unterbrochene Stadtmauer fort. Teilweise wird die Mauer vom wassergefüllten Graben begleitet. Vielfach haben die Anwohner die Stadtmauer als vierte Hauswand benutzt. Erst am Friedhof und entlang des Berges zeigt sich ein Bild, wie es von einer Stadtbefestigung erwartet wird. Zwei Rundtürme, ein viereckiger Turm und ein Tor mit hohem Torturm bewachen die Stadt vom Norden. An höchster Stelle der Stadt, an der Ecke, wo die Mauer wieder zum Hundheimer Tor hin abfällt, steht Burg Brattenstein. Dem jetzigen Gebäude fehlt allerdings der Turm, der auf dem Merianstich zu erkennen ist.

Rothenburg ob der Tauber lebt durch seine Geschichte. Kirchen, Wohnhäuser und Befestigungsanlagen reichen weit ins Mittelalter zurück. Die Bewohner spielen im Jahresablauf historische Geschehnisse vor, und für die Kenntnis geschichtlicher Ereignisse geben Vorträge die nötigen Einführungen. Museen ergänzen das Erleben durch ihre Sammlungen.

Die Jahrhunderte von der Stadtgründung und des Wachsens in Blüte und Notzeiten bis zum Erreichen des Heutigen hinterließen genügend Spuren, so daß es wert ist, der Geschichte nachzuspüren.

Die frühe Geschichte Rothenburgs ist kaum durch Urkunden belegt, mehr Vermutungen als Kenntnisse über das Grafengeschlecht von Rothenburg ergeben sich. Um 968 oder 976 hat Reinger oder Reichard (Richard) in Detwang eine Pfarrei gegründet. Er soll der Sage nach der Stammvater der Grafen von Rothenburg-Comburg gewesen sein. Um 990 hat er wahrscheinlich zu den Besitzungen in Rothenburg die Comburg erworben. Auf ihn wird auch der Bau der ältesten Grafenburg, von der bis 1802 noch der sogenannte Pharamundsturm stand, zurückgehen. Dieser Turm mag vielleicht von einem noch früheren fränkischen Herzog Pharamund errichtet worden sein. 911–918 soll König Konrad auf der Burg residiert haben. 1108 starb das Geschlecht der Grafen von Rothenburg-Comburg aus. Der Bestimmung nach hätte das Kloster Comburg den Besitz erben müssen, aber Heinrich V. belehnte 1116 den Kochergaugraf Konrad, Sohn Friedrichs von Staufen, mit Rothenburg. Zeitweise nannte sich Konrad Herzog von Schwaben, und auch in Franken übte er herzogliche Macht aus. Als Konrad III. war er schon 1127–1135 Gegenkönig. In Aachen wurde er 1138 zum Deutschen König gekrönt. In Rothenburg hielt er Hof. Sein Sohn Friedrich (1144/45 bis 1167) erhielt als Herzog von Rothenburg die fränkischen Besitzungen der Staufer. Sein Vetter Friedrich Barbarossa wurde deutscher Kaiser, da er beim Tode Konrads Friedrich erst acht Jahre alt war. Von 1152 bis 1167 war er Herzog von Schwaben. Bei Friedrich Barbarossas Italienzug, der gegen Papst Alexander III. gerichtet war, starb er 1167 an der Malaria in der Toskana.

1172 erhielt Rothenburg von Kaiser Friedrich Barbarossa das Stadtrecht. Bis zum Ende der Stauferzeit gehörte die Stadt zum Hausgut der Staufer, und von Kaiser Rudolf von Habsburg wurden am 15.5.1274 die Stadtrechte bestätigt und erweitert. Rothenburg wurde freie Reichsstadt.

Das 12. Jahrhundert brachte zwei Stadterweiterungen. Die alte Grafenstadt wurde von 1204 an beinahe auf das Dreifache vergrößert. Unter Kaiser Albrecht I. wurde die zweite Stadterweiterung, die wie ein Zipfel einer Kappe aussieht, ummauert. Während des 14. Jahrhunderts stand Rothenburg in allen Kämpfen auf seiten der Kaiser, die diese Haltung mit immer neuen Privilegien und Rechten belohnten. Bis 1352 stammte der Reichsschultheiß aus dem Geschlecht der Nordenberger, die auch das Amt des Reichsküchenmeisters ausübten.

Unter Kaiser Karl IV. erhielt die Stadt das Recht, den Bürgermeister selbst zu wählen. Während der Amtszeit Heinrich Topplers, der in einer Urkunde 1373 zum erstenmal erwähnt wird, erlebte der Konflikt der Städte mit dem Adel seinen Höhepunkt. Toppler war gleichzeitig Feldhauptmann des Heeres der verbündeten Städte. Er stärkte die politische und militärische Macht der Stadt Rothenburg. Aus den Resten der bei einem Erdbeben 1356 eingestürzten Stauferburg errichtete er die Blasiuskapelle. Als Freund und Vertrauter Kaiser Wenzels, der von den Kurfürsten abgesetzt wurde, machte sich Toppler vor allem den Burggrafen von Nürnberg und dessen Schwager König Ruprecht von der Pfalz zum Feind. Diese Feindschaft führte zur Niederlage Rothenburgs in der entstehenden Fehde. Rothenburg wurde nicht eingenommen, aber das Umland wurde verwüstet, um 1408, als verschwörerische Briefe Topplers an Wenzel abgefangen wurden, warf man Toppler in das Verlies unter dem Rathaus, wo er am 13. Juni 1408 starb.

Durch eine neue Verfassung 1455 erhielten neben den bisher regierenden Patriziern die Zünfte das Recht, als äußerer Rat an der Stadtverwaltung teilzunehmen. Die Seelsorge, von Anfang an vom Deutschorden ausgeübt, wurde durch den Beschluß, ihnen den Gottesdienst zu verbieten, reformiert. Seit 1554 blieb die Hauptkirche Rothenburgs St. Jakob bis heute evangelisch. Im zweiten Markgräfler Krieg geriet Rothenburg in den Verdacht, mit Albrecht Alcibiades sympathisiert zu haben. Nach dessen Niederlage wurde Rothenburg mit hoher Kriegsentschädigung belegt, die Stadt mußte 80 000 Gulden bezahlen. Der Dreißigjährige Krieg mit Truppeneinquartierungen, Eroberungen und Rückeroberungen beendeten die wirtschaftliche Kraft, die die Stadt wieder zu einer Blüte hätte bringen können. Auch wenn keine größeren Zerstörungen den Anblick der mittelalterlichen Stadt veränderten, war es Rothenburg nicht mehr möglich, an die vergangene Zeit anzuknüpfen. Was im Dreißigjährigen Krieg der Stadt erspart blieb, brachte der Zweite Weltkrieg.

Die Stadt wurde bombardiert, und viele Gebäude, darunter das Rathaus und Teile der Stadtbefestigung, sanken in Schutt und Asche. Nach dem historischen Vorbild wurde aber die Stadt wieder aufgebaut.

Vor die Urzelle der „roten (?) Burg" legte sich die Siedlung der Burgmänner und Handwerker. Als Rothenburg zur Stadt erhoben wurde, ummauerte man dieses Gebiet und versah es mit Tortürmen. Entlang des Tauberabfalls zog sich die Mauer bis auf die Höhe des Dominikanerinnenklosters (heute „Reichsstadt-Museum"). Zwischen dem Burgtor und dem Kloster steht der Bettelvogtsturm. Die älteste Stadtmauer innerhalb der Stadt ist verschwunden oder wurde von den Anwohnern als Hauswand mitbenutzt. Geblieben sind die alten Tore. Der Weiße Turm wurde Ende des 12. Jahrhunderts gebaut. Der Röderbogen mit dem dahinterstehenden Markusturm stammt aus dem Anfang des 13. Jahrhunderts. Auf die alte Stadtmauer weist der Straßenname des hier beginnenden „Alten Graben" hin. Bei der Johanniskirche stand das ehemalige Johannitertor, dessen Westwand als Kirchenmauer verbaut wurde. In den Gebäudeanlagen der Johanniskirche befindet sich das Kriminalmuseum. Die Mauer auf der Kante des Tauberabhangs ist mit dem Johanniterturm bewehrt.

Bei der ersten Stadterweiterung wurden vom Dominikanerinnenkloster bis zur Klingenbastei der Klosterturm und Strafturm gebaut. Klingentorturm, Zwinger und St. Wolfgangskirche als Festungskirche bildeten mit den unterirdischen Kasematten eine Verteidigungseinheit. Hier führt auch eine der Treppen auf den Wehrgang, der fast rings um die Stadt zugänglich ist. Zwischen Klingenbastei und Galgentor stehen der Pulverturm, Henkersturm und Ganserturm. Das Galgentor, das auch Würzburger Tor heißt, wurde im 14. Jahrhundert gebaut. Thomasturm und Weibersturm folgen bis zum Rödertor. Dieses Tor ist eine kleine Burganlage. Torhäuschen, Zwinger und ehemalige Zugbrücke – heute ist es eine feste Steinbrücke – liegen vor dem hohen Hauptturm, der bestiegen werden kann. Bis zum Tor am Plönlein stehen der Hohennersturm, Schwefelturm und der Faulturm. Auffallend hoch ist der Faulturm, denn von ihm mußte das unübersichtliche Vorfeld beobachtet werden können. Das Plönlein schließt das Tor mit dem Siebersturm ab. Hangabwärts liegt das Kobolzeller Tor mit großem Zwinger und Kohlturm.

Die zweite Stadterweiterung bezog das außerhalb liegende Spital in die Stadtummauerung mit ein. Im Spitalhof steht das Hegereiterhaus, in dem die Aufseher der Wälle und Gräben in der Landhege wohnten. Das Spitaltor gehört zu den zuletzt errichteten Verteidigungsbauten. Sieben Tore mit Fallgatter bilden eine Bastei in Form eines Achters. Die anschließende Ostmauer zur Stadt hin trägt zwei Türme: der Kleine und Große Stern. An der Talseite stehen der Sauturm, Stöberleinsturm, Kalkturm und Fischturm.

Rothenburg, das „Hohe Haus" in der „Alten Burg"

Der Rathausbau wurde 1250 begonnen und gegen Ende des 14. Jahrhunderts beendet, aber viele Brände haben die verschiedenen Gebäudeteile verändert, bis das Rathaus in seiner jetzigen Form stand. Außer Amtsräumen für die Verwaltung birgt es neben dem Kaisersaal die Museumsräume der Historischen Gewölbe, den ehemaligen Kramläden des 14. Jahrhunderts. In den neuen Gewölben wird dargestellt, wie das Leben in Rothenburg zur Zeit des Dreißigjährigen Krieges mit seinen Besonderheiten ablief. Gewölbe 1 zeigt Erinnerungen an den Glasermeister, der das historische Spiel „Der Meistertrunk" dichtete. Gewölbe 2 kündet von der Festung Rothenburg im 16. und 17. Jahrhundert. Gewölbe 3 ist vor allem Bürgermeister Georg Nusch gewidmet, der als Hauptfigur des „Meistertrunkes" auf Befehl Tillys den Meistertrunkhumpen auf einen Zug leeren mußte. Gewölbe 4 und 5 erläutern das bürgerliche Leben, das durch Kleiderordnung reglementiert wurde. Gewölbe 6 führt in die religiöse Lage der Stadt und der Reformation und berücksichtigt damit auch das Bildungswesen. Gewölbe 7 – 9 sind dem Kriegsgeschehen vorbehalten.

Ein anderer Ausschnitt aus dem städtischen Leben wird erfahren im Alt-Rothenburger Handwerkshaus. Zwischen 1270 und 1300 gebaut, blieb es unverändert. Es ist überliefert, welche Handwerker darin lebten. Von 1300 bis 1500 waren es Büttner, bis 1680 Schwarzfärber, bis 1724 Weber und bis 1802 Schuhmacher. Dann wechselten die Handwerker häufiger. Kesselflicker, Töpfer, Korbmacher, Seifensieder, Pflasterer, Zinngießer und Maurer, jeder von ihnen wird in den einzelnen Räumchen durch Gerätschaften berücksichtigt. In der Küche steht noch der alte Steinherd mit offenem Kamin. Jedes Detail im Haus ist bedeutsam.

Von anderer Art, herrischer, sind die Patrizierhäuser der Herrengasse. Einige können betreten und deren Innenhöfe besichtigt werden, z.B. das Staudtsche Haus oder das Hornberghaus.

Das Reichsstadtmuseum, 1906 gegründet, im ehemaligen Dominikanerinnenkloster, wurde 1935 erweitert. Als die Nonnen 1258 den Wirtschaftshof des Reichsküchenmeisters von Nordenberg übernahmen, bauten sie noch bis ins 15. Jahrhundert an ihrem Kloster. Als Museum sind die Klosterräume, deren Zweck gebunden war, meist nur mit wenigen Sammlungsgegenständen ausgestattet, so wie sie in der Zeit des Klosters zu erwarten sind. Der Kreuzgang besteht in seinem alten Zustand. In der Klosterküche, die nur mit wenigen ähnlichen Küchen (Burgküchen von Neuenstein, Cadolzburg und Lisberg) vergleichbar ist, sind nur Geräte ausgestellt, wie sie im Mittelalter im Gebrauch waren. Ebenfalls unverändert sind der Konventssaal und das Refektorium. Das Dormitorium, der Schlafsaal, erhellt mit den ausgestellten Dokumenten und Stadtmodellen die Geschichte der Reichsstadt. Zunfträume führen zum Verständnis für Handel, Gewerbe und Handwerk. Das „Militärkabinett" zeigt Waffen jeglicher Art. Aufgelockert wird das Museum durch Bilder und Gemälde.

Über den geschichtlichen Rahmen Rothenburgs hinaus geht das mittelalterliche Kriminalmuseum oder, wie es noch heißt, „Historische Sammlung mittelalterlicher Rechtspflege". Es werden viele Gebiete der Rechtswissenschaft angesprochen. Im wesentlichen wird aber das Strafrecht dokumentiert. Worauf sich im Mittelalter das Recht stützte, ist im Sachsenspiel oder Lex Salica festgehalten. Proben aus diesen Werken illustrieren das Rechtsgeschehen. Darstellungen zum Femegericht oder Gottesurteil klären diese Geheimnisse. Verträge jeglicher Art, ob Briefe über Lehrabschlüsse, Arbeitsbescheinigungen, Heiratsverträge und viele andere Urkunden geben dem Alltagsleben eine rechtlich gesicherte Ordnung. Urkunden zu Lehensvergabe, Wappenbriefe, Adelsbriefe, Gerichtsübertragung, Achtbriefe, Schutzbriefe usw. regeln das politische Leben. Das Schwergewicht der Sammlung liegt aber bei den Gegenständen, die der Strafverfolgung, der Rechtsfindung und Rechtsausübung dienten. Verallgemeinernd ließen sich diese als Folterinstrumente bezeichnen. Bis ein Rechtsbrecher seine „verdiente" Strafe erhielt, die bei den drakonischen Strafen des Mittelalters meist am Galgen oder unter dem Richtschwert bzw. -beil endete, mußte er sich oft der peinlichen Befragung unterziehen. Ohne alle Gegenstände aufzuzählen, sind am bekanntesten Daumenschrauben, Streckleiter, Prügel oder Fesseln. Wer nicht zum Tode verurteilt wurde, sondern nur an den Pranger kam, mußte meist Schandmasken tragen, Halskrausen oder Schandmäntel erdulden. Das dunkle Kapitel der Geschichte, die Hexenverfolgung, wird durch Bücher belegt. Die genaue Beschriftung aller Gegenstände ermöglichen einen umfassenden Einstieg in die Welt des mittelalterlichen Rechts.

Abschluß und Zusammenfassung des Eindrucks von Rothenburg mag vielleicht die Besteigung des Rathausturms sein, wo noch einmal der Gesamtblick auf die Stadt das Erlebte abrundet.

GOLLACHGAU

Bei Bieberehren mündet der kleine Fluß Gollach in die Tauber. Sie gab dem Gollachgau den Namen. In ihm liegen auch die beiden wichtigen Städtchen Aub und Uffenheim. Geschichtlich bedeutsam ist, daß aus diesem Gau das Hohenlohe-Geschlecht hervorging. Die Urburg der Hohenlohe stand vermutlich in Hohlach westlich Uffenheim. In der Nähe liegt die für die Familiengeschichte sehr bedeutsame Burg Brauneck bei Frauental. Von der ersten Hohenlohe-Burg in Hohlach blieben keine baulichen Reste.

Auf die Mauern der Ruine **Brauneck** wurden neue Gebäude eines landwirtschaftlichen Betriebes aufgesetzt. Im Innenhof steht der weithin sichtbare Bergfried. Zur Zeit der Staufer war Konrad Herr auf Brauneck. Seit 1225 trat er am Hofe Friedrichs II. auf. Mit dem Kaiser zog er 1228 zum

5. Kreuzzug nach Palästina. Er hielt die Einkünfte Akkons, weil er dem Kaiser Geld verschaffen konnte. Beim Italienzug 1229–30 hatte er eine führende Stelle inne und wurde Verwalter der Grafschaft Molise in den Abruzzen. 1230 gewann er die Kontrolle über die Grafschaft Romagna und erreicht die Koalition der Städte Ravenna, Forli und Rimini gegen Mailand. Die späteren Italienzüge scheint Konrad nicht mehr mitgemacht zu haben. 1249 starb er auf seiner Burg. Seine Nachkommen nannten sich von Hohenlohe-Brauneck, starben aber gegen Ende des 14. Jahrhunderts aus. Die Lehenshoheit über Brauneck wurde der Kurpfalz zugesprochen. 1403 wurde Margarete, Tochter des letzten Hohenlohe-Brauneck und Gattin des Grafen Heinrich von Schwarzberg, Besitzerin von Brauneck. Ihr Sohn verkaufte 1448/49 Burg und Herrschaft an Markgraf Albrecht Achilles. Seit diesem Jahr saßen Ansbacher Amtsleute auf der Burg. 1460 bis 1599 waren es die Herren von Ehenheim, dann bis 1683 die Herren von Gundelsheim. 1699 wurde Brauneck an die Familie Ströbel verliehen. Im Bauernkrieg wurde die Burg verwüstet.

Die hohenlohische Stadt **Uffenheim** ist urkundlich schon 837 bekannt. 1263 war Uffenheim in hohenlohischem Besitz. Kaiser Karl IV. verlieh

Uffenheim, Ansbacher Tor

1349 unter Graf Ludwig von Hohenlohe dem Ort die Stadtrechte. Zwischen 1333 und 1347 wurde die Stadt befestigt. Renoviert und neu gestrichen sind die beiden Stadttore: Ansbacher Tor und Würzburger Tor. Entlang der Stadtmauer sind noch 5 Mauertürme erhalten: Bürgerturm, Folterturm, Schnellerturm, Schulzenturm, Heisensteinturm. Im Schnellerturm ist das Heimatmuseum untergebracht. Schwergewicht der Sammlungen bildet bäuerlich-bürgerliche Volkskunde, aber auch Zeugnisse der Geschichte. das ehemalige Wasserschloß brannte 1461 ab. Im später wieder aufgebauten Schloß ist heute das Finanzamt.
1378 verkaufte Gerlach von Hohenlohe Uffenheim an den Burggrafen Friedrich V. von Nürnberg. Über 400 Jahre blieb Uffenheim unter der Herrschaft der Zollern. Seit 1806 gehört Uffenheim zu Bayern.

Wo Würzburger und Hohenloher Interessengebiet zusammentrafen, liegt die Bergkette Frankenberg – nordöstlich von Uffenheim.

Um das Jahr 1200 mag auf dem **Frankenberg** eine Burg der Bischöfe von Würzburg entstanden sein. Im frühen 13. Jahrhundert besetzte Konrad von Endsee gewaltsam die Burg. Albrecht von Endsee verkaufte seine Burg zu Endsee und wurde daraufhin vom Bischof von Würzburg mit Frankenberg belehnt. Vom Nürnberger Burggrafen wurde Mitte des 13. Jahrhunderts „Neu"- oder Vorderfrankenberg gegründet. Während der Wirren der Bischofsnachfolge in Würzburg verwaltete ein Schwiegersohn des Burggrafen, ein Hohenlohe, Hinterfrankenberg. Allerdings waren Ende des 13. Jahrhunderts wieder Würzburger Amtsleute, die Brüder Hildebrand und Gottfried von Seinsheim, auf der Burg tätig. 1290 wurde die Dompropstei Besitzer von Hinterfrankenberg. Danach wechselten die Besitzer. Beschädigt wurde im 15. Jahrhundert die Burg im Streit zwischen Würzburg und der Markgrafschaft Ansbach. 1488 war die Burg wieder hergestellt. Im Bauernkrieg blieben beide Burgen vor Zerstörung verschont. Im Markgräflerkrieg wurde unter Hauptmann Hieronymus Stöcklein, der auf der Festung Hohenlandsberg saß, Hinterfrankenberg Mitte März 1554 erobert und niedergebrannt. Seither verfiel die Ruine immer mehr. Die Burg bestand als mehrteilige Anlage aus zwei Hauptburgen und zwei Vorburgen. Auf dem Gelände der östlichen Hauptburg stehen die Trümmer eines Doppelturms und Reste eines Gebäudes.

Südlich Uffenheim sind aus späterer Zeit in **Großharbach** und in **Ohrenbach** Landtürme der Rothenburger Landhege erhalten. Da sie für Wohnzwecke umgebaut wurden, sind sie kein so gutes Beispiel wie der Turm in Lichtel für diese Art von Landtürmen. In **Habelsee** steht ein Schloß, das einen Umweg wert ist, auch wenn nichts zu besichtigen ist. Im Wald bei **Endsee** sind auf dem Gelände eines Burgstalles ein gemauerter Brunnen und wenige andere Mauerreste zu entdecken. In **Nordenberg** stand eine durch mehrere Wälle und Gräben geschützte Burg auf hohem Burghügel. Nur wenige Mauerreste, die vermutlich zur Ringmauer gehörten, blieben – ohne jeden Zusammenhang – erhalten. Ein größeres Mauerstück war vermutlich ein Teil eines Torbogens, da noch die Krümmung vorhanden ist.

In der Nähe von Aub, in **Waldmannshofen,** wurde im Schloß ein Feuerwehrmuseum 1967 eröffnet. Die ursprüngliche Burg wurde 1523 zerstört. Die heutige Anlage entstand 1544.

Auf dem Weg nach Aub liegt die Ruine **Reichelsburg,** die mit ausgedehnten Mauerresten und dem Bergfried zur Besichtigung lockt. Ein 15 m tiefer Brunnen, ein Teil des Burgkellers und der Bergfried sind so ruinös, daß die Besichtigung zu einem gefährlichen Abenteuer werden kann. Von 1230 war sie im Besitz der Hohenlohe, bis sie 1401 Konrad von Weinsberg zu Lehen erhielt. 1525 ist die Burg im Bauernkrieg zerstört worden.

Aub wurde vermutlich von München gegründet, aber es gibt keine Urkunden. Um 1200 soll hier auch ein Benediktinerkloster bestanden haben. Sicher

Aub, Oberes Tor

ist aber, daß die Hohenlohe 1288 Besitzungen in Aub hatten. 1340 wurde Aub Stadt genannt. 61 Jahre später, ohne daß die Vorgänge klar sind, erhielt Aub noch einmal von Truchseß Hans I. von Baldersheim die Stadtrechte. Wann das Schloß in Aub gebaut wurde, ist nicht bekannt. Aus Stilgründen kann auf das 15. Jahrhundert geschlossen werden. Es diente den Fürstbischöfen von Würzburg als Jagdschloß. Die Stadtmauer blieb fast ringsum erhalten mit 15 Türmen.
Namen tragen der Hinterturm, der runde Turm mit dem angebauten Gebäude das Geyersschloß, das Obere Tor ist der Stadtturm, und beim Schloß steht der Schloßturm. Durch denkmalpflegerische Arbeiten sollen auch die beschädigten Türme nach und nach renoviert werden.

Bei **Marktbreit** trifft der Gollachgau an den Main. Auch wenn das Maintor von 1600 nicht so alt ist und zudem erst nach dem Zweiten Weltkrieg wieder neu errichtet wurde, kann es Auftakt zu einem Gang entlang der Stadtmauer mit ihren Türmen sein. Am Graben steht der Schwarze Turm, an der Schillerallee der Steeg- und der Flurersturm, an der Fleischmannstraße der Höfersturm und der Weiße Turm.

RANGAU

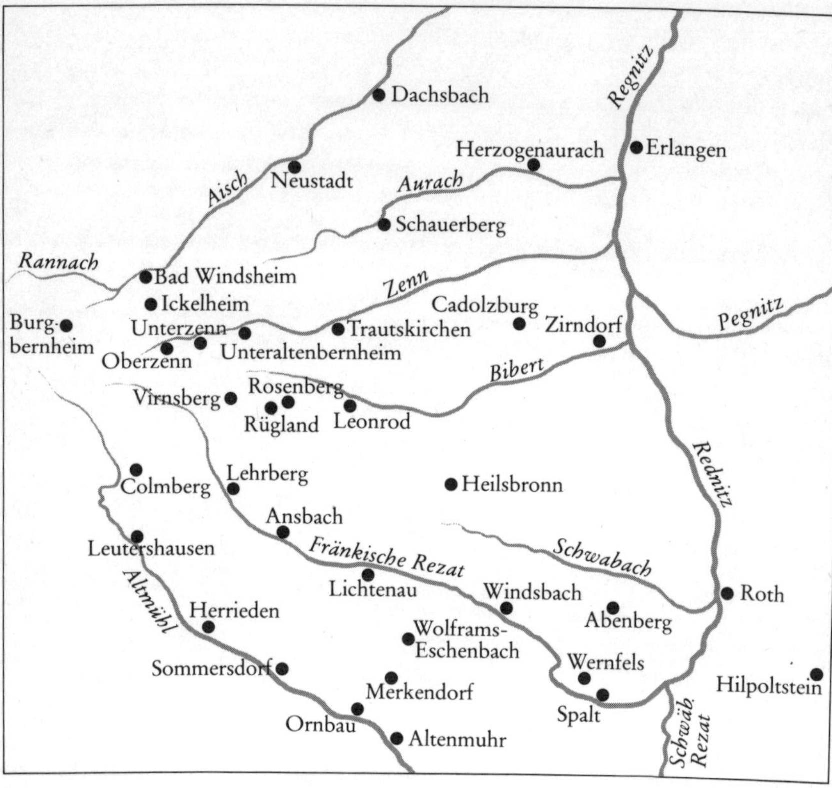

Die Rannach, die dem Rangau seinen Namen gab, mündet bei Bad Windsheim in die Aisch, und hier in naher Umgebung liegt das Quellgebiet aller Flüsse des Rangaues: Aisch, Zenn, Bibert, Fränkische Rezat, Altmühl.

Zwischen Burgbernheim und Bad Windsheim liegen die Urorte des Rangaues. **Burgbernheim** besteht seit 754. Über die Reste einer Fliehburg – der Berggipfel war von der Steinzeit bis zur Völkerwanderung Zufluchtsort in Notzeiten – wurde eine befestigte Kirchenburg mit Burgtorhaus, Mauer und Türmen (z.B. Sailersturm) errichtet.

In **Windsheim** gründeten die ersten fränkischen Siedler einen Königshof. Mit Namen wird Windsheim erstmals 743 erwähnt. Im 10. Jahrhundert, vor allem zum Schutz vor den Ungarnstürmen, erhielt Windsheim die erste

Befestigung. Von Adolf von Nassau wurde am 5.5.1295 Windsheim, dem schon 1280 König Rudolf II. die Stadtrechte verliehen hatte, mit dem Recht der eigenen Gerichtsbarkeit die Reichsfreiheit erteilt. Verpfändungen durch den Kaiser an den Würzburger Bischof oder an den Burggrafen von Nürnberg konnte die Freie Reichsstadt in den nächsten Jahrzehnten immer wieder auslösen. Durch weitere verliehene Rechte, z.B. Zolleinnahme, Besteuerungsrecht usw. war die Stadt reich geworden. In der Blüte ihrer Geschichte, in den Jahren nach 1400, umzog die Stadt ein dreifacher Mauerring mit 20 Türmen und drei Toren. Der Stadtbrand 1730 und die Mauerniederlegung, um dem „modernen" Verkehr gerecht zu werden, in den Jahren nach 1875 haben nur wenige alte Gebäude und Mauerreste übriggelassen. In der ehemaligen Deutschen Schule, erbaut 1569 (es gab auch eine Lateinschule), ist das Heimatmuseum untergebracht. Von Vor- und Frühgeschichte über Sammlungen mit Schwerpunkt Stadtgeschichte bis zu volkskundlichen Sammlungen ist dieses Museum für Franken sehr wichtig. Im „Ochsenhof" aus dem Jahr 1537, wird ein neues Museum entstehen. Das älteste Gebäude der Stadt – der Bauhof – wurde um 1400 errichtet. An die erhalten gebliebenen Reste der Stadtmauer sind meist Häuser angebaut, so daß die Stadtmauer in ihrer Wehrfunktion beschränkt wurde, auf den heutigen Betrachter wirkt sie nicht mehr als Befestigung.

Auf dem Weg nach Neustadt gibt es in **Ickelheim** ein Fachwerk-Torhaus. Über **Ipsheim** ist in die Burg **Hoheneck** ein Landschulheim eingezogen.

Neustadt bildet die Ortsweiterung von Riedfeld, dort befand sich um 625 ein Königshof. 741 wird Riedfeld erstmals genannt. Es dauert aber bis 1200, bevor von der „Neuen Stadt" die Rede war. Um 1280 ging Riedfeld/Neustadt aus dem Besitz des Regensburger Bischofs an den Burggrafen von Nürnberg über. Stadtrecht erhielt Neustadt 1318. 1432 wurde die Stadt von Raubrittern der Umgebung zum größten Teil zerstört. Wer auf der Suche nach Abenteuern ist, muß enttäuscht werden, die Überlieferung berichtet lediglich von Raubrittern, wer sie waren und wo sie hausten, ist unbekannt. 1445–1486 wurde die heute noch in Süden und Norden erhaltene Stadtmauer mit 16 Türmen und vier Toren gebaut.

Ein Tor und sechs Türme sind noch erhalten. Das Westtor an der Wilhelmstraße und der Windsheimer Torturm wurden abgebrochen. In der Nähe steht ein Rundturm, Schauflersturm, beinahe 13 m hoch. Im Uhrzeigersinn folgt wenig weiter der Pulverturm, er ist ein fast 21 m hoher Rundturm. Am Bleichweiher, einem stadtparkähnlich gestalteten Gelände, ist der freie Blick auf die besonders hoch erhaltene Stadtmauer möglich. Von den abgebrochenen Würzburger und Diespecker Toren bis zum Nürnberger Tor ist die Mauer samt Türmen verschwunden. Der Turm des Nürnberger Tores wurde bereits 1370 gebaut. 1689 wurde er auf 35,75 m erhöht. Das Torhaus kam

Neustadt a.d. Aisch, Nürnberger Torturm

1523 dazu. Auf einem alten Mauerstein ist ein daherstürmender Geißbock eingemeißelt. Diese Darstellung geht auf eine Sage zurück, die sich bei der Belagerung von Neustadt, allerdings dem an der Rauhen Kulm, abspielte. Am Stadtmauerweg ist die Mauer am ursprünglichsten erhalten. Vom Nürnberger Tor bis auf die Höhe der Ludwigstraße sind die Häuser so angebaut, daß kein Zugang zur Mauer bleibt. Am Mittleren Stadtmauerweg stehen noch zwei Türme: der Flurers Turm (über 17 m hoch), nach seinem Besitzer Flurer benannt, ein Schalenturm, d.h. er hat keine Rückwand. In ihm wurden vermutlich im Verteidigungsfall die Kugeln gegossen. Der Vögeleinsturm (ca. 16 m hoch) ist auch nach dem früheren Besitzer Vögelein benannt. Am unteren Stadtmauerweg teilen zwei Kampfhäuser – Torhäuser, die quer zur Straße von der Mauer zu den bewohnten Häusern stehen – die Straße in Kampfabschnitte auf. Jeder Feind, der die Mauer bezwang, geriet zwischen die Schutzmaßnahmen der Besatzung der Kampfhäuser, denn der Raum hinter der Mauer konnte von zwei Seiten unter Feuer genommen werden. Der Hinterturm (ca. 21 m hoch) an der Stadtmauerbiegung diente dem Hirten der Bullenhaltung als Wohnung. Obwohl der Beruf des Bullenhirten

wichtig war, galt seine Tätigkeit als unehrenhaft, und die Stadtverwaltung wies ihm den Turm als Sonderwohnung an. Er sollte nicht wie die anderen Bürger in der Stadt wohnen.
Das alte Schloß wurde zwischen 1432 und 1434 gebaut. Zeitweilig war es markgräflicher Witwensitz. Seit 1960 beherbergt es das Heimatmuseum. Gesammelt wurde aus dem Bereich der Landes- und Ortsgeschichte. Volkskunde (Ziegel, Öfen, Möbel, Handwerk), sehenswert eine Sammlung von Färbermodeln und eine kleine geologische Abteilung. Das neue Schloß, von 1575 bis 1626 gebaut, brannte bis auf den achteckigen Turm 1906 ab. Dieser Turm wurde in die auf dem Schloßgelände errichtete Volksschule einbezogen.

In **Dachsbach** steht eine ehemalige Wasserburg.

Im Tal der Aurach liegt bei Emskirchen die Ruine **Altschauerberg** oder Eppeleinsruine (Hinweise auf Eppelein bei Burg Gailenreuth). Die Burg wurde im 12. Jahrhundert gebaut. Durch Heirat kam sie als Mitgift an den Nürnberger Burggrafen. Im Streit der Nürnberger Bürger gegen den Burggrafen wurde Altschauerberg 1388 zerstört und nicht mehr aufgebaut. Obwohl die Burg sehr groß gewesen sein muß, blieb nur ein Mauerrest stehen.

Ein Königshof an der Aurach wird um 1006 durch eine Urkunde in **Herzogenaurach** erwähnt. Um 1300 erhielt der Ort die Stadtrechte. Aus späterer Zeit kommen die beiden Stadttürme: Fehnturm und Türmersturm. Die heutigen Gebäude des erstmals 1348 erbauten Schlosses stammen von 1720, sie beherbergen das Rathaus und ein Heimatmuseum.

Am Oberlauf der Zenn steht fast in jedem Ort ein Schloß. **Oberzenn** besaß vermutlich schon im 13. Jahrhundert eine Burg, die im Besitz der Familie von Seckendorff war. Auf diese Burg werden die beiden Schlösser, die heute in Oberzenn stehen, zurückgeführt. Das Blaue Schloß wurde um 1700 und das Rote Schloß um 1745 errichtet.

Wie gepflegt und wie „heruntergekommen" Schlösser sein können, läßt sich auf dem Weg von Unterzenn über Unteraltenbernheim, Trautskirchen und Neuhof betrachten.

Der Ort **Neuhof** entstand schon in der Frühzeit des Mittelalters. Die frühesten Burgherren von Neuhof waren die Burggrafen von Abenberg. Sie gründeten um 1100 einen neuen Königshof. Bei Aussterben der Abenberger Ende des 12. Jahrhunderts ging ihr Besitz an den Burggrafen von Nürnberg, der das „Schloß" 1342 an das Kloster Heilsbronn verkaufte. Das Schloß diente der Probstei Zenn als Verwaltungsgebäude. Etwa ab 1300 wurde der Ort befestigt. 1570 wurde das Schloß umgebaut. Es ist heute noch als Wasserschloß zu erkennen. Von allen vier Seiten war das Gebäude von Mauern umgeben, hinter denen ein 2–3 m tiefer Wassergraben lag. Anstelle der Zugbrücke trat eine massive Quadersteinbrücke. Neuhof selbst ist immer noch ummauert, ein

Stadttor ist erhalten. Die ursprüngliche Gestalt blieb sehr gut gewahrt, denn es haben fast keine Mauerdurchbrüche stattgefunden.

In der Nähe der Bibertquelle steht auf einer Bergzunge in **Virnsberg** ein ehemaliges Deutschordensschloß. Für Besucher ist es nicht zugänglich.

In **Rügland** an der Mettlach, einem Seitenfluß der Bibert, wohnen in einem Wasserschloß die Herren von Crailsheim, auch hier ist nur ein Blick von außen möglich. Am Abhang über Rügland steht der Turm der Ruine **Rosenberg.** Der Rundturm ist ungefähr 10 m hoch, ohne Treppe. Die Fensteröffnungen deuten auf einen Wohnturm hin. Weitere Mauerreste gibt es nicht, denn da die Burg seit 1586 nicht mehr bewohnt war, zerfiel sie.

Keine Höhenburg, sondern eine Talburg liegt am Ufer der Bibert in **Leonrod.** Seit 1218 findet sich in verschiedenen Urkunden der Name der Herren von Leonrod. 1323 ist die Burg von „Lewenrod" nachzuweisen. 1616 war die Burg durch Unvorsichtigkeit abgebrannt, als ein Knecht Reisig im Burggraben verbrannte. Sie wurde nicht wieder hergestellt. Seither ragen die immer noch haushohen Außenwände und Teile von Innenwänden in die Höhe. Der erhaltene Bergfried ist nicht zugänglich. In einem Wohngebäude gibt es zwei gewölbte Räume. Im nicht verschütteten Brunnen im Burghof kann man den Grundwasserspiegel sehen. Der Stumpf eines Wachturmes an der Ecke der Umfassungsmauer wurde mit einem Schutzdach versehen. Die Ruine von Leonrod bildet eines der wenigen Beispiele im Rangau, an denen man sich ein Bild von der Enge einer kleinen Burg machen kann.

Auf den Höhen zwischen Bibert und Zenn liegt **Cadolzburg.**
Vermutlich hatte der Gründer des Klosters Herrieden hier Besitzungen und legte daher ein befestigtes Lager an. Das war in der Zeit um 800. Mit der ersten urkundlichen Nennung von Cadolzburg wird ein Besitzer um 1157 bekannt: Helmreich von Cadolzburg, er stand im Dienste des Abenberger Rangaugrafen. Um 1200 ging die Burg vermutlich an den Burggrafen von Nürnberg über. Als der Druck der Nürnberger Bürger auf den Burggrafen immer stärker wurde und ihre Selbständigkeit immer mehr zunahm, verlegten die Burggrafen ihren Wohnsitz in die Cadolzburg. Reichspolitik fand in der Burg statt, als Friedrich VI., Burggraf von Nürnberg, als neuernannter Kurfürst 1418 Reichsverweser und Statthalter von Deutschland wurde. Zu Ende des 15. Jahrhunderts, als die Bedeutung Ansbachs als Regierungssitz zunahm, trat die der Cadolzburg in den Hintergrund. Die Cadolzburg blieb unzerstört bis in das 20. Jahrhundert, aber in den letzten Tagen des Zweiten Weltkrieges wurde sie in Brand gesteckt. Die Ruine wird heute von einer Gruppe junger Leute betreut, die die Räume säubern und wieder herrichten. Diese Gruppe ermöglicht auch die Besichtigung an Sonn- und Feiertagen.
Die Vorburg, die durch das erste Burgtor vom Marktplatz her betreten wird, hat kein ursprüngliches Gebäude, sondern die Bebauung stammt aus dem 18.

bzw. 19. Jahrhundert. Der Turm, der aus der Mantelmauer hervortritt, hat nicht nur die Funktion, den Eingang zu schützen, sondern er kann gleichzeitig als Bergfried gelten. Zugänglich sind inzwischen wieder die Räume des Alten Baues: der Küchenbau mit dem Ochsenschlot (hier konnte ein ganzer Ochse am Spieß gebraten werden) und der Kapellenbau. Hier sind Funde und Ansichten von Cadolzburg ausgestellt. Der sogenannte Folterturm (Fantasiename, sollte vielleicht auf das finstere Mittelalter anspielen) diente wahrscheinlich nie dieser Verhörmethode. Der Wehrgang, der den zweiten Burghof einschließt, ist zugänglich. In diesem Burghof mit gepflegtem Burggarten befindet sich der ehemalige Burgbrunnen, er soll in Hoffnung auf mögliche Funde ausgeräumt werden. Der Neue Bau ist noch nicht soweit gesichert, daß er gefahrlos betreten werden kann.

Vor der Burg hat sich im Laufe der Zeit ein befestigter Markt gebildet, der immer noch ummauert und durch das Obere Markttor zugänglich ist. Die unteren Torhäuser wurden abgebrochen. Das um 1475 gebaute Markttor heißt im Volksmund „Brusela", dieser Name bezog sich auf die alte Turmuhr, die „bruselte", das heißt, sie ging nicht genau und schlug auch nicht immer, wenn sie sollte. Cadolzburg liegt auf der Bergzunge eines Höhenrückens, der sich nach Osten bis Zirndorf hinzieht. Dort stand die Alte Veste. Als 1632 Wallenstein und Gustav sich hier gegenüberlagen, war die Alte Veste bereits Ruine. In diesem Gelände wurden Kanonenstellungen und Pallisadenwände als Reiterhindernisse angelegt. Häufiger besucht als die Ruinenreste werden heute die Gaststätten „Zur Alten Veste" und der „Schwedenkeller".

Lehrberg an der Fränkischen Rezat ist durch den Kirchbau seit 1059 bekannt. Über dem Ort steht eine Turmruine, nach deren Aussehen könnte hier auch eine Burg gestanden haben, aber es ist nur überliefert, daß hier die Herren von Birkenfels eine Kapelle gebaut haben.

Die Geschichte **Ansbachs** beginnt mit Erhebung des Burggrafen von Nürnberg in den Kurfürstenstand. Bei seinem Regierungsantritt erwarb Friedrich VI. (als Kurfürst nennt er sich Friedrich I.) in Ansbach einen Hof, und von 1397 bis 1409 baut er hier eine Wasserburg. Als Stadt wird Ansbach 1221 erwähnt. Durch die Klostergründung 748 ist Ansbach als Onolzbach bereits bekannt. Ende des 17. Jahrhunderts entwickelte sich Ansbach zur barocken Residenzstadt. Aus dieser Zeit stammen die Bauten der Markgrafen: Residenzschloß, Hofkanzlei, Landhaus, Orangerie, Stiftskirche. Im Schnizleinshaus ist das Kreis- und Stadtmuseum untergebracht. Die Sammlungen umfassen Vor- und Frühgeschichte des mittelfränkischen Raumes, Geschichte des Fürstentums Ansbach, Fayencen, Porzellan und Ansbacher Keramik.

Nur 15 km von Ansbach entfernt liegt **Heilsbronn.** Als Kloster gestiftet durch Bischof Otto den Heiligen 1132, wurde das Münster von Heilsbronn bald die Grablege der Grafen von Abenberg und der Herren von Heideck. 1333 wurde der Burggraf von Nürnberg Schutzvogt des Klosters. Seither wurden auch die meisten Zollern hier begraben.

In **Lichtenau** steht hinter riesigen Festungswällen ein Gebäude mit zwei Rundtürmen, in das in einigen Jahren das Staatsarchiv einziehen soll. 1246 wird Lichtenau erstmals urkundlich erwähnt. 1288 war Lichtenau im Besitz von Gottfried von Heideck. Im Streit der Burggrafen von Nürnberg und der Herren von Heideck während des 14. Jahrhunderts räumte Friedrich von Heideck das Feld. Er verkaufte 1406 Lichtenau an die Reichsstadt Nürnberg. Ritter Rummel von Nürnberg wurde Besitzer bis 1442. Er verkaufte Lichtenau an die Burckhardt-Seilersche Landalmosenstiftung. Markgraf Albrecht Achilles brannte 1449 Schloß und Ort nieder und ließ eine Besatzung bis 1453 zurück. Kaiser Friedrich bestätigte aber die Rechte der Landalmosenstiftung. Zum Jahrhundertende war der Ort wieder befestigt. 1552 wurde Lichtenau erneut, diesmal unter Markgraf Albrecht Alcibiades, niedergebrannt. Von 1558 bis 1630 wird Lichtenau wieder aufgebaut und als Festung mit den heute noch stehenden Wällen versehen. Im Dreißigjährigen Krieg wechselten die Besatzungen von kaiserlichen Truppen der Liga mit Truppen der protestantischen Union. Im 19. Jahrhundert wurde die Festung immer mehr als Zuchthaus verwendet. Diese Zeit endete 1972. Zur Zeit ist nur die obere Umwallung mit den Batterien zugänglich. Bis schließlich der Innenhof wieder zugänglich sein wird, werden noch Jahre der Renovierung vergehen.

In **Windsbach** muß die Stadtbefestigung sehr störend empfunden worden sein, denn entweder verschwand die Mauer gänzlich oder es wurden, wie im Bereich des Unteren Tores, Häuser angebaut. Nur am Oberen Tor sind einige Mauerreste freigelegt.

Die Burg des Rangaugrafen in **Abenberg** stand, wie es oft zu beobachten ist, in unmittelbarer Nähe der Gaugrenze. Heute wird allerdings das südlich von Abenberg gelegene Gebiet zum Rangau gerechnet, im Mittelalter zählt es zum Sualafeld.

Irgendwelche Bergbefestigungen trug der Gipfel schon in der Vorzeit. Wann eine Burg, auf die die heutige Anlage zurückgeht, gebaut wurde, ist nicht überliefert. 1045 erhielt Wolfram von Abenberg die Burg von Kaiser Heinrich II. als Lehen. Die Blütezeit der Abenberger Grafen war, als die Staufer das Reich regierten. Als Friedrich II. von Abenberg ohne männlichen Erben 1230 starb und seine Erbtochter Marie sich mit Konrad von Zollern verheiratete, ging Abenberg an den Burggrafen von Nürnberg über. 1296 verkaufte Konrad III. von Zollern Abenberg an den Eichstätter Bischof Reimbotto. Bis 1806 war Abenberg Sitz eines Eichstätter Vogtes.

Das heutige Aussehen der Burg wurde vor allem durch die Nachahmung von mittelalterlichen Turmbauten erreicht. 1876 wurde der 30 m hohe Turm ge-

Burg Abenberg

baut. 1885 ließ der Besitzer Schott den sogenannten Schottenturm errichten. In jüngster Zeit wurde die Burg zum Schloß-Hotel umgewandelt.

Das obere Altmühltal bei **Colmberg** war schon in der prähistorischen Zeit besiedelt. Auch die Römer hatten vermutlich hier einen Vorposten, jedenfalls sind römische Funde entdeckt worden. Als fränkische Burg ist Colmberg im 11. Jahrhundert im Besitz der Herren von Hohenlohe. Es ist überliefert, daß die Burg 1318 durch den Grafen Friedrich von Truhendingen an den Burggrafen von Nürnberg, Friedrich IV. von Zollern, verkauft wurde. In den folgenden Jahrhunderten blieb Colmberg Sitz eines Vogtes und später eines markgräflichen Oberamtes von Ansbach. Weder im Markgrafenkrieg, noch im Bauernkrieg oder Dreißigjährigen Krieg wurde die Burg eingenommen. Ende des 19. Jahrhunderts ging Colmberg in Privatbesitz über. Heute sind in den Räumen des alten Rentamtes Hotel und Gaststätte untergebracht. In den eigentlichen Burgräumen ist die Einrichtung weitgehend erhalten geblieben, so daß ein Besucher sich ein Bild vom Leben auf einer Burg machen kann. Exotisch wird die Sammlung durch einen Teil des Nachlasses von Ostasien-Botschafter E. A. Voretzsch, der jahrelang Besitzer der Burg war.

Leutershausen wurde zusammen mit Colmberg 1318 an den Burggrafen von Nürnberg verkauft. Zwei Stadttore und ein Teil der Stadtmauer im Bereich des Unteren Tores gehen noch auf die Zeit vor dem „großen" Brand von 1517 zurück, bei dem 33 Häuser und das Obere Tor abbrannten.

Aus der Einsiedlerklause Deokars, der in der Zeit Karls des Großen lebte, ging das Kloster von **Herrieden** hervor, das von Cadolt 782 gegründet wurde. Seit 1122 ist das fürstbischöfliche Schloß bekannt, hier residierte der Vogt des Bischofs von Eichstätt, bis das Schloß 1658 zur Brauerei umgebaut wurde. Bereits in der Zeit vor 1230 wurde Herrieden Stadt. In Urkunden von 1289 und 1294 wird bezeugt, daß die Stadt schon ummauert war. Diese erste Stadtbefestigung wurde im Streit zwischen Kaiser Ludwig dem Bayern und Kraft von Hohenlohe, der Herrieden mit List an sich gebracht hatte, 1316 niedergerissen und die Stadt, ausgenommen die Kirche und Gebäude der Geistlichen, dem Erdboden gleichgemacht. Bischof Heinrich ließ 1340 aus den Steinen des ehemaligen Schlosses Reichenau die Mauer wieder aufführen. 1490 wurden Stadt und Schloß durch Brand zerstört, und im Dreißigjährigen Krieg legten die Schweden unter Bernhard von Weimar 1633 Stadt und Schloß wieder in Schutt und Asche. Heute ist nur noch das Südtor an der Brücke über die Altmühl erhalten. Wall, Graben und Mauer wurden in Parkanlagen einbezogen.

In **Sommersdorf** steht ein Wasserschloß, das zur Zeit Ludwigs von Eyb (gest. 1408) gebaut wurde, aber eine Burg bestand schon früher, nur, ob sie dem heutigen von Wasser umgebenen Schloß ähnelte, ist nicht bekannt. Seit 1549 ist das Wasserschloß im Besitz der Familie von Crailsheim. Allerdings ist hier nicht mehr als ein Blick über den Wassergraben möglich.

Seit 1058 ist **Ornbau** unter den Namen Arenburg oder Aremburg bekannt. Im 8. Jahrhundert scheint Ornbau im Besitz des Benediktinerklosters Herrieden gewesen zu sein, dann bei der Umwandlung desselben in ein Kanonikerstift (888) kommt Ornbau in den Besitz des Bischofs von Eichstätt. Dessen Vögte waren die Grafen von Oettingen. Diese nutzten den Besitz zu ihren Gunsten. 1248 kam ein Vergleich zustande, den die Grafen nicht einhielten. Rudolf von Habsburg entschied 1289 zuungunsten der Grafen, und der Bischof kam wieder in vollen Besitz von Ornbau. Eine Urkunde von 1468 zeigt erstmals das Stadtsiegel, zur Stadt erhoben wurde Ornbau aber früher.

Die Stadtbefestigung wurde unter Bischof Wilhelm von Reichenau (1464 bis 1496) von seinem Baumeister Ludwig von Eyb errichtet. Das war in der Geschichte Ornbaus der dritte Befestigungsbau, und dieser blieb bis heute erhalten. Über die Altmühlbrücke führt die Straße durch das Untere Tor in die Stadt. Es ist ein Tor mit Pechnase, den Rollen für die ehemalige Zugbrücke und den Löchern für das Fallgatter. Die gesamte Stadtmauer ist ringsum erhalten, oft ist die Mauer doppelt ausgeführt. Die Mauer bildet beinahe einen

Halbkreis, der an der Altmühl mit einfacher Mauer abgeschnitten wird. Die Westmauer hat drei bastionartige Vorsprünge, die Ostmauer hat zwei Türme: Weißer Turm und Diebsturm. Das Obere Tor brannte vor 200 Jahren ab und wurde neu errichtet. Ornbau ist mit seinen wenigen Gassen seit Jahrhunderten unverändert erhalten geblieben.

Ornbau, Diebsturm

Das Schloß von **Altenmuhr** kann nicht besichtigt werden, es liegt verborgen hinter hohen Bäumen am Ortsrand.

Merkendorf ist über seinen mittelalterlichen Kern hinausgewachsen, trotzdem blieb Stadtmauer samt Türmen und Toren erhalten, sie wurden nie als Trennung empfunden, sondern gepflegt und in Anlagen verwandelt.
Erst seit der Entstehung des Klosters Heilsbronn gibt es sichere Nachrichten über Merkendorf. In ältesten Urkunden heißt es Mirkindorf oder Merchendorf. Ungefähr um 1000 mögen die ersten Siedlungen gebaut worden sein. Gegen Ende des 14. Jahrhunderts bekam Merkendorf die Stadtrechte von Kaiser Wenzel. Damit begannen die Arbeiten an der Befestigung. Am 12. März

1634 brannte Merkendorf vollständig nieder. Um 1655 war es wohl wieder aufgebaut.

Eschenbach wird in vielen Dokumenten des Mittelalters erwähnt, aber da es drei Ortschaften dieses Namens auf engem Raum gibt (es wird von Ober-, Mittel- und Untereschenbach gesprochen), ist eine Festlegung oft schwierig.

Wolframs-Eschenbach, Oberes Tor

Die Literaturwissenschaft hat nachgewiesen, daß Obereschenbach der Herkunftsort des Dichters Wolfram ist. Obereschenbach nennt sich seit Mai 1917 **Wolframs-Eschenbach.**

Die Herren von Eschenbach, die Ahnen Wolframs, waren Lehnsträger des Bischofs von Eichstätt. Bevor sie in die beiden Herrenhäuser im Ort übersiedelten, wohnten sie in einer Burg südöstlich von Eschenbach. Der Burgstall ist beim dem Dorf Höhberg zu finden. Eschenbach kam vermutlich 888 an Eichstätt, als der Bischof größere Besitzungen des Klosters Herrieden, wozu auch Eschenbach gehört haben kann, an sich brachte. Als Vogt setzte der Bischof im 12. Jahrhundert die Grafen von Wertheim und Rieneck ein. Diese schenkten um 1220 die Pfarrei dem Deutschorden. Gleichzeitig gründete der Orden die Deutschordenskomturei Eschenbach. In den folgenden Jahrzehnten erwarb der Orden immer mehr Besitzungen in Eschenbach und der Umgebung. Ebenfalls reich begütert waren die Grafen von Oettingen. Zu all diesen Herren stand die Familie Wolframs in Lehnsabhänigkeit. Ein Heinrich war um 1400 der letzte seines Geschlechts.

Unter Kaiser Ludwig dem Bayern wurde Eschenbach 1332 Stadt. Kaiser Karl IV. erneuerte die Stadtrechte 1347 und 1355. Vor allem wurde das Recht der Befestigung wirksam. Das Untere Stadttor samt Turm wurde zwischen 1410 und 1415 fertig. Das Obere Stadttor mit Vorwerk wurde 1463 vollendet. Um diese Zeit war auch die gesamte Mauer erbaut. Der heutige Zustand ist nicht der ursprüngliche, die Mauer war höher und mit Ziegeln gedeckt. Die halbe Stadtmauer ist heute noch doppelt und die innere Mauer ist durch zwei Rundtürme geschützt. Einer der Türme trägt den Namen Hungerturm. An der äußeren Mauer waren ursprünglich viereckige „Bastionen" vorgebaut. Die restliche Mauer trägt keine Türme. Der Ort kann noch auf viele Gebäude hinweisen, deren Bauzeit in das Mittelalter zurückreicht. Nicht so alt, ist das Deutschordensschloß von 1608, heute Rathaus der Stadt. Das Pfründehaus, Arche Noah genannt, ist eines der ältesten Fachwerkhäuser Deutschlands, es wurde um 1300 gebaut.

Die Rednitz entsteht durch den Zusammenfluß von Fränkischer und Schwäbischer Rezat, nach der Einmündung der Pegnitz heißt sie Regnitz.

Roth an der Rednitz hat das Heimatmuseum im Schloß Ratibor einrichten können. 1537/39 wurde es von Markgraf Georg von Ansbach gebaut. Das Museum geht über den Rahmen der üblichen volkskundlichen Sammlungen hinaus, da es auch einiges zur Stadtgeschichte Roths zu zeigen hat.

Hilpoltstein südöstlich von Roth lag und liegt an der Grenze Frankens zu Bayern. Der Weg entlang der teilweise erhaltenen Stadtmauer führt zur Burgruine. Vermutlich war hier ein Vorposten der Römer zum Schutz gegen die Bajuwaren. 1108 wurde die Burg unter dem Abenberger Grafen Albuin gebaut. Die Herren der Burg nannten sich von Stein. Mit Hippolyth od Hilpolt IV. starben die Herren von Stein 1385 aus. Nach diesem letzt Namensträger nennt sich der Ort Hilpoltstein. 1342 wurden die Stadtrech verliehen. In den folgenden Jahrhunderten wirkte sich in Hilpoltstein me die bayerische als die fränkische Geschichte aus. Otto-Heinrich, Pfalzgr bei Rhein, erbte Bayern. Für seine Witwe Marie Dorothea wurde 1606 d Burg zum Wohnsitz umgebaut. Auf ihren Einzug in die Stadt geht das jäh lich stattfindende Burgfest am ersten Sonntag im August zurück. Nac ihrem Tod wurde die Burg nicht mehr bewohnt und zerfiel. Das Stadtschlo wurde neu als Residenz gebaut. Um 1800 dienten die Wohngebäude de Burg als Steinbruch. Erhalten blieb der Treppenturm mit Renaissance-To und der Bergfried. Die Ruine kann während den Öffnungszeiten am Sams tagnachmittag und am Sonntag besucht werden. Der Bergfried ist besteigbar.

Nürnberg lag im Mittelalter nicht im Gebiet des Rangaues, dessen Ostgrenz die Rednitz/Regnitz bildete. Nürnberg dehnte sich erst später von der Pegnit bis an die Rednitz aus.

Erlangen wurde von Markgraf Ernst von Brandenburg-Bayreuth als „neue" Stadt gegründet, als Ludwig XIV. 1686 durch Aufhebung des Ediktes vor Nantes viele Hugenotten zur Flucht trieb. Der Markgraf stellte Erlangen der Hugenotten als Wohnstadt zur Verfügung. Im ehemaligen Schloß ist jetzt die Universitäts-Verwaltung untergebracht.

VOLKFELD

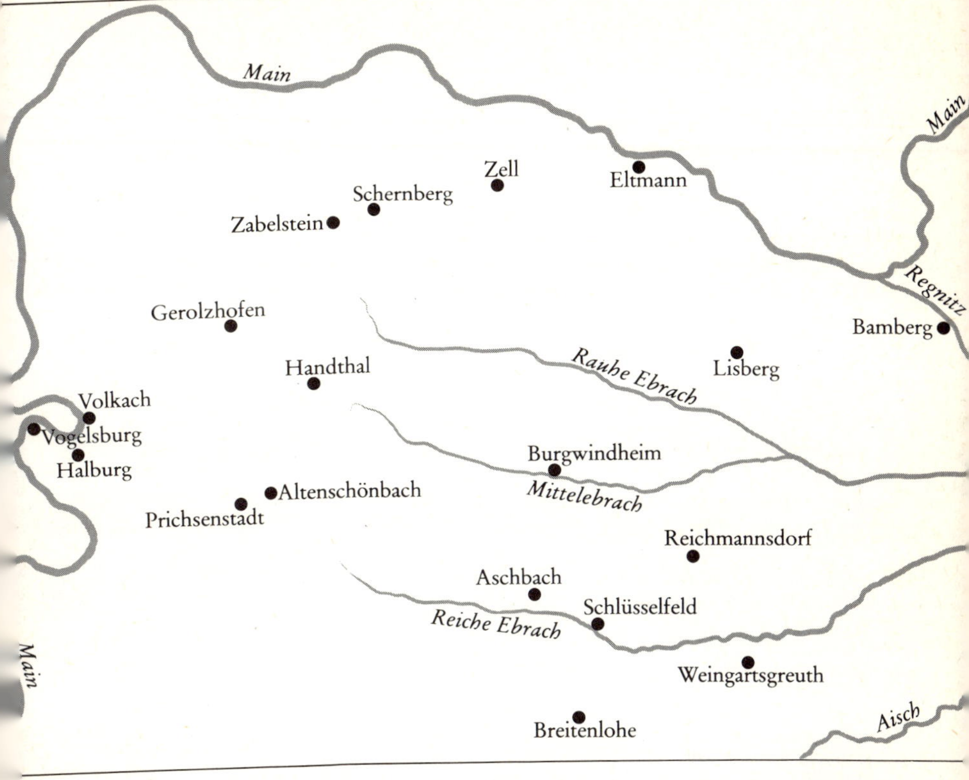

Bevor **Bamberg** 1007 Sitz des neugegründeten Bistums wurde, war es schon lange ein Ort mit Burg. Auf dem heutigen Domberg wurde durch Grabungen eine Anlage festgestellt, die auf die Reste einer Besiedlung zurückgeht. Von hier aus verwalteten die Popponen zeitweise das Volkfeld, auch wenn die Herkunft dieses Grafengeschlechts bei Volkach zu suchen ist. Auch als die Güter der Popponen vom König eingezogen und neu verteilt wurden, blieb Bamberg Verwaltungssitz für den Grafen aus dem Hause Schweinfurt. Besitz ergreifen konnten die Schweinfurter Grafen von Bamberg nie, denn 973 hatte Otto II. Bamberg dem Bayernherzog Heinrich d. Zänker geschenkt. Heinrichs Sohn begann schon um die Jahrtausendwende mit dem Plan der Bistumsgründung, die dann 1007 erfolgte.

Die Befestigung – castrum oder castellum genannt –, die im 10. Jahrhundert auf dem Domberg stand, ist in ihrem Aussehen nicht überliefert. Als 1002 dieses unbekannte Gebäude zur Königspfalz wurde, mußte es ganz auf den Bedarf für Unterkunft, Verpflegung und Festlichkeiten umgebaut werden. Zeichnungen der Pfalz und Ausgrabungen einiger Bauteile geben Anhaltspunkte, wo der Palas, die Andreaskapelle, die Thomaskapelle und die Wehranlagen zu suchen sind. Innerhalb der heutigen Anlage der Alten Hofhaltung sind immer wieder Reste der ursprünglichen Pfalz zu erkennen. Bis zur 2. Hälfte des 15. Jahrhunderts wurde sicher manches verändert, doch darüber gibt es keine Anhaltspunkte. Seit dem 15. Jahrhundert vollzieht sich der stetige Umbau zur Renaissance-Anlage, wie sie heute steht. Hauptbautätigkeit war in den Jahren von 1571 bis 1576.

Bamberg (Pfalz), Gemälde von Wolfgang Katzheimer (1478–1501)
Feuerprobe der Hl. Kunigunde (Ausschnitt)

Zur Alten Hofhaltung gehört auch der fränkische Fachwerkbau, der vom Innenhof zu überblicken ist. Zur Zeit muß der Außenanblick genügen. Seit 1938 ist im Hauptbau der Alten Hofhaltung das Historische Museum untergebracht. Jeder Raum erläutert mit seinen Gegenständen eine bestimmte geschichtliche Frage, z.B.: Stadtentwicklung Bambergs durch Ansichten und Bilder, Bamberger Münzen, Waffen, Trachten, Zunfterinnerungen, vor-

und frühgeschichtliche Funde und nicht zuletzt Kunstwerke. Der Weg von Raum zu Raum führt auch zu den erwähnten Ausgrabungen.

Während die Alte Hofhaltung noch Residenz war, erwarben die Bischöfe die Altenburg. Sie war vermutlich eine Fliehburg oder Vorläufer der Burg auf dem Domberg. Seit 1400 wurde die Altenburg als bischöfliche Residenz ausgestaltet. 1533 wurde sie im Markgräflerkrieg geplündert und zerstört. Erst im 19. Jahrhundert wurde sie wieder hergerichtet. Der Palas-Neubau ist 1901/02 von G. Häberle erstellt worden. Der Innenhof mit dem Bärengraben ist frei zugänglich, ein Gebäude ist Gaststätte.

Bis zur Vollendung der Neuen Residenz war Schloß Geyerswörth auf einer Regnitzinsel fürstbischöfliches Schloß.
Die Neue Residenz, begonnen 1599 unter dem Fürstbischof Philipp von Gebsattel, fortgeführt von seinem Nachfolger Johann Gottfried von Aschhausen, wurde umgestaltet und vollendet von Lothar Franz von Schönborn. Er starb 1729, sein Neffe und Nachfolger Friedrich Carl von Schönborn fügte noch viele Änderungen und Umbauten diesem Palast hinzu. Das Erscheinungsbild Bambergs mit Dom und Kirchen und der Verlust der Stadtbefestigung bedeuten, daß hier wenig profanes Mauerwerk, was aus mittelalterlicher Geschichte blieb, vorzustellen wäre. Daher kann jeder Bamberg-Besucher frei vom Buchschema in Gassen bummeln und Fachwerkhäuser oder die vielen Regnitzbrücken mit Genuß betrachten.

In dem Teil des Steigerwaldes, der zum Volkfeld gehört, sind einige wenige Burgen und Ruinen erhalten.

Nächst Bamberg steht auf einer Bergzunge in **Lisberg** eine unzerstörte Burg. Als schlüsselbergische Vasallen erschienen Ende des 11. Jahrhunderts die von Thünfeld, welche Lisberg erwarben, und deren Linie sich ausschließlich diesen Namen beilegten. Urkundlich als erster Namensträger ist Gundelach von Lisberg, ein Bamberger Domdekan, um 1200 bekannt. 1243 war Burkhard von Liebesberg Zeuge, als das Kloster Kreuztal nach Marienburghausen verlegt wurde. 1254 schenkten Hermann und seine Frau Bertha von Liebesberg ihre Güter zu Mainbernheim dem Kloster Ebrach. 1309 erscheinen die Brüder Friedrich und Konrad von Liebesberg. Konrad war auch Vogt von Höchstadt von 1326 bis mindestens 1333. Heinrich von Lisberg war von 1324 bis 1336 Stadtschultheiß von Bamberg. Als seine Söhne werden Eberhard, Günther und Konrad bezeichnet. Konrad erbte die Güter in Lisberg. Um nicht in den Verdacht zu geraten, Raubritter zu sein, übertrug die Familie von Lisberg 1398 die Burg dem Markgrafen von Ansbach. Am Ende des 14. Jahrhunderts teilten sich mehrere Familien – die von Thünfeld, Herbilstadt und Schaumberg – die Burg mit ihren Besitzungen. Um diese Zeit hatte einen Anteil Georg von Lisberg. 1401 ging sein Teil an Wilhelm

Burg Lisberg

von Liebsperg über. Wilhelm lebte noch 1443 als reichbegütert. Zu Ende des 15. Jahrhunderts wurde Lisberg nach und nach verkauft. Im Bauernkrieg blieb es als markgräfliches Lehen von den Bauern verschont.
Der jetzige Besitzer dieser Burg hat sie für das Publikum geöffnet. Die Burgküche wurde mit Originalgerätschaften ausgestattet. In einem Gewölbe ist die Backstube mit allem, was der Bäcker benötigt, eingerichtet. Weiter sind der Dürniz und die romanische Kapelle zu besichtigen. Der mit neuer Treppe versehene Bergfried kann bestiegen werden.

Eltmann am Main war vermutlich in frühester Zeit Grenzposten gegen die Slawen, Wenden genannt. Im 8. Jahrhundert wird das „castellum munitissimum" genannt. Gumbert, Gründer der Stadt Ansbach und Gaugraf, schenkte 741 das Amt Wallburg, in dem Eltmann liegt, dem Hochstift Würzburg. Bis 1802 blieb der Bischof Landesherr. 1335 erhielt Eltmann von Kaiser Ludwig dem Bayern die Stadtrechte, das bedeutete, die Stadt konnte sich mit Mauern, Toren und Türmen sichern. Allerdings sind von dieser ehemaligen Stadtbefestigung nur noch wenige Reste übriggeblieben. Der Kampf des fränkischen Städtebundes gegen den Bischof führte zur Vernichtung der bischofstreuen Stadt Eltmann, sie brannte 1399 restlos ab. Wann Eltmann wieder aufgebaut war, ist nicht genau bekannt. 1513 sind aber wieder 134 Herdstellen überliefert.

Die Stadtgeschichte ist durch die Ereignisse der Wallburg mit ihr verknüpft. Die Burg diente dem Landesherrn meist als Pfand für seine Schulden. Um

1316 ist Burgherr Dietrich von Hohenberg, bis 1477 öfters die Geschlechter der Herren von Fuchs, von Truchseß und von Rotenhan. Im Bauernkrieg wurde die Burg, da sie kaum besetzt war, am 28. Mai 1525 vom Bauernhauptmann Hanns Lufft von Gerolzhofen erobert und niedergebrannt. Durch Fürstbischof Julius I. Echter von Mespelbrunn wurde die Burg erneut befestigt und die Gebäude erneuert. 1777 wurde die Burg aufgegeben, und die meisten Gebäude standen zum Abbruch frei zur Verfügung. Nur der Bergfried blieb erhalten, 1840 wurde am Fuß ein Eingang in den Turm gebrochen und eine Treppe gebaut. 1890 wurde der Turm mit Zinnen verziert. Seit über 100 Jahren werden im Burghof Sommerfeste abgehalten.

Nur wenige Kilometer landeinwärts von Eltmann liegt **Zell am Ebersberg.** Über dem Ort gab es eine Fliehburg. Von 530 bis 550 n. Chr. entwickelte sich aus einem Wachposten eine fränkische Turmhügelburg. Beinahe 700 Jahre gehörte die Ebersburg zum Bistum Bamberg. 1142 war sie der Sitz der geschiedenen Gräfin Chuniza von Plassenburg. Gegen Ende des 15. Jahrhunderts saß ein Truchseß von Wetzhausen als Amtsmann auf der Ebersburg. Im Bauernkrieg wurde sie am 13. April 1525 zerstört. Die schwedische Besatzung hat während des Dreißigjährigen Krieges bei ihrem Abzug die Burg wieder zerstört. Nach erneuter Herstellung zerfiel sie dann, denn sie diente nur noch bis 1644 als Amtssitz. Nur klägliche Reste sind auf dem Burggelände zu finden: ein Teil der Mauer, ein Fundament des Palas und der Sockel der Zugbrücke.

An den westlichen Abhängen des Steigerwaldes sind noch drei Burgplätze zu entdecken. Die **Schernburg** ist nur als Burgstall bekannt. Es gibt keinerlei baulichen Reste. Aus dem Geschlechte derer von Schernburg war Fürstbischof Rudolf der berühmteste. Als er 1495 starb, war die Burg schon lange verschwunden. Vermutlich wurde die Burg schon anfangs des 14. Jahrhunderts zerstört.

Um 550 wurde eine andere Fliehburg zur Bergsiedlung **Zabelstein** umgewandelt. Allerdings taucht dieser Name erstmals im 12. Jahrhundert mit Ritter Wipprecht von Zabelstein auf. Seine Linie erlosch 1168, und die Burg fiel an das Hochstift Würzburg. Dieses belehnte im 13. Jahrhundert eine Nebenlinie der Zabelsteiner mit der Burg. Um 1231 war Wolfram von Zabelstein ein hervorragender Ritter. 1303 kaufte Bischof Manegold von Würzburg die Burg und baute sie zum Jagdschloß und zur Sommerresidenz um. Gleichzeitig diente die Burg als Aufbewahrungsort des bischöflichen Schatzes. Am 3. Mai 1525 wurde die Burg von Hauptmann Lufft erobert und zerstört. Der letzte Verwalter, Konrad von Giech, erhielt freien Abzug. Von Fürstbischof Julius I. Echter von Mespelbrunn wurde Zabelstein 1586 neu aufgebaut. Als aber 1689 ein Brand die Burg vernichtete, wurde sie nicht mehr erneuert. Renovierungsarbeiten der letzten Jahre haben die Mauern, die das Burggelände einfassen, gesichert. Ehemals mächtige Türme am Graben, die heute aber ebenerdig abschließen, und ein anderes hohes Mauernstück sind die wenigen Reste.

Bei Handthal steht oberhalb von Weinbergen die Ruine **Stollburg.** Die Burg entstand im 12./13. Jahrhundert. 1151 wurde die Stollburg vom Hochstift Würzburg dem Kloster Ebrach geschenkt. Nach Ermordnung des Burgherrn Ludwig von Stollburg durch bischöfliche Reiter 1236 fiel die Burg an das Hochstift zurück. Am 2. Mai 1525 wurde die Burg von Bauern zerstört. Von dem mehreckigen „Rundturm", vermutlich der Wohnturm, denn verschiedene Fensteröffnungen lassen diese Deutung zu, steht die Wand, die zum Tal schaut. Ein mächtiges Stück Ringmauer ragt dicht bei dem Turmrest empor. Ein Gewölbe gehört wahrscheinlich zur Vorburg.

In den Orten entlang der Flußtäler der Mittelebrach und Reichen Ebrach gibt es fast in jedem größeren Ort ein Schloß.

Fast in jedem größeren Ort des Steigerwaldes steht ein Schloß. Es sind selten Paläste, sondern eher große Steinhäuser, die künstlerisch ausgestattet sind. Beispielhaft sind die Schlösser in **Breitenlohe, Weingartsgreuth, Aschbach, Reichmannsdorf, Burgwindheim.**

Zu den besuchenswerten Orten gehört auch **Schlüsselfeld.** 1336 wurde der Ort von Konrad von Schlüsselberg gegründet. 1347 verlor er ihn an den Burggrafen von Nürnberg, die Schlüsselfeld an die Bischöfe von Würzburg und Bamberg abtraten. 1396 verlieh Ludwig der Bayer die Stadtrechte. Unter den Würzburger Fürstbischöfen Rudolf von Scherenberg und Julius I. Echter von Mespelbrunn entstand die Befestigungsanlage. Entlang des Stadtgrabens kann heute noch die Stadtmauer betrachtet werden. Je ein niedriger, aber massiver Rundturm – einer mit und einer ohne Dach – sind an den jeweiligen Mauerecken die einzigen erhaltenen Wachtürme. Dafür gibt es allerdings ein Stadttor mit Torturm, Vorwerk und Zwinger.
Die Zugehörigkeit verschiedener Orte in der Ebene zum Volkfeld zwischen Steigerwald und Main ist durch Dokumente bekannt, aber die Nähe Würzburgs ließ schon im Mittelalter den Einfluß des Gaugrafen zurückgehen.

Der Hof des Gerold, Schwager Karl des Großen, war die Siedlung, die seit 779 bekannt ist, aus der die Stadt **Gerolzhofen** hervorging. Beim Ungarnsturm 910 konnte Gerolzhofen widerstehen, denn es war damals schon durch Wall und Graben geschützt. 1056 wird Gerolzhofen als Markt erwähnt. Seit dem 9. Jahrhundert gehörte Gerolzhofen zu Fulda. 1200 tauschten Würzburg und Fulda ihre zerstreuten Güter. So kam Gerolzhofen an Würzburg. Als Stadt wird Gerolzhofen bezeichnet, als durch bischöflichen Erlaß ein Jahrmarkt abgehalten werden durfte. Während der Jahre 1300 bis 1390 vollzieht sich die Befestigung der Stadt – aus heutiger Sicht ist das die innere Stadtbefestigung. Die Mauer mit zwei Toren wurde aus Stein errichtet. Zenttor und Spitteltor wurden allerdings 1868/75 abgetragen. Die beiden Haupttürme

Weißer Turm und Eulenturm dienten jahrhundertelang als Gefängnis, sie stehen heute noch. Der Eulenturm wird auch als Hexenturm bezeichnet. Im Städtekrieg steht Gerolzhofen auf seiten des Kaisers, für drei Jahre von 1397 bis 1400 war Gerolzhofen Freie Reichsstadt. Nach der Schlacht bei Bergtheim, die für die Städte verlorenging, war Gerolzhofen wieder Untertan des Würzburger Fürstbischofs. Unter Rudolf von Scherenberg wurde ab 1466 bis 1543 die äußere Stadtbefestigung angelegt. Die Mauer war durch 26 Türme und vier Tore gesichert. Acht Türme entlang der Mauer sind heute noch erhalten. Im Bauernkrieg stand Gerolzhofen an der Seite der Bauern. Im Markgrafenkrieg wurde das Rathaus 1552 schwer beschädigt, dabei verbrannten viele Urkunden der Stadt. 1615–1619 war Gerolzhofen Hauptrichtplatz bei Hexenprozessen. Der Eulenturm diente als Hexengefängnis. In diesen vier Jahren wurden 261 Hexen verbrannt. Durch Plünderung und Morden wurde Gerolzhofen im Verlauf des Dreißigjährigen Krieges fast entvölkert.

Prichsenstadt, oder zur Zeit der Gründung Priesendorf genannt, war, als es 1258 in einer Urkunde des Grafen von Castell erwähnt wurde, bis Ende des 13. Jahrhunderts im Besitz dieser Grafen. Im 14. Jahrhundert kam es durch Kauf an die Fuchs von Dornheim, die ihrerseits den Ort 1366 an Kaiser Karl IV. verkauften. Am 6. Januar 1367 verlieh der Kaiser Priesendorf das Stadtrecht. Im Laufe der Zeit nahm Priesendorf den Namen Prichsenstadt an. Um den Befestigungsbau zu finanzieren, besaß Prichsenstadt das Recht, einen Wochenmarkt abzuhalten. 1381 kam noch das Zollrecht dazu. Ende 14. Jahrhundert entwickelten sich die Besitzrechte so, daß Prichsenstadt 1416 nach vielen Wechseln endgültig an den Burggrafen von Nürnberg fiel. Um die Mitte des 15. Jahrhunderts war der Mauerring mit Türmen vollendet. Im Markgräflerkrieg war Prichsenstadt eines der Hauptziele des Fürstbischofs von Würzburg. Am 23. Juli 1462 wurde der Ort eingenommen, geplündert und zerstört. Der Friedensvertrag ermöglichte den raschen Aufbau Prichsenstadts. 1497 war die Befestigung wieder vollständig, und es wurden wieder 110 Herdstellen gezählt. Um 1600 bestand Prichsenstadt aus der alten Innenstadt und der neuen Vorstadt. Beide waren von dem Mauerring eingeschlossen, der im Westen und Osten von zwei Toren unterbrochen wurde, dem Ober- und Untertor. Zwischen Innen- und Vorstadt stand noch die ehemalige Stadtmauer mit dem Stadtturm als ehemaliges westliches Stadttor. Im Osten und Süden war die Mauer der Innenstadt von Rundtürmen verstärkt. Während des Dreißigjährigen Krieges brachten die Truppendurchmärsche mit ihren Kontributionen die Stadt an den Rand des Untergangs. Der Wiederaufbau in den folgenden Jahrhunderten erstreckte sich auf Befestigung und Häuser, das ehemalige Schloßgelände wurde bebaut und der Schloßgraben zur heutigen Schloßgasse aufgefüllt. Heute noch zeigt sich die Stadt so. Einzig das Untertor im Osten ist verschwunden. Die Mauer ist zum größten Teil zu begehen. Von den Wachtürmen sind mit Namen der Flurersturm und der Eulenturm benannt. Das Vor-

Prichsenstadt, Obertor

stadt- oder Westtor (Obertor) ist doppeltürmig. Der ehemalige Bauernhof des Schlosses, der Freihof, ist ein Gebäude aus der Zeit um 1592.

Das Schloß **Altenschönbach** ist für die Öffentlichkeit nicht zugänglich, doch der Blick auf einige Teile der Anlage, die noch aus dem späten Mittelalter stammen, ist möglich.

Schon im 7. Jahrhundert bestand ein Kastell am Hang des Katzenberges, diese Befestigung wurde später in die Ebene verlegt – das heutige Altenschönbach. Urkunden von 1230, die Altenschönbach belegen, befinden sich im Archiv von Castell. 1230 schenkte Graf Ruprecht von Castell das Dorf dem Bischof Hermann von Lobdeburg, der es 1378 als Lehen an die Herren von

Thunfeld gab. Heinz von Thunfeld verkaufte 1432 den Besitz an Martin Kotha, schon 1442 wechselte der Besitzer erneut an das Geschlecht von Esel. Der Kitzinger Amtmann Wolf von Crailsheim kaufte 1545 das Schloß. Seitdem blieb das Schloß im Besitz der Herren von Crailsheim. Von dem spätmittelalterlichen Wasserschloß stehen noch Turmreste, ein Teil der Ringmauer und der quadratische, dreigeschossige Bergfried. Das heutige Schloß wurde 1848 gebaut.

Volkach, von wo aus die Franken das Volkfeld besiedelten, liegt am Westrand dieses Gaues. Nicht hier war, wie zu vermuten wäre, der Sitz des Gaugrafen, sondern wie anfangs des Kapitels schon erklärt, in Bamberg. Aber von hier sollen die Gaugrafen des Volkfeldes ihren Ursprung genommen haben.

Schon zur Zeit der Karolinger war die **Vogelsburg** ein befestigtes Gut. Ebenso alt ist die **Halburg**, wobei die Halburg schon in früherer Zeit eine germanische Kultstätte gewesen sein mag. Die Siedlung Volkach begann im 8. Jahrhundert. Urkunden lassen die Entwicklung erkennen.

Ludwig IV. das Kind bestätigt dem Kloster Fulda 906, daß Volkach, die Vogelsburg mit Kapelle und noch andere Orte als Schenkung von 889 nur dem Abt zustehen. Im 11. Jahrhundert vollzog sich der Übergang des Besitzes von Fulda an die Grafen von Castell. Durch die Urkunde von 1258, in der von Graf Heinrich und Herrn zu Castell eine Kapelle dem Zisterzienserorden geschenkt wurde, war der Ausstellungsort als „unser Volkach" bezeichnet. In dieser Zeit lag die Stadtrechtverleihung. In den folgenden Jahrhunderten ging Volkach durch Vererbungen, Verpfändungen und Verkäufe der Grafen von Castell an das Hochstift Würzburg über. 1520 war die gesamte Stadt im Besitz Würzburgs. Seit der Mitte des 13. Jahrhunderts war Volkach wahrscheinlich schon mit Mauern und Türmen umgeben. 1398 erhielten die Grafen von Castell das Recht, in Volkach Münzen zu prägen. 1406 kamen das Marktrecht und 1451 zwei zusätzliche Jahrmärkte dazu. 1432 wurde Volkach mit dem Blutbann belehnt. Im Bauernkrieg zerstörten Volkacher Bauern die Vogelsburg und das Schloß Halburg.
Im Laufe der Zeit errichteten die Volkacher Bürger eine steinerne Doppelmauer mit vier Stadttoren mit Türmen und burgähnlichen Vorbauten. Um 1800 wurden das Zeilitzheimer- und das Main-Tor abgebrochen. Viele Häuser wurde aus Ersparnisgründen an die Stadtmauer angelehnt. Nur zum Main hin ist die Mauer zu erkennen. Das Untere Tor ist als Torturm mit einer Durchfahrt und das Obere Tor mit drei Durchfahrten erhalten geblieben. Der Turm des Oberen Tores wurde von Fürstbischof Julius I. Echter von Mespelbrunn 1597 erneuert und mit dem Renaissancegiebel geschmückt. An der Südwestecke der Stadt ist an die Mauer gesetzt ein Rundtürmchen und innerhalb der Mauer steht ein dicker Rundturm. Hier blieb die Mauer auch doppelt erhalten. Im Graben sind Gärten angelegt, die bis zur äußeren Mauer reichen.

IFFGAU

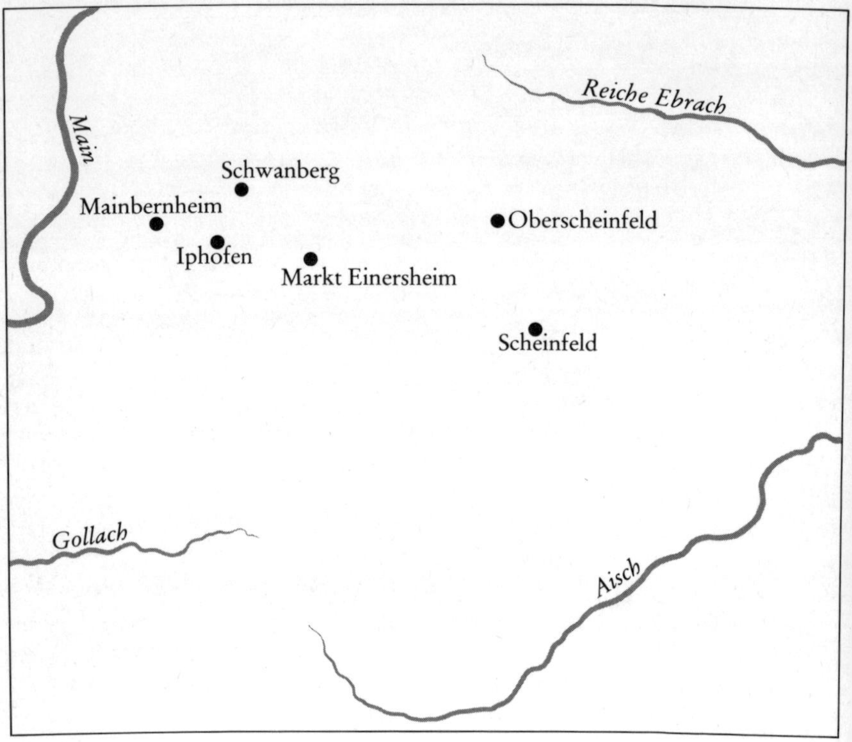

Die Erklärung Iffgau kommt von dem Wort Ipf, mit dem bedeutende Berge bezeichnet werden, hier käme der **Schwanberg** in Betracht, oder Iff wurde abgeleitet aus dem keltischen Wort Epona, eine Pferdegöttin. Ob nun der Iffgau einen Bezirk am Schwanberg bezeichnet oder ein „Pferdegau" ist, muß hier nicht bewiesen werden.
In prähistorischer Zeit jedenfalls trug der Schwanberg eine Fliehburg, deren Wallanlagen noch heute das Gelände prägen. Vom Schloß Schwanberg aus führen viele Wege in das vorgeschichtliche Gebiet.

In geschichtlicher Zeit übernahm **Iphofen** den Rang als Hauptort im Iffgau. Urkundlich wird Iphofen 741 zum erstenmal erwähnt. 1293 verlieh der Würzburger Bischof Manegold die Stadtrechte. Iphofen wurde zum Schutz des Bistums gegen Hohenlohe, Castell und Nürnberg befestigt. 1323 wurde die Stadterhebung von König Ludwig dem Bayern bestätigt und 1331 noch einmal erneuert. Während des Bauernkrieges blieb Iphofen vor größeren Schäden bewahrt. Erst der Dreißigjährige Krieg brachte Plünderungen und Durchmärsche mit Kontributionen. 1632 befand sich kein Mensch mehr im Ort, alle waren in die Wälder des Schwanbergs geflüchtet. Das Wiederaufblühen der Stadt wurde 1759 durch den Überfall von preußischen Husaren unterbrochen, sie forderten 12000 Gulden Brandschatzung, im anderen Fall würde die Stadt niedergebrannt. Mit 8200 Gulden zogen die Preußen ab. Seit 1810 ist Iphofen bayerisch.

Mit Verleihung der Stadtrechte begann 1293 der Bau der Befestigungsanlagen von Iphofen. Nach zehn Jahren Bauzeit und den Verstärkungen und Veränderungen, die 1533 und 1548 durchgeführt wurden, entstand der Mauerring, wie er heute zu sehen ist.

Der Zugang in die Stadt vom Norden her führt durch das Rödelseer Tor. Es ist das äußere Tor, das durch flankierende Mauern mit dem Mittagsturm eine Einheit bildete, die Mauern fehlen dazwischen. Durch seinen spitzen, mit

Iphofen, Einersheimer Tor

Hohlziegeln gedeckten Turm ist das Rödelseer Tor so bekannt geworden, daß es zum Merkmal Iphofens wurde. Zwischen dem Rödelseer Tor und dem Einersheimer Tor steht entlang der sonst turmlosen Mauer nur ein turmartiges Häuschen, Hackerturm genannt. Im 18. Jahrhundert wurde es zur Wohnung umgebaut. Das Einersheimer Tor mit äußerem und innerem Torhaus öffnet die Stadt nach Osten. Der Innenhof ist mit offenen Holzgalerien ausgestattet. Der Turm über dem inneren Tor war früher höher und mit Zinnen gekrönt. Vom Turm an der Südostecke der Stadt, dem Eulenturm, wurde der Feind in der Stadt gemeldet. In den Kellergewölben lagerten die Pulvervorräte. Oft diente der Turm als Gefängnis für Lebenslängliche. Am zugemauerten Pesttor – ehemals einziger Zugang vom Süden – steht der Zehntturm. Wo die Mauer unterbrochen wird für die Straße zum Bahnhof, befand sich nie ein Tor. Das Stadttor im Westen, Mainbernheimer Tor, ist nicht mehr vollständig, es war auch ein Doppeltor mit flankierenden Mauern. Vom Hirtenturm blieb nur ein Stumpf, wenig weiter steht der Henkersturm. Beide Türme sind dort hingestellt, wo die Mauer einen Knick bildet. Im Bürgerturm an der Nordwestecke der Stadtmauer war das Gefängnis für die Bürger. Andere Personen wurden im Mittagsturm gefangengehalten.

Der Iphofen benachbarte Ort **Mainbernheim** ist genauso mit vollständiger Mauer mit 18 Türmen ausgestattet.
Von Kaiser Friedrich Barbarossa wurde der Ort 1172 unter den Schutz des Reiches gestellt. 1382 erhielt Mainbernheim von Kaiser Wenzel die Stadtrechte. Am 7. Dezember 1494 wurde Mainbernheim von den Rittern Anton von Bibra und Neithart von Thüngen überfallen und geplündert. 1525 kaufte Markgraf Kasimir von Ansbach den Ort, und unter den Markgrafen erlebte Mainbernheim eine günstige Zeit.
Vom Unteren bis zum Oberen Tor ist die Stadtmauer zu begehen. Einer der malerischsten Türme ist der Pulverturm.

Der Weg von Iphofen in die tiefer im Steigerwald liegenden Gebiete des Iffgau führen durch **Einersheim** mit zwei renovierten Stadttoren. Über dem Ort liegt die Ruine **Speckfeld.** Eine Giebelfront, ein Turmrest unter der Erde und verschiedene Gewölbe geben diesem Aussichtspunkt einen geschichtlichen Gehalt.

Scheinfeld konnte seine Befestigung nicht retten. Ein Turm ist einziger Rest der erhalten blieb. In Schloß **Schwarzenberg** über Scheinfeld zog ein Internat mit Realschule ein. Trotzdem sind Schloßführungen möglich, zu besichtigen sind der Stückturm, Wehrgang und Schloßkirche.

Bei Oberscheinfeld liegt die Ruine **Scharfeneck.** Die Burg war ursprünglich Sitz der Edelfreien von Scheinfeld. Anfang des 13. Jahrhunderts ging die

Scheinfeld, Oberes Tor

Burg an das Hochstift Bamberg über. Sie blieb bis zur Verlegung des Amtes in den Ort Sitz eines bischöflichen Amtmannes. Nach der Überlieferung wurde die Burg im Bauernkrieg zerstört. Möglicherweise war sie aber schon vorher verlassen. Der Bergfried ist als Aussichtsturm erhalten. Er ist 16 m hoch mit über 7 m Seitenlänge.

BADENACHGAU

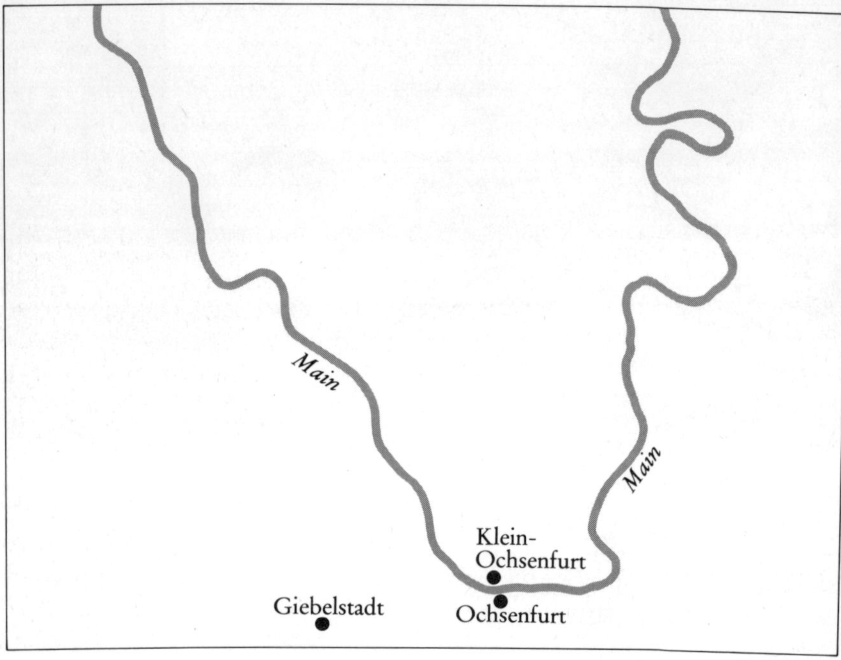

Die Ausdehnung des heutigen Ochsenfurtgaues deckt sich ziemlich genau mit dem mittelalterlichen Badenachgau.

Hauptort war und blieb **Ochsenfurt.** Um 750 wurde von Thekla ein Kloster gegründet, das aber nicht auf dem Boden der heutigen Stadt Ochsenfurt liegt, sondern auf der anderen Seite des Mains in Kleinochsenfurt. 1081 wurde auf dem Reichstag in Kleinochsenfurt Graf Hermann von Salm-Luxemburg zum 2. Gegenkönig gegen Heinrich II. gewählt. Im 12. Jahrhundert gelangten viele Besitzungen durch Schenkungen an das Domkapital von Würzburg. Um 1200 wird eine hölzerne Mainbrücke gebaut. Mit der Verpfändung von Ochsenfurt 1216 durch Bischof Otto I. an das Domkapitel muß eine Siedlung entstanden sein, wo heute Ochsenfurt liegt. 1288 erwähnte Bischof Bertold von Sternberg erstmals die Pfarrkirche und die Landstadt Ochsenfurt (ohsenvurd). 1296 wurde der Ort an das Domkapitel verkauft. 1313 muß schon eine befestigte Stadtmauer bestanden haben. 1439 wurde Ochsenfurt an den Deutschen Orden verpfändet. Im Bauernkrieg wurden Ochsenfurt von den Bauern besetzt, und Korn und Wein beschlagnahmt. Während des Dreißigjährigen Krieges lag lange Zeit eine schwedische Besatzung in Ochsenfurt. Sogar König Gustav Adolf hielt sich 1631 mehrere Tage hier auf. Fast alle Befestigungsanlagen von Ochsenfurt blieben erhalten. An der Alten Mainbrücke steht das „Schlößchen". Es befand sich mit Mauern und Gräben im Verbund mit dem Bollwerk und war die Brückensicherung. Heute dient es als Stadtmuseum. Städtisches Wesen ist durch Gegenstände aus Handwerk, Zunft, Gewerbe usw. belegt. Am Bollwerk steht noch ein teilweise erhaltenes Tor von 1548 und der Taubenturm. Dieser Turm wurde 1612 aufgestockt. Der Wächter hatte auch das Amt für die Gefangenen in den unterirdischen Verließen zu besorgen. Das Klingentor hieß nach dem Bach, der hier vorbeifloß. Es wurde 1525 Schnellerturm und 1616 Geigenturm genannt. 1598 wurde er umgebaut. Vom Gefängnis, das er zeitweise war, wurde er zur Jugendherberge umgewandelt. Die Südwestecke der Stadtmauer (wo sich heute das Landratsamt befindet) wurde durch den Dicken Turm und den dahinter, innerhalb der Mauer stehenden Nikolausturm gesichert. Der Dicke Turm diente zur Pulveraufbewahrung. Seine Wände sind über einen Meter dick. Der Nikolausturm ist ein schlanker Rundturm, der 1505 zur heutigen Höhe umgebaut wurde. Die Südseite der Stadt wurde im Graben stadtparkähnlich gestaltet. Die Mauer blieb mit teilweise aus der

Ochsenfurt, alte Aufnahme des Bollwerkes mit Taubenturm

Mauer hervortretenden Rundtürmen fast unverändert. An der Südostecke steht der älteste der Stadttürme, der Pulverturm, schon 1392 erwähnt. Im Bereich des Oberen Tores fehlt ein Teil der Mauer. Auch das Tor selbst ist verschwunden, nur der Turm blieb. 1397 wurde er schon erwähnt, 1567 erhöht. Der Weiße Turm (von 1517) tritt nicht so sehr als Turm zur Geltung, sein anderer Name, Hirtenhäuschen, beschreibt ihn besser. Hier war die Wohnung des städtischen Gänsehirten. Der Centturm wurde 1411 erbaut und 1522 renoviert. In ihm wurden die vom Centgericht Verurteilten bis zur Hinrichtung gefangen gehalten. An der Nordseite zur Alten Mainbrücke hin sind drei namenlose Türme entweder auf die Mauer gesetzt oder daran gebaut, die Mauer selbst ist aber nicht direkt zugänglich, da eine Eisenbahnlinie vorbeiführt.
Als Würzburger Amtshaus des Domkapitels wurde das heutige Landratsamt errichtet. Im 15. Jahrhundert entstand der Westbau. Im Viereckstturm lag die Kapelle. Im Innenhof sind an der Zisterne die 22 Wappen des ehemaligen Domkapitels abgebildet. Das „Neue Rathaus" mit Freitreppe, von 1488 bis 1499 erbaut, bildet das Wahrzeichen Ochsenfurts.

Durch seine Taten im Bauernkrieg wurde Florian Geyer berühmt-berüchtigt. Seine Stammburg stand in **Giebelstadt.** Von der Ruine ist fast alles verschwunden, es blieben ein Mauerrest und ein Turmsockel.
1312 wurde erstmals ein Gier von Gibelstat urkundlich genannt. Die Geyer waren der Überlieferung nach Lehensleute des Stiftes Neumünster von Würzburg. 1382 ließ sich Konrad Geyer, Ritter zu Giebelstadt und Amtsmann zu Frickenhausen, von Burggraf Friedrich in Nürnberg mit der Burg belehnen. 1441 wurde sie erstmals zerstört. Im Bauernkrieg stellte sich Florian Geyer auf die Seite der Bauern. Bei Rimpar fand er 1525 seine Ende. 1685 wurden die Geyer in den Grafenstand erhoben. Zu Anfang des 18. Jahrhunderts starben sie aus. Wann die Burg endgültig zerstört wurde, ist nicht bekannt.
Ebenfalls aus Giebelstadt stammt das Geschlecht der Zobel von Giebelstadt. Mitten im Dorf liegt deren Wasserschloß. Es ist eine rechteckige, aus vier Flügelbauten gebildete Anlage mit runden gedeckten Ecktürmen. Der breite, tiefe Graben wurde trocken gelegt. Der Torbau trägt das Doppelwappen der Zobel und Bibra. Das bewohnte Gebäude kann nicht besichtigt werden.

WALDSASSENGAU

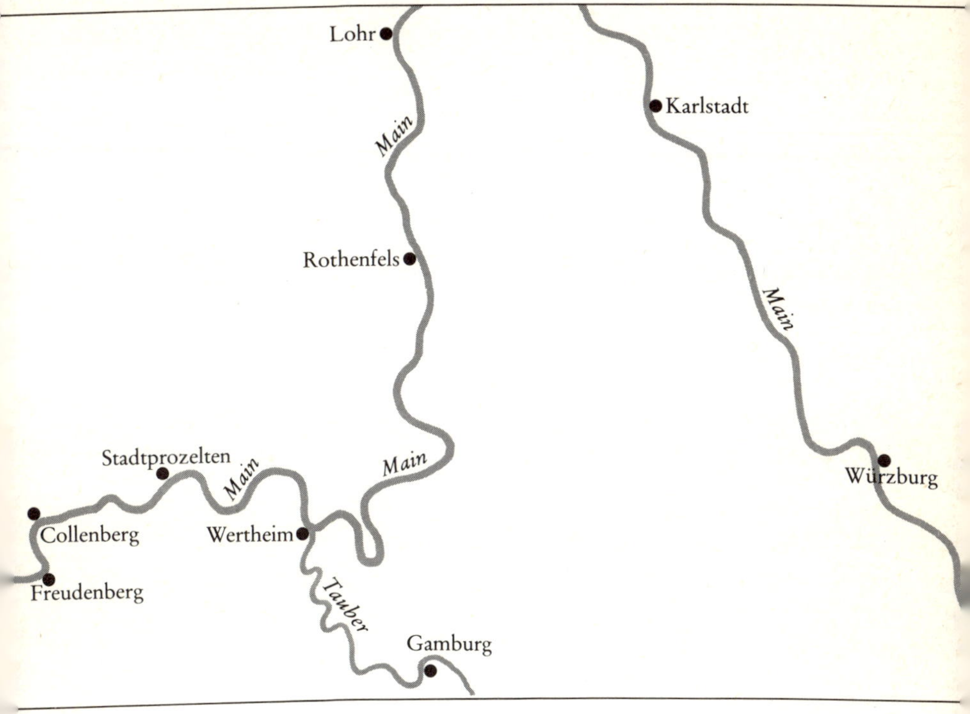

Würzburg – seit Jahrhunderten eine fränkische Hauptstadt – ein Ort, von dem aus das Land fränkisch wurde. Menschlichkeit wurde als erstrebenswert der wilden Zeit der Völkerwanderung entgegengesetzt. Reichtum und Macht sammelte sich hier an, Recht wurde über Untertanen gesprochen, Widerstand mußte sich entwickeln und mußte gebrochen werden, Feinde von innen und außen – wie oft standen die Bürger im Streit mit ihrem „Fronherrn"! – wurden nicht nur angelockt zum Rauben, sondern Würzburg mußte es oft über sich ergehen lassen, zerstört zu werden. Mit Würzburg beginnt die ostfränkische Geschichte, doch mußte Würzburg immer wieder sein Ende erleben, aber immer wieder erhob sich Würzburg zu neuem Anfang. Vieltürmiges Würzburg, Zeichen der Herrschaft, Wehrtürme fielen, Kirchtürme blieben, weltliche Gewalt wurde den Bischöfen genommen, der Dom wurde ihre „Residenz", die weltlichen Regierungsgeschäfte, die sie Hunderte von Jahren leiteten, finden nicht mehr statt – weder auf der Burg noch in der Neuen Residenz – Museen wurden beide. Nur als Bildzeugen der Geschichte werden sie aufgesucht.

Solange die Marienburg den Fürstbischöfen Verteidigungsmöglichkeiten bot, bürgte sie für Sicherheit. Als Repräsentationswille das Herrschen überwog, zogen sie in die Residenz, in die Stadt, die zu ihrer Festung wurde. Während die Stadt den einengenden Festungsgürtel in der letzten und fast vollständigen Zerstörung verlor, retteten Wiederaufbau Burg und Residenz. Die Festung Marienberg so zu schaffen, wie sie heute steht, brauchte es vier Zeitalter. Jedes trug zur Gestaltung das bei, was als Notwendigkeit oder Wunsch des Herrn vom Marienberg erkannt worden war.

Noch zur Zeit der Völkerwanderung soll ein germanisches Heiligtum einer Göttin inmitten der vorgeschichtlichen Ringwallanlage in eine Marienkirche verwandelt worden sein. Wahrscheinlicher ist aber, daß diese Kirche 706 auf diesem Platz, wo bedeutsame Versammlungen abgehalten wurden, errichtet worden ist. Bis in die Stauferzeit gab es keine weiteren Bauten auf dem Marienberg.

Bischof Konrad von Querfurt (1198–1202) wurde als stauferfeindlich von König Philipp bekämpft, und aus diesem Anlaß begann Konrad 1201 eine Burg zu errichten. Der runde Bergfried und Mauerteile stammen aus dieser Zeit. Der Halsgraben nach Westen bot nicht nur Schutz, sondern lieferte beim Aushub auch die Steine für den Burgenbau. Der Torturm wurde später durch den Kiliansturm ersetzt. Der älteste Palas ging im Fürstenbau des Bischofs Hermann von Lobdeburg (1225–1254) auf. Bereits Mitte des 13. Jahrhunderts gewöhnten sich die Bischöfe daran, die Burg auf dem Marienberg als ihre Residenz zu betrachten. Seit 1253, fast ununterbrochen bis 1720, war sie dann Sitz der Fürstbischöfe. 1308 erhielt die Burg als Fronarbeit der Bürger den Randersacker-Turm. In seinen Gewölben wurden der bischöfliche Schatz und die Dokumente aufbewahrt. Auch als Gefängnis mußte er dienen. Ebenfalls in der ersten Zeit des Bestehens wurde der Brunnen neben der Marienkirche gegraben. Unter Bischof Otto von Wolfskeel (1333–1345) wurde die Burg mit einem neuen Mauergürtel umgeben. Verstärkt wurde die in Abschnitte durch Rundtürme geteilte Mauer, durch Bischof Rudolf von Scherenberg (1466–1495). Er hat auch die neue Toranlage errichtet, die seinen Namen trägt. Rudolf baute auch die „Hofstube“, hier versammelte sich die Burgbesatzung zu Mahlzeiten. Seinen Abschluß fand der Burgbau 1480 durch das Alte Zeughaus. Lorenz von Bibra (1495–1519) gestaltete die Burg fürstlicher.

Ohne Schaden blieb die Burg durch die Belagerung des Bauernheeres. Der Sturm wurde von ungefähr 500 Mann Besatzung abgeschlagen. Trotz der Unversehrtheit, mit der die Burg in das 16. Jahrhundert kam, bedeutet dieses Jahrhundert ein Schnitt in die Baugeschichte. Zwei Brände, 1572 und 1600, machten umfangreiche Arbeiten nötig. Julius Echter von Mespelbrunn(1573–1617) gestaltete den Fürstenbau neu. Die Marienkirche erhielt größere Fenster und ihr Inneres wurde stuckiert. Neu gebaut wurde der Kilians- und Ma-

Würzburg, Festung Marienberg, Scherenbergtor mit Kiliansturm

rienturm. Als Vorburg oder Echterbastei wurden neue Befestigungen im Westen der Hauptburg vorgelagert. 1604 waren die Arbeiten weitgehend abgeschlossen. Das Echtertor durch die Bastei trägt die Jahreszahl 1605. Die fürstliche Inneneinrichtung ging verloren, als die Schweden 1631 nach mehrtägigem Kampf die Burg von Norden her eroberten.

Die veränderten Kriegsmethoden erforderten den Ausbau der Burg zu einer Festung mit Bastionen. Johann Philipp von Schönborn (1642–1673) übernahm das von den Schweden angelegte Neutor in den Kranz von sieben Bastionen: nach Osten zur Stadt Bastei St. Johann Baptist und St. Johann Nepomuk, nach Süden St. Nikolaus, nach Westen Belona und Mars, nach Norden Caesar und Werda. Das Tor durch die innere Bastionenmauer, das in den Hof des Neuen Zeughauses führt, trägt Schönborns Name. Der äußere Bastionsgürtel öffnet sich durch das äußere und innere Höchberger Tor. Die Nachfolger Fürstbischofs Schönborn ließen auch die Abhänge des Marienbergs durch Bastionen befestigen: nach Südosten das Werk Höllenschlund, nach Süden der Maschikuliturm, nach Westen Werk Frankenland, Werk Teutschland und das Reichsravelin, nach Norden die Teufelsschanze.

Ihren fürstlichen Charakter verlor Festung Marienberg als der Fürstbischof die Residenz 1720 in die Neue Residenz in der Stadt verlegte. Marienberg wurde Kaserne und Arsenal. Neues Leben zog erst wieder auf dem Marienberg ein, nachdem die Schäden von Bomben und Brand des Zweiten Weltkrieges behoben waren. Die Burg ist durch Führungen zugänglich. Ein Flügel gehört der Burg-Gaststätte. Das Neue Zeughaus und ein Flügel der Echter-Bastei beherbergen heute das Mainfränkische Museum. In erster Linie gehören die Räume der fränkischen Kunst, herausragender Mittelpunkt ist der Riemenschneidersaal. Würzburger Geschichte wird durch das Stadtmodell „Würzburg um 1525" und durch die Ansichten von 1493 bis 1945 illustriert. Bürgerlicher und adliger Alltag werden durch Geräte, Münzen, Kleinkunst, Möbel, Porzellan usw. aus allen Jahrhunderten veranschaulicht, diese Sammlungen gehen weit über den Würzburger Raum nach allen Richtungen Frankens hinaus.

Erste Erwähnung findet die **Karlsburg** in einem Brief 740. Der Burgbau dürfte aber schon früher begonnen haben. Die Burg – oder was zutreffender ist, das Kastell – aus der Zeit Karl Martells ist im Grundriß der heutigen Ruine in seiner ursprünglichen Anlage noch zu erkennen. Mit der Burg war ein königlicher Gutshof verbunden, der denselben Namen, Karlburg, führt. In diesem sogenannten Dorf wohnte die Burgbesatzung. Durch zwei Dokumente ist das Dorf 823 und 889 nachgewiesen. Im Jahr 1000 übertrug Kaiser Otto III. die Gerichtsbarkeit im Waldsassengau dem Bischof von Würzburg, und damit hörte auch die Karlsburg auf, eine königliche Pfalz zu sein. Das Hochstift Würzburg ließ die Karlsburg durch seine Ministerialen verwalten. Im 13. Jahrhundert erfolgte die erste Zerstörung der Karlsburg. Gräfin Adelheid von

Rieneck und ihre Söhne Ludwig und Gerhard befehdeten das Hochstift. Dorf und Burg Karlsburg wurden 1236 durch Brand verwüstet. Aus der Zeit des Wiederaufbaus stammt die Mauer mit den fünf spitzbogigen Fenstern an der Mainfront, sie gehörte wahrscheinlich zu einem Festsaal. Im 15. Jahrhundert befand sich die Karlsburg im Besitz des Würzburger Domkapitels, das mit seinem Bischof Johann von Brunn im Streit lag. Mehrere Gefechte um die Karlsburg wurden geschlagen, erst mit dem Tod Johanns 1440 beruhigte sich die Lage. Bischof Rudolf von Scherenberg löste die Karlsburg für 41 950 Gulden vom Domkapitel wieder ein. Während der Regierung von Fürstbischof Konrad von Thüngen (1519–1540) fand der Bauernkrieg statt. Ende Mai 1525 wurde die Karlsburg von Bauern aus Karlstadt und der Umgebung durch Brand völlig zerstört. Der Bergfried wurde 1851 abgebrochen.

Die Lage von **Karlstadt** rechts des Maines bedeutet, daß Karlstadt zum Gozfeld gehört, aber die Karlsburg zum Waldsassengau. Genauso wie der Marienberg einschließlich Würzburg zum Waldsassengau zählen, wird auch mit Karlstadt verfahren. Auch in allen alten Urkunden wird bei Aufzählung von Orten des Gozfeldes Karlstadt nicht erwähnt.

Urkundliche Nachweise über das Bestehen von Karlstadt können vor dem Jahr 1225 nicht erbracht werden. Von 1262 an wird Karlstadt als Stadt bezeichnet. Wann die Verleihung der Rechte erfolgte, ist nicht bekannt. Das 14. Jahrhundert brachte Karlstadt häufige Verpfändungen. Die Pfandnehmer waren meist die Grafen von Rieneck. Ende des 14. Jahrhunderts, während der Streitigkeiten des Bischofs mit dem Domkapitel, wandte sich Karlstadt mit zehn anderen Städten an Kaiser Wenzel um Hilfe. Am 13. Oktober 1397 erhielt Karlstadt die Rechte einer Freien Reichsstadt. Beim Aussöhnen von Bischof und Domkapitel nahm Kaiser Wenzel die Rechte zurück, und Karlstadt war wieder Untertan des Bischofs. Als besondere Gnade des Bischofs muß das von ihm 1400 erteilte Münzrecht angesehen werden. Mit der Wahl des Bischofs Johann von Brunn 1411 begann wieder die Periode der Verpfändungen. Der Dreißigjährige Krieg mit dauernden Einquartierungen und Durchmärschen erpresste die Bürger bis zur äußersten Armut.

Während hinter der allein stehengebliebenen Mauerfront der Ruine Karlsburg, die zum Main herunterschaut, sich kein Gebäuderest mehr zeigt, ist die Stadt Karlstadt zum großen Teil hinter Mauern verborgen. Als die Mauer noch vollständig war, verteidigten 24 Türme die Stadt. Durch zwei Tore und die Mainpforte konnte die Stadt betreten werden. Das Untere Tor ist bis auf wenige Reste kaum noch zu erkennen. Das obere Tor ist in Vorwerk, Haupttor und Torturm gegliedert. Die Verbindungsmauern vom Vorwerk zum Haupttor fehlen, und vom Vorwerk blieb auch nur ein Torhaus mit einfacher Durchfahrt. Das Haupttor mit zwei Durchfahrten steht im Zusammenhang mit dem Torturm. Die Mainpforte ist durch einen runden Turm geschützt. Zwischen ihm und dem runden, dicken Turm an der Südwestecke der Stadtmauer ist noch ein Turmsockel zu erkennen. Die Mauer entlang des Mainufers ist vollständig erhalten, während sonst Mauerreste entweder ganz fehlen oder durch Häuser verbaut wurden. Drei Schalentürme, die nicht mehr im Zusammenhang mit der Mauer stehen, begegnen auf dem Weg entlang der ehemaligen Befestigung. Erst die Nordwestecke ist wieder durch einen viereckigen Turm gesichert.

Lohr wird zum erstenmal 786 in einer Urkunde, die bei der Gründung des Benediktinerklosters Neustadt a.M. aufgezeichnet wurde, erwähnt. Der Spessart, zu dem Lohr zu rechnen ist, wurde im Mittelalter auf verschiedene Gaue aufgeteilt und galt, da es keinen Spessartgaugrafen gab, als Reichsgebiet, das vom Grafen von Rieneck als Lehen verwaltet wurde.

Auf dem niederen Bergvorsprung zwischen Main, Lohrbach und Kaibach erhob sich zur Zeit der Stadtgründung eine Burg. Am 29. Juli 1333 erhielt Lohr von Kaiser Ludwig dem Bayern die Stadtrechte, gleichzeitig ging die Stadt in das Eigentum der Grafen von Rieneck über. Bereits 1389 werden Stadtmauer und Stadtgraben genannt. Von dieser Befestigung blieb allein der Stadtturm aus dem Jahr 1330 übrig. Lohr, das im Bauernkrieg auf Seiten der Bauern stand, verlor zur Strafe seiner Teilnahme für einige Jahre die Stadtrechte. Stadt und Burg gehörten bis zum Tod von Graf Philipp von Rieneck

Lohr, ehem. Kurmainzisches Schloß

am 3. September 1559 zu den Besitzungen der Grafen von Rieneck. Danach fiel die Stadt an den Kurfürsten von Mainz, der Lohr zum Oberamt machte und einen Rieneckschen Wohnturm zum Schloß umbaute. Auf dem Gelände der Burg wurde zur Zeit der Gegenreformation um 1650 ein Kapuzinerkloster angelegt.

Im kurmainzischen Schloß, das noch in die Rienecksche Zeit zurückgeht, residierten die kurmainzischen Oberamtmänner bis 1800. In ihm ist das Heimat- und Spessartmuseum untergebracht.

Unter dem Schutzvogt der Abtei Neustadt a.M., Marquard II. von Grumbach, wurde 1148 die Burg **Rothenfels** erbaut. Da der Bauplatz Eigentum des Klosters war, entstand ein Streit zwischen Abt Richard und seinem Vogt. Auf Wunsch Kaiser Konrad III. wurde der Streit 1150 beigelegt. 1168 wird Marquard II. noch einmal genannt. Sein Sohn Albrecht starb auf dem Kreuzzug. 1208 wird Marquard III. als Schutzvogt genannt, diesem folgte ein Heinrich. Mit Albrecht II. starb 1243 das Geschlecht der Herren von Grumbach aus. Die Tochter Albrechts, Adelheid, war mit Ludwig III. von Rieneck verheiratet. Ludwig IV. von Rieneck nannte sich Herr von Rothenfels, er starb 1294. Bei Aussterben der Linie Rieneck-Rothenfels verkaufte die Erbtochter ihre Ansprüche an Ludwig von Bayern. Da das Einzugsrecht beim Hochstift Würzburg lag, verständigte sich Bischof Otto II. von Wolfskeel mit dem Kaiser 1342 so, daß das Hochstift ein Drittel und Bayern zwei Drittel zustanden. In diesem Jahr begann die Zeit der Verpfändungen. Seit Mitte des 14. Jahrhunderts nannte sich das Hochstift Herr von Rothenfels. Von 1474 bis 1803 blieb Rothenfels Amtssitz des Hochstifts. Im Bauernkrieg wurde die Burg am 1. Juli 1525 niedergebrannt. Die bis 1540 wieder errichtete Burg brannte erneut, als die Schweden 1631 von Würzburg den Main entlang nach Mainz zogen. 1919 ging Rothenfels durch Kauf an die Quickbornbewegung über.

Aus der Vorburg führt eine steinerne Brücke über den Halsgraben in den Torbau, der in ursprünglicher Gestalt erhalten ist. Die Wirtschaftsgebäude der Vorburg stammen aus dem 16.–17. Jahrhundert. An das zweigeschossige Torhaus der Hauptburg schließen die Wohnbauten des Torwächters an. Die Ringmauer ist nicht mehr in voller Höhe erhalten. Der Bergfried mit neun Meter Seitenlänge und einer Mauerstärke von 2,15 Meter stammen aus dem Mittelalter, ebenso die Teile des an der Ostseite der Burg stehenden Palas.

Die Geschichte **Wertheims** beginnt nicht erst mit dem Bau der Burg in der ersten Hälfte des 12. Jahrhunderts, sondern schon zu Ende des 8. Jahrhunderts wird Wertheim in Urkunden des Klosters Fulda genannt. Allerdings ist zu dieser Zeit nicht das Wertheim auf der Landzunge zwischen Main und Tauber gemeint, sondern das heutige Kreuzwertheim. 1009 erhielt dieser Ort von Kaiser Heinrich II. das Marktrecht.

Die Entwicklung Wertheims ist eng mit der Geschichte der Burg verknüpft. Wolfram I. (1097–1140) soll der erste Graf von Wertheim gewesen sein. Er soll aus dem Geschlecht der Grafen von Schweinsberg stammen. Unter ihm wurde der Bau der Burganlage begonnen. Zu seiner Zeit wurde der 25 m hohe Bergfried auf dem Felssockel errichtet. Geschützt wurde der Turm durch eine 1,5 m dicke Ringmauer und einen tiefen Graben zur Bergseite hin. Der Turm hat unten eine Stärke von 2,5 m und in der Mitte von 2 m. Wolfram II. (1142–1158) wandte sein Interesse vor allem dem Zisterzienserkloster Bronnbach zu. Er nahm auch am Kreuzzug Konrad III. teil. Erweitert wurde die Burg unter Poppo I. (1163–1170) und Poppo II. (1183–1238). Poppo I. gehörte zur Partei der Staufer-Kaiser und beteiligte sich an deren Kriegszügen und am Kreuzzug von 1183. Die Burgbauten, die er in Holz errichten ließ, wurden unter Poppo II. mit einer neuen Mauer umgeben. Außerdem legte er die Verbindungsmauern von der Burg zur Stadt ins Tal an. Der Palas, als erstes Steinhaus auf der Burg, geht auf seine Bautätigkeit zurück.

Unter der Herrschaft Graf Rudolf IV. erhielt Wertheim zunächst 1306 die Stadtrechte nach dem Vorbild Frankfurts und 1333 von Kaiser Ludwig dem Bayern die Gelnhausens. Gleichzeitig wurden nicht nur die Burg, sondern auch die Stadt völlig ummauert und befestigt. Der Palas der Burg wurde umgebaut. Graf Eberhard, Sohn Rudolfs, trug 1362 Burg und Stadt dem Königreich Böhmen zum Lehen auf und erhielt es von König Karl IV. als Lehen zurück. Außerdem bekam er das Münzrecht. Graf Johann I. ließ auf der gegenüber der Schlucht liegenden Seite eine Zitadelle anlegen, da Belagerung und Beschießung durch Kanonen mit stärkerer Feuerkraft immer schwieriger abzuwehren waren. Johann II. sicherte die Schlucht durch den sogenannten Zehnringturm.

Mit Johann III. starb die ältere Linie der Grafen von Wertheim aus. Zunächst fiel die Grafschaft an die verwandte Breuberger Linie. Graf Georg II. (1525–1530) führte die Reformation ein. Sein Sohn Richard III. starb mit 27 Jahren 1550 und hinterließ nur eine Tochter, die wenige Tage nach ihrem Vater starb. Der Schwiegervater Graf Ludwig von Stollberg ließ sich vom Kaiser belehnen. Er baute die Burg zum Schloß um. Als er 1574 ohne Sohn starb, gerieten Graf Philipp II. von Eberstein, Graf Dietrich VI. von Manderscheid und Graf Ludwig II. von Löwenstein, die Ehemänner der Töchter Graf Ludwigs von Stollberg, in Erbstreitigkeiten. Graf Ludwig II. von Löwenstein erwarb 1598 die Herrschaft als Alleinherrscher. Da er 1611 starb, erlebte er die Zerstörung der Burg im Dreißigjährigen Krieg nicht mehr.

Als Burg und Stadtbefestigung noch eine Einheit bildeten, zogen sich die Mauern von der Burg hangabwärts und sicherten die Stadt mit vielen Türmen. Davon blieben nur der Spitze Turm und das Kittsteintor mit Turm erhalten. Die Ruine zeigt trotz der weitgehenden Zerstörung, wie sich Wohn- und Verteidigungsbauten an den Bergfried anschlossen. In der Oberen Burg lassen

Wertheim, Kupferstich von Matthäus Merian um 1600

sich von den Gebäuderesten Palas, Kapelle und Wohnung des Burgkaplans bestimmen. Die Bauten der Unteren Burg sind nach den jeweiligen Erbauern benannt, z.B. Löwenstein-Haus. Die Burgerweiterungen machten immer wieder neue Ringmauern nötig, so daß bis zur äußeren Burgbegrenzung vier Mauern zu zählen sind. Ruine Wertheim gehört zu den größten Anlagen Deutschlands.

Der Unterlauf der Tauber bis Hochhausen zählt zum Waldsassengau. Auf dem Weg dorthin liegt außer dem Kloster **Bronnbach** die Burg **Gamburg.** Zur Besichtigung ist sie nicht freigegeben, da in ihr ein Landschulheim untergebracht ist.

Mainabwärts ist zwischen Berg und Fluß **Stadtprozelten** hingequetscht. Über dem Ort liegt die Ruine der **Henneberg.** Als Stadt erscheint der Ort 1292 in Urkunden. Bereits früher wird er aber 1127 als Bratselde oder Brotselten genannt. 1355 wurde Prozelten befestigt und das Gelnhauser Recht durch Karl IV. verliehen. Diese Rechte gingen im Bauernkrieg wieder verloren. Die Burg stammt der Sage nach aus der Zeit Heinrich I. Er soll der Burg den Namen Engelstatt gegeben haben. Wahrscheinlicher ist, daß der Name Laufenburg war. Die Eigentümer wechselten oft, mal waren es die Schenken von Klingenberg, mal die Grafen von Wertheim. Elisabeth von Klingenberg, die Erbin der Burg, schenkte 1319 alle ihre Besitzungen, darunter Prozelten, dem Deutschen Orden. Von 1320–1483 brachte der Orden den größten Teil des Ortes und der Burg in seinen Besitz. 1483 vertauschte der Deutschordenskomtur Graf Henneberg Prozelten gegen Neckarsulm an den Erzbischof von Mainz. Prozelten wurde Sitz eines Mainzer Amtmannes. Bei Mainz blieb Prozelten bis 1814, als es an den bayerischen Staat fiel.
Wann die Burg zur Ruine wurde und wer sie zerstörte, ist nicht klar. Seit 1704 wird sie aber als Ruine bezeichnet. Trotzdem sind die einzelnen Bauten noch gut zu bestimmen, zumal für den Erhalt einiges getan wird. Gesichert war die Burg durch Hals- und Ringgraben. Die Schildmauer mit dem dahinterstehenden großen Bergfried deckte die Bergseite. Der Eingang führt durch ein Torbau mit zwei Türmen. Mit mehreren Türmen bewehrt ist die Umfassungsmauer. Der östliche Palas war für die Wohnungen der Burgbesatzung vorgesehen. Der westliche Palas gilt als Wirtschaftsgebäude. Dieser Bau liegt zwischen dem großen und kleinen Bergfried. Beide Türme sind gleich hoch, ungefähr 25 m. Die Grundfläche des kleinen ist mit rund 36 qm fast ein Drittel des großen mit 100 qm. Von der Burg ziehen noch Reste der alten Stadtmauer hangabwärts. Von den ehemals vier Stadttoren und sonstigen Befestigungen ist nichts mehr erhalten.

Freudenbergs erste Urkunde, in der es erwähnt wird, datiert um 1000. Als Lehen war Freudenberg vom Bischof von Würzburg dem Grafen von Wertheim übertragen. Unter diesen Grafen kam auch Freudenberg zur Blüte. Während der Regierungszeit unter Bischof Heinrich III. wurde Freudenberg 1190 befestigt und die Burg gebaut. 1295 war der Ort sogar an der Mainseite mit Mauern versehen. 1333 erhielt Freudenberg von Kaiser Ludwig dem Bayern die Stadtrechte. Im 2. Markgräflerkrieg wurde die Burg von Markgraf Albrecht Alcibiades zerstört. Während von der Stadtbefestigung nichts erhalten geblieben ist, stehen auf dem Burggelände Reste der Umfassungsmauer, von verschiedenen Gebäuden und der Bergfried, der aber nicht zu besteigen ist.

GOZFELD

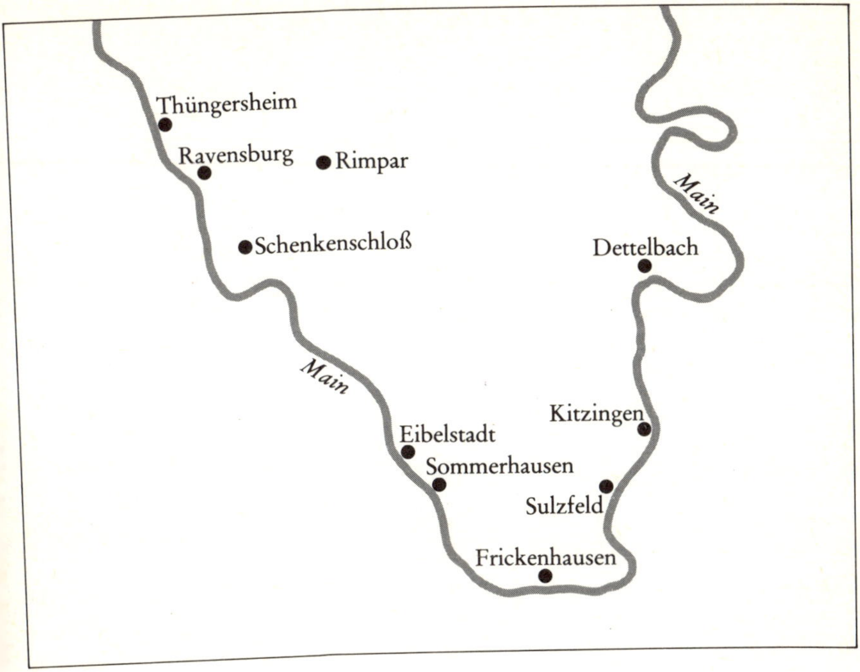

Wie sonst kaum läßt sich beim Gozfeld, auch Goßfeld genannt, festlegen, wo sich seine Grenzen befanden. Das Maindreieck deckt sich ziemlich genau mit seiner Fläche.

Mit der Gründung des Klosters Würzburg 742 wird auch **Dettelbach** erwähnt. Um 750 wird aber der königliche Maierhof Tetilbach dem neugegründeten Benediktinerinnenkloster Kitzingen als Stiftungsgut überwiesen. Der Verlust mehrerer Orte wurde von Kaiser Heinrich III. 1040 rückgängig gemacht, als er Kitzingen, Tetilbach und Iphofen wieder dem Kloster zurückgab. 1384 verkaufte Endres Truchseß seinen Besitz an Bischof Gerhard von Würzburg. 1475 ging ein Teil des Klosterbesitzes an das Kloster St. Stephan in Würzburg über. Seit 1435 wurde mit der Ummauerung der Stadt begonnen. Die Burg lag auf der Höhe, wo jetzt die Kirche steht, aber um 1466 wurde die Burg als baufällig bezeichnet und um 1489 mit dem Kirchbau begonnen. 1484 wurde Dettelbach zur Stadt erhoben. Befestigt war die Stadt mit 52 Türmen und fünf Toren. Außerdem hatten die Stadtrechte bewirkt, daß Dettelbach drei Jahrmärkte und einen Wochenmarkt abhalten durfte.

Beinahe 30 Türme sind entlang der Stadtmauer, die nur durch einige Durchbrüche ihre Vollständigkeit verlor, zu zählen. Es sind nur Rundtürme, die, zum Teil renoviert, mit Dach versehen und bewohnt sind, manche sind baufällig und hier und da ist auf den Turmsockel ein Häuschen gesetzt. Schießscharten in der Mauer sind selten vermauert, und auf einigen Strecken sind sogar innere wie äußere Mauer erhalten geblieben. Zwischen den beiden noch stehenden Toren – Brückertor und Faltertor – steht ein hoher Rundturm, der Männerturm. Das Brückertor zeigt noch den hölzernen Anbau mit der Treppe, von der man in das Tor und damit auf den Wehrgang gelangte. Das Faltertor steht mit einem hohen Rundturm in Verbindung. Hier ist das Kolping- und Handwerksmuseum untergebracht, mehr Heimat- als Geschichtsmuseum.

Kitzingen hat seine mittelalterliche und vermutlich fortschritthemmende Befestigung bis auf wenige Reste abgerissen. Die älteste innere Wehr bezeugt nur noch der Marktturm mit der Prangertür. Die äußere Wehr besaß einst 28 Türme und sechs Tore. Doch geblieben ist nur der Falterturm, der seine Geschichtlichkeit an die Volkskunde abgab, denn in ihm ist das Deutsche Fasnachtsmuseum untergebracht. Mehr auf die Geschichte geht das Städtische Museum ein, denn es zeigt Dokumente zur Stadtentwicklung, zu Handwerk, Zunft, Gewerbe und Kunst. Berücksichtigt wird auch Vor- und Frühgeschichte.

Die Stadt mit der „schiefen Turmspitze" findet ihren Ursprung in der Gründung eines Frauenklosters 745. Um sich vor den Ungarneinfällen zu schützen, wurde das Kloster schon im 9. und 10. Jahrhundert mit Wällen, Palisaden und Gräben versehen. Bald nach der Klostergründung entstand am Ende der Mainbrücke eine Burg, in der der Schutzvogt des Klosters wohnte. Die Namen der Vögte sind für die älteste Zeit in ihrer Reihenfolge nicht bekannt, aber es werden die Herren von Teck, Endsee, Giech und Grumbach genannt. 1007 wurde das Kloster dem Bistum Bamberg übergeben, dadurch verlor es seine Reichsunmittelbarkeit. Wahrscheinlich ist Kitzingen schon um die Jahrtausendwende zur Stadt erhoben worden. Unter Kaiser Lothar erhielt Gottfried von Hohenlohe die Schutzvogtei über das Kloster und dazu einen Teil der Stadt als Lehen. Um 1300 waren die Hohenlohe völlig im Besitz von Kitzingen. 1336 verkauften sie ein Drittel der Stadt und die Burg an den Bischof von Würzburg, Otto von Wolfskehl. Ein weiterer Teil kam an den Bischof durch Tausch gegen Möckmühl an der Jagst. 1381 überließ Gerhard von Hohenlohe das letzte Drittel dem Hochstift von Würzburg. 1399 mußte der Bischof Kitzingen zu zwei Drittel als Pfand dem Burggrafen von Nürnberg überlassen. 1406 war aber das Hochstift von Würzburg wieder im vollen Besitz von Kitzingen. Die Burggrafen versuchten über Kaiser Wenzel mit Kitzingen belehnt zu werden, aber durch ein Schiedsgericht wurde Würzburg in seinem Besitz bestätigt.

1442 wurde Kitzingen erneut an den Burggrafen bzw. Markgrafen Albrecht Achilles verpfändet. 1629 wurde nach dreijährigen schwierigen Verhandlungen Kitzingen von Würzburg wieder ausgelöst. Nach schwedischer, weimarischer und brandenburgischer Zwischenregierung blieb Kitzingen seit 1634 endgültig bei Würzburg, bis das Fürstentum Würzburg 1803 aufgelöst wurde.

Um 915 wird Sulzifeld bereits erwähnt. Durch alle Jahrhunderte bis zur Säkularisation blieb **Sulzfeld** im Besitz des Bischofs von Würzburg. Am 8. August 1266 fand bei Sulzfeld die Cyriakus-Schlacht zwischen dem Domkapitel von Würzburg und den Grafen von Henneberg und von Castell wegen der Bischofsstuhlbesetzung statt. 1461 wurde Sulzfeld von Markgraf Albrecht Alcibiades von Ansbach belagert. Im Dreißigjährigen Krieg blieb es weder vor den Plünderungen der Schweden noch denen des kaiserlichen Heeres verschont.

Sulzfelds Stadtmauer, die nur durch wenige Durchbrüche litt, hat alle ihre 18 Türme und drei Tore bewahren können. Viele der Türme und Türmchen sind wohl baufällig, vor allem weil ihnen das Dach fehlt, aber eine große Zahl ist renoviert und teilweise sogar bewohnt. Mit Namen benannt sind der Nachtwächtersturm, der Hohe oder Höhnes Turm, der auch Schau-ins-Land heißt. Der „Russenturm" ist ein Turm mit einem vieleckigen Dach. Überhaupt ist ein Wechsel von Rundtürmen zu eckigen und verschiendenen Dachformen zu beobachten. Oft sind es auch Zinnentürmchen. Einen Turm ziert gar ein Dach, auf dessen unteren kegelartigen Teil ein zweiter Kegel gesetzt wurde. Das Haupttor an der Mainseite, das in die Stadt führt, ist das Obere Maintor. Unweit davon steht das Friesentor. Das Erlacher Tor, das zu dem im Westen von Sulzfeld gelegenen Ort führt, heißt auch Faltertor.

Der Name **Frickenhausen** läßt sich vielleicht, wie seine Überlieferung ihn Friggahuson nennt, auf einen germanischen Kultort zu Ehren der Göttin zurückführen. Wahrscheinlicher ist, daß der Ort Sitz eines Fricko oder einer Frichin war.

Urkundlich ist Frickenhausen seit 819 bekannt. Eine Urkunde von Ernst, Kanzler des Königs Ludwig dem Kind, am 9. August 903 ausgestellt, sagt aus, daß sich Frickenhausen im Besitz der Babenberger befindet. Als die Babenberger ihre Herrschaft im Streit mit dem König verloren und ihr Besitz verteilt wurde, erhielt der Bischof von Würzburg Frickenhausen. 1286 wurde der Ort vom Bischof Berthold an das Stift Haug zu Würzburg übergeben, das ihn bis 1406 behielt. Dann ging Frickenhausen in den Besitz des Domkapitels über, bei dem es bis zur Säkularisation 1806 blieb. Die Geschichte Frickenhausens ist von Anfang an mit dem Weinbau verbunden. So verfügte der 1207 erwähnte Bischof Otto von Lobdeburg testamentarisch, daß nach seinem Tod sein rechter Arm und ein Fuder Frickenhäuser Wein nach Anhausen, der Begräbnisstätte seines Geschlechts, geschickt werde. 1405 sandte Bischof Johann I. ein Faß 1372er Frickenhäuser Wein seinem Vetter, Bischof Anselm von Paderborn.

Nicht dieselbe Sorgfalt, die der Wein erhielt, wurde der Stadtmauer zuteil. Nur einer der sieben Rundtürme ist vollständig erhalten, die anderen sind oft bis auf Mauerhöhe abgebrochen oder das Dach fehlt ihnen. Auch die Mauer mußte viele Durchbrüche erleiden, und die Häuser wurden auf die Mauer gesetzt. Besser ist es um die vier Tore bestellt. Das Ochsenfurter Tor besteht aus vier Geschossen und hat einen dreigeschossigen Giebel. In der 2. Hälfte des 16. Jahrhunderts wurde es umgebaut. Über einen äußeren Treppenauf-

Frickenhausen, Stadtmauer mit Ochsenfurter Tor

gang ist der Zugang zum 2. Geschoß zu erreichen. Das Obere Tor ist ein zweigeschossiger, rechteckiger Turm. Die Durchfahrt ist rundbogig. Eine Holztreppe führt zum Obergeschoß, das als Fachwerkbau ausgeführt ist. Das Marktbreiter Tor ist ein hoher dreigeschossiger Turm mit Satteldach. Die Durchfahrt ist spitzbogig. Im 15. Jahrhundert gebaut, ist der Turm im 16. Jahrhundert umgebaut worden. An der Mainseite liegt das Wassertor. Es ist ein rechteckiger, dreigeschossiger Torturm mit Treppengiebel. Die Durchfahrt ist rundbogig. Eine Steinplatte zeigt die Inschrift mit dem Erbauungsjahr 1477.

Sommerhausen kam 1411 aus dem hohenlohischen Besitz an die Grafen von Castell und die Schenken von Limpurg. Diese kauften 1435 auch den Teil der

Grafen von Castell. Als 1705 der letzte Schenk von Limpurg starb, erbten die holländischen Grafen von Rechteren. Das Schloß der Rechteren-Limpurg stammt in seinem ältesten Teil aus dem 15. Jahrhundert. Der Hauptbau wurde 1569 errichtet.

Die Besonderheit der Sommerhauser Stadtmauer mit ihren Türmen ist, daß viele von Künstlern bewohnt sind. Das Torturmtheater, das sich im Würzburger Tor befindet, lockte Maler, Musiker und Schauspieler nach Sommerhausen. Großen Mauerdurchbrüchen folgen renovierte Stellen, eine Außenmauer wurde mit Bauerngerätschaften verziert. Von elf zu zählenden Türmen sind nur zwei ruinös, alle anderen tragen zum Teil Namen und sind renoviert, wenn nicht gar bewohnt. Der Rote Turm, Bürgerturm genannt, war Gefängnis für die vom Rat verhängten Strafen. Der Flurersturm wurde lange Zeit vom Maler Carl Grossberg bewohnt. Der Blaue Turm hatte ein unterirdisches Verließ. Der Rumorknechtsturm diente dem Rumorknecht zur Wohnung, er hatte für Ruhe und Ordnung zu sorgen. Der Kalkturm ist größtenteils abgebrochen. Das erwähnte Würzburger Tor wurde von Luigi Malipiero zum Theater umgebaut. Der Zuschauerraum hat 52 Plätze. Das Ochsenfurter Tor gilt als Wahrzeichen von Sommerhausen. Das Maintor hat einen Turmaufsatz. Hier wurde der Zoll für die Waren erhoben, die mit dem Schiff zum Ort gebracht wurden.

Eine Urkunde aus dem Jahre 788 nennt einen Ort Botolfestadt, aller Wahrscheinlichkeit nach war dies der Name von **Eibelstadt,** als es von Manto und Megingoz dem Stift Fulda geschenkt wurde. Manto und Megingoz waren Söhne des Grafen Rudolf im Badenachgau. 1434 bekam Eibelstadt von Kaiser Sigismund die Stadtrechte verliehen. Über 143 Jahre wurde an der Stadtbefestigung gebaut. Zwischen Würzburger Tor und Maintor standen sechs weitere Türme. Das Maintor war nur ein Durchgang ohne Turm. Zwischen Maintor und Sommerhäuser Tor, ein viereckiger Turm, der ursprünglich höher war, standen drei Türme. Vom Oberen Tor bis zum Lindelbacher- oder Faltertor standen nur zwei Türme. Der Eckturm an der nordöstlichen Stadtmauer, der Bürgerturm, ist ein dreistöckiger Rundturm. 1575 wurden die Bauarbeiten beendet. Außer dem Bürgerturm sind nur wenige Türme mit Namen benannt. Der Henkersturm ist ein hoher Rundturm mit Pechnase. Der Kereturm ist ein mehrgeschossiger Rundturm, er gilt als Wahrzeichen der Stadt.

Wann Eibelstadt zum Teil an die Dompropstei und zum Teil an das Domkapitel von Würzburg kam, ist nicht geklärt. Im 13. und 14. Jahrhundert hatte auch der Burggraf von Rothenburg Besitzungen in Eibelstadt. Später, zumindest seit 1489, übten die Herren von Pappenheim die Rothenburger Vogteirechte aus. Von den Pappenheimern wurde 1596 ihr Besitz an das Domkapitel verkauft. Der Dreißigjährige Krieg brachte Einquartierungen und Brandschatzungen.

In der Nähe von Würzburg liegen zwei Ruinen, die schwer zugänglich sind. Schloß **Schenkenburg** ist in der Nähe des Flugplatzes, aber Stacheldraht und steile Hänge verwehren den Zutritt. Zwischen Veitshöchheim und Thüngersheim liegt die Ruine **Ravensburg.** Vom Turm ist ein geringer Rest und die Zisterne erhalten.

Thüngersheim ist die nördlichste Stadt im Gozfeld. Die Bürger von Thüngersheim haben ihre Stadtmauer, die fast durchgehend erhalten ist, kaum zu ihrer Verteidigung gesehen, sondern indem sie ihre Häuser an die Mauer anbauten, sparten sie die Errichtung einer vierten Hauswand. Drei Stadttore sind noch teilweise erhalten.

Als einziger Ort, der innerhalb des Gozfeldes liegt, ist **Rimpar** an der Nordgrenze des Gaues aufzusuchen. Im Jahr 1525 wird Ludwig Graf von Rieneck vom Hochstift Mainz mit Rimpar belehnt. Drei Jahre später fällt der Besitz an die Herren von Wolfskehl, welche den Namen Grumbach annehmen. Die späteren Grumbacher waren unruhige, streitsüchtige Herren und schlechte Wirtschafter. Besonders berüchtigt war Wilhelm von Grumbach, der zusammen mit dem Markgrafen Albrecht Alcibiades gegen die verbündeten Bischöfe von Würzburg und Bamberg und die Reichsstadt Nürnberg von 1544 bis 1567 einen Krieg führte. In erster Linie richteten sich die Kämpfe gegen den Würzburger Bischof Zobel von Giebelstadt, der 1558 auf Anstiften des Grumbachers ermordet wurde. Aus diesem Anlaß wurde die Burg von Rimpar zerstört. 1566 wurde Wilhelm von Grumbach vom Kaiser geächtet und in Gotha hingerichtet. 1593 erwarb Julius I. Echter von Mespelbrunn den größten Teil der Grumbacher Besitzungen. Die Burg ließ er wieder errichten, sie wurde sein Sommersitz. Heute ist sie teilweise bewohnt und Forstamt.

Außer dem mächtigen Rundturm, dem Bergfried, mit einer Holzgalerie unter dem Kegeldach befinden sich an der Burg noch acht verschiedene Ecktürme, von denen einige im Innern Wendeltreppen enthalten. Der Torbau wird von zwei runden Türmen flankiert.

Das Gozfeld erweist sich als stadtmauerreicher und burgenarmer Gau. Das Landesinnere war vermutlich kaum besiedelt, und die Flußufer boten von ganz wenigen Stellen abgesehen, keine Höhen für Burgbauten.

WERNGAU

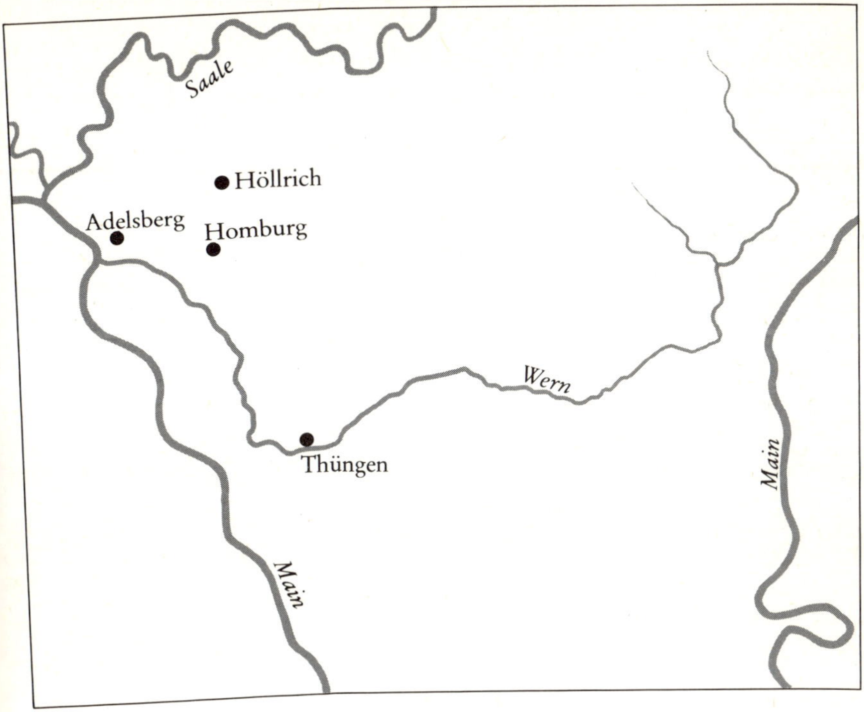

Der Werngau ist ein schmaler Flußgau, dessen Gebiet sich entlang der Wern erstreckt.

In **Thüngen** schaut das riesige Schloß der Freiherren von Thüngen auf die Wern herunter. Von den Nachkommen des uradeligen Geschlechtes ist es bewohnt und kann nicht besichtigt werden.

Eine der größten Burgruinen des Werngaues liegt über Gössenheim, die **Homburg**. Am Anfang des 11. Jahrhunderts wurde die Burg von den Brüdern Adolf und Reinhard von Hohenberg errichtet, 1028–31 vollendet. Bis 1381 blieb sie im Besitz der männlichen Nachkommen des Reinhard von Hohenberg. Der letzte Dietrich von Hohenberg hinterließ seiner Tochter, die mit Konrad von Bickenbach verheiratet war, schon seit 1357 die Herrschaft Hohenberg und Adelsberg. Bei den Herren von Bickenbach blieb die Burg bis 1469, als Konrad von Bickenbach sie an Fürstbischof Rudolf von Scherenberg verkaufte. 1487 starb die Linie der Bickenbacher aus. Die Burg wurde

Ruine Homburg bei Gössenheim

Sitz des fürstbischöflichen Oberamtsmannes und Amtskellers. Im Bauernkrieg blieb die Burg unzerstört, da sie nicht eingenommen werden konnte. Auch der Dreißigjährige Krieg brachte keine Schäden. Aber am 23. Januar 1680 brach ein Feuer aus, das den größten Teil des Hauptgebäudes in Asche legte. Seit 1725 wurde die Burg ihrem Schicksal überlassen.

Ein 15 m breiter Graben trennt die Vorburg vom Berg. Zwei Ecktürme und ein Bergfried in der Mitte der Mauer schirmen den Angriff vom Berg herab. Ein Doppeltor mit Zugbrücke öffnet sich zum Vorhof, der Wolfsschlucht genannt wird. Durch einen weiteren Turm führt der Weg zum Großen Hof der Vorburg und in den Zwinger der Hauptburg. Zur Vorburg gehörten verschiedene landwirtschaftliche Gebäude und die Burgkapelle. Auch ein Brunnen befand sich im Hof. Eine Brücke verband einst Vorburg mit Hauptburg. Der „Hohe Turm" deckte den Eingang. Nur ein enger Innenhof hatte vor dem Hauptgebäude Platz. An der Südwestecke ist im Erdgeschoß die Küche zu erkennen. Im Obergeschoß sind Spuren mittelalterlicher Malerei zu entdecken. Das Untergeschoß ist als Kreuz- und Tonnengewölbe gedeckt. Die

Mauern des Hauptgebäudes sind fast noch in ursprünglicher Höhe zu sehen. Es sind vier Geschosse auszumachen. Sechs Türme besaß die Burg.

In **Adelsberg** und **Höllrich** stehen heute unscheinbare Schlösser. In der Nähe von Höllrich, innerhalb des Truppenübungsplatzes, liegt die Ruine **Reußenberg**. Ihre Mauern wurden von der Bundeswehr renoviert und der Turm mit einer Holztreppe versehen. Zutritt ist wegen des Militärgebietes nicht gestattet.

SAALGAU

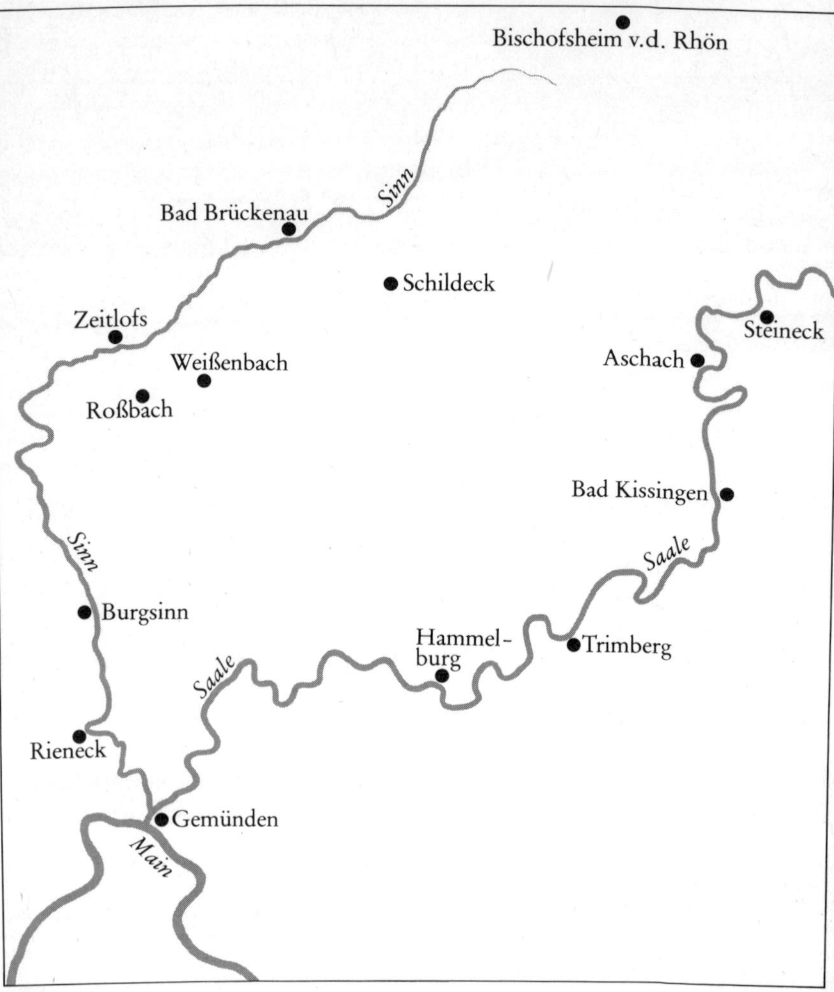

Wo die Rechte des Würzburger Bischofs mit denen des Abtes von Fulda und des Grafen von Henneberg zusammenstießen, galt das, was Kaiser Friedrich II. 1220 und 1230/31 erließ, ganz besonders ausgeprägt. Die Herren des Landes nützten ihr Recht und setzten dadurch Stadtherrschaften und Burgenbau durch. Entlang der Saale wurden Burgen und Gegenburgen errichtet und Ortschaften befestigt.

An der Mündung von Saale und Sinn in den Main liegt **Gemünden**, überragt von der Ruine **Scherenburg**. Die Ruine besteht nur aus Umfassungsmauer und teilweise zerstörtem Bergfried. Flankierende Mauern ziehen sich bis zur Stadtbefestigung herab. Die Ostseite der Stadtmauer fehlt, der Süden entlang des Mains ist verbaut, aber zwei Rundtürme und das sogenannte „Maintor" geben zusammen mit der Mauer entlang der Saale im Westen den Befestigungscharakter. Außerdem führt eine Straße vom Markt Richtung Saale zum Mühltor.

Schon 837 ist Gemünden bekannt. Aber die erste schriftliche Nachricht über Gemünden, Ort und Burg, stammt aus dem Jahr 1243, als die Grafen von Rieneck ihre Burg lehnbar machen mußten, da sie die Karlburg niedergebrannt hatten. Nachdem auf solche Art Gemünden in das Eigentum des Hochstifts Würzburgs übergegangen war, belehnte Bischof Berthold 1278 die beiden Grafen Ludwig und Gerhard von Rieneck mit der Burg, der Hälfte des Ortes und der Hälfte des Schloßbergs. Der Besitz wurde vergrößert, als Graf Ludwig von Rieneck 1317 von Bischof Gottfried mit weiteren Orten belehnt wurde. 1342 gingen durch Verhandlungen zwischen Kaiser Ludwig und der Erbtochter Ludwigs von Rieneck, Adelheid, zwei Teile der Besitzungen in Gemünden an die Söhne des Kaisers und ein Teil blieb beim Hochstift Würzburg. 1354 fiel Gemünden an den Markgrafen von Brandenburg. 1374 wurde aus Verschuldungsgründen Gemünden an Gerlach Graf von Hohenlohe verkauft. Die Streitigkeiten, die daraus entstanden, wurden durch Kaiser Wenzel 1377 dadurch gelöst, daß die Herzöge von Bayern, die drei Söhne Stephan, Friedrich und Johann sowie ihr Vetter Otto, nicht nur ihre Teile behielten, sondern sie mußten mit der Hälfte vom Bischof von Würzburg belehnt werden. 1387 wurde Gemünden an Bischof Gerhard verkauft. 1382 wurden an Reinhard Voit von Rieneck Stadt und Burg verpfändet und 1400 wieder eingelöst. Bischof Johann von Egloffstein verkaufte 1405 an den Grafen Ludwig und Thomas von Rieneck Amt, Stadt und Burg. 1469 zahlte Bischof Rudolf die Summe zurück. 1473 verschrieb er ganz Gemünden dem Philipp Voit von Rieneck. Die geringe Beteiligung am Bauernkrieg brachte Gemünden keinen Schaden. Die Rechte wurden um die Privilegien, Märkte und Gericht zu halten, vermehrt.

Vermutlich hatte in **Hammelburg** ein fränkischer Gaugraf Hamulo schon lange vor Karl d. Großen seinen Sitz und erbaute ein Kastell. Vielleicht war es aber auch ein Stammesfürst der Amaler. Mit einem Hammel hat der Ortsname keine Verwandtschaft. Erste sichere Nachrichten über Hammelburg gibt eine Urkunde von 777, die berichtet, daß Karl d. Große den Ort dem Kloster Fulda schenkt, ausdrücklich wird der Weinbau erwähnt. Bis zum heutigen Tag ist der Schloßberg bei Hammelburg, auf dem Schloß **Saaleck** steht, ein Weinberg geblieben. Die ehemalige Sommerresidenz der Äbte von Fulda teilt jetzt die Räume mit einem Weingut und einem Hotel. Der Bergfried aus dem 12. Jahrhundert mit einer Mauerstärke von 3,5 m kann bestiegen werden. Der Name Saaleck wird erstmals 1282 erwähnt. Fürstabt Marquard II. übergab die Burg als Lehen den Brüdern Heinrich und Eberhard von Schowenberg (Schaumberg). Ab 1293 finden sich die Familien von Thüngen, die Grafen von Henneberg, Geschlechter von Fuchstadt, Hohenzell, Steten, Maßbach, die Grafen von Ryneck (Rieneck), von Hesseler, von Blatfelder, von Saleck, von Klingenberg, von Hutten. Im Bauernkrieg wurde die Burg Saaleck teilweise ruiniert, aber sogleich wieder ausgebessert. Bis 1859 war das „Schloß" Sitz fuldaischer Centgrafen und von Amtsleuten. Dann kam es in königlich-bayerischen Besitz, wurde aber bald an den Bankier Michael Vornberger in Würzburg verkauft. 1866 brannte es teilweise ab, 1867 wurde es wieder aufgebaut. Ein ehemalig Fuldisch-Fürstäbtliches Kellereischloß, wird Rotes Schloß genannt.

Schon im 13. Jahrhundert erhielt Hammelburg eine Stadtmauer. Hinter dem Roten Schloß und hinter der katholischen Kirche ist sie entlang der Straße „Obere Stadtmauer" fast vollständig erhalten. Von den zehn Wehrtürmen stehen noch der halbrunde Mönchsturm, der Hüterturm, und ein Schalenturm, der Baderturm. Die Tore wurden abgebrochen.

Hammelburg, alte Aufnahme des Badturms

Die Burg des Edelgeschlechtes der Herren von **Trimberg** kam 1379 unter die Herrschaft des Bischofs von Würzburg, als Konrad von Trimberg die Burg verschenkte. Im Bauernkrieg verwüstet, durch Fürstbischof Julius I. Echter von Mespelbrunn wieder instandgesetzt, ist die Burg im 19. Jahrhundert durch Blitzschlag vernichtet worden.

Wenn die Sprache auf **Bad Kissingen** kommt, ist es nicht zu verwundern, daß die Gedanken um Kuren, Brunnen und Wandelhallen kreisen. Nicht jedem ist bekannt, daß hier die Burg eines Minnesängers stand: Burg **Bodenlauben.**

Ein Adeliger aus Noricum, mit dem Herzog von Bayern verwandt und mit dem Grafen von Schweinfurt verschwägert, steht am Anfang der Geschichte von Burg Bodenlauben. Ob es der durch Urkunde bekannte Bodo aus dem Jahr 1094 war, kann nicht geklärt werden. Sein Sohn Heinrich nannte sich von Bodenlaube. Er verkaufte 1143 die Burg samt Besitz an Berthold I. von Henneberg. Um 1200 wurde der Besitz der Henneberger unter drei Brüder geteilt. Der Jüngste, Otto II., erhielt Burg Bodenlaube neben anderen Besitzungen. Mit 22 Jahren zog er 1197 in den 3. Kreuzzug nach Palästina. Dort blieb er 22 Jahre und nahm dort noch am 4. Kreuzzug teil. 1205 verheiratete er sich mit Beatrix, der Tochter Joscelins III. von Courtenay, Seneschall des Königreichs Jerusalem. 1220 kehrte er mit Beatrix und zwei Söhnen auf die Bodenlaube zurück. Schon in der Zeit der Kreuzzüge hatte Otto viele Minnelieder gedichtet, aber auch Lieder, die auf der Bodenlaube entstanden, sind bekannt. In der Manessischen Handschrift ist Otto von Bodenlaube als Minnesänger abgebildet. 1234 gründete Beatrix Kloster Frauenrode. Um den Unterhalt des Klosters zu sichern, verkaufte Otto Burg Bodenlaube und die meisten Besitzungen an Hermann, Bischof von Würzburg. 1245 starb Otto. Sein erster Sohn Otto III. war zunächst mit Adelheid, der Letzten aus dem Geschlecht der Hildenberger, deren Burgruine Hillenburg bei Roth in der Rhön liegt, verheiratet; diese Ehe wurde geschieden. Otto trat in den Deutschorden ein, und Adelheid ging ins Dominikanerinnenkloster St. Markus zu Würzburg. Der zweite Sohn, Heinrich, war in das Stift Haug zu Würzburg eingetreten. Von 1244 bis 1402 war Burg Bodenlaube Amtssitz eines würzburgischen Vogtes. 1402 verpfändete Bischof Friedrich I. Burg Bodenlaube und das zugehörige Amt an Graf Hermann V. von Henneberg aus der Aschacher Linie. Bei dieser blieb die Burg bis 1474. Bischof Rudolf von Scherenberg löste sie 1474 wieder ein, und bis 1670 war Würzburg wieder Besitzer. Im Bauernkrieg wurde die Burg teilweise zerstört, aber wieder hergerichtet. Im Dreißigjährigen Krieg wurde die Burg ein zweitesmal verwüstet, und von dieser Zeit an blieb sie dem Verfall überlassen. Heute stehen von zwei Rundtürmen die Mauern. Einer ist zugeschüttet und der andere ist nicht zu betreten. Sonst sind nur unzusammenhängende Mauerreste zu sehen.

In der frühesten Zeit der fränkischen Landnahme, als sowohl der Saalgau wie der Salzgau nur Untergaue des Grabfeldes waren, zählte das Gebiet zwischen Aschach und Steinach an der Saale zum Grenzgebiet dieser beiden Untergaue.

Zur Stauferzeit stand in **Aschach** eine Burg der Grafen von Henneberg. Zeitweise hielt sich auch die Familie Ottos II. von Bodenlaube in der Burg auf. Um 1555 wurde die im Bauernkrieg nicht zerstörte Burg zum heutigen Schloß umgebaut. Unter dem Namen „Graf-Luxburg-Museum Schloß Aschach" sind in 36 Räumen die Sammlungen des letzten Besitzers, Graf Luxburg, zu besichtigen.

Ruine **Steineck** bei Steinach ist restlos verschwunden, nur der Platz, wo einst die Burg stand, ist als Hügel im Wald zu erkennen.

Am Abhang des Kreuzberges bei Bischofsheim, einer der „heiligen Berge" Frankens, entspringt die Sinn, deren Tal oft als eigener Verwaltungsbezirk Sinngau genannt, aber in der Literatur doch meist zum Saalgau gerechnet wird.

Bischofsheim, das im Talkessel der Brend, umgeben von Rhön-Bergen, liegt, zählt im Mittelalter zur Buchonia, wie die gesamte Rhön genannt wurde. Die Landschaft östlich, die Ebene, bildete Untergaue des Grabfeldes, der Baringau und der Salzgau.

Älter als die Geschichtsquellen aus dem 13. Jahrhundert es belegen, ist Bischofsheim wahrscheinlich um die Mitte des 8. Jahrhunderts als Siedlung entstanden. Vermutlich heißt der Ort Bischofsheim, weil hier Bonifatius als Bischof auf dem Weg von Fulda z.B. nach Salz die Reise öfters unterbrach. Wann Bischofsheim die Stadtrechte erhielt, ist nicht bekannt. Als der Würzburger Fürstbischof Rudolf von Scherenberg 1489 eine neue Stadtordnung erließ, war Bischofsheim schon lange eine ummauerte Stadt.

1270 zogen sich 15 Raubritter aus der Rhön in die Stadt zurück, die vom Fuldaer Abt Bertho II. belagert wurde, da der Burghauptmann gemeinsame Sache mit den Raubrittern machte. Stadt und Burg wurden erstürmt, und der Haupträdelsführer Hermann von Ebersberg wurde auf dem Marktplatz von Fulda enthauptet. Während des Bauernkrieges konnte sich Bischofsheim vor Verwüstungen bewahren. 1553 plünderte der Markgraf Albrecht Alcibiades Bischofsheim. Im Dreißigjährigen Krieg wurde bei der Erstürmung der Stadt 1639 Bischofsheim zur Hälfte niedergebrannt. Trotz all dieser Verwüstungen ist die Stadtmauer größtenteils in einer Höhe von 4 m erhalten. Die ehemaligen zwei Tore sind verschwunden. Die Burg wurde in ein Amtsgebäude umgewandelt. Wahrzeichen der Stadt ist der Zentturm aus dem 13. Jahrhundert. Er stand nicht im Zusammenhang mit der Stadtbefestigung, sondern war der Westturm der alten Stadtkirche. Seit 1585 diente er dem Stadttürmer als Wohnung.

Westlich der Stadt liegt auf dem bewaldeten Berg die Ruine **Osterburg.** Wann sie gebaut wurde, ist nicht bekannt. Angelegt wurde sie von den Bischöfen zu Würzburg als Sicherung gegen die Abtei Fulda. Auf dem Ruinengelände lassen sich die Grundmauern der Burg, die 114 m lang und 70 m breit war, betrachten. Der kreisrunde Bergfried hatte einen Durchmesser von 10 m. Wahrscheinlich wurde die Osterburg bei dem Gefecht gegen die Raubritter 1270 vom Abt von Fulda zerstört.

Bad Brückenau hat durch den Stadtbrand am 13. August 1876 alle für die Geschichte des Ortes bedeutsamen Bauten verloren. Das Recht, eine Mauer zu bauen, erhielt Brückenau 1341. Von dieser Stadtbefestigung überstanden den Brand wenige Reste.

Südöstlich von Bad Brückenau liegt die Ruine **Schildeck.** Von der Burg, die wahrscheinlich im 11. Jahrhundert gebaut wurde, sind nur ein Stück Kellergewölbe und Mauerteile erhalten. Die Burg diente zunächst zur Sicherung der Besitzungen Fuldas gegenüber Würzburg. Mit der Verlegung des Amtes nach Brückenau wurde Schildeck hennebergisch. Damit begann der Wechsel der Besitzer. Selbst der Herzog von Pommern, Swantibor, war zeitweilig im Besitz der Burg. Im Dreißigjährigen Krieg wurde Schildeck von den Schweden zerstört.

Zeitlofs an der Sinn, **Weißenbach** und **Roßbach** nur wenig davon entfernt, besitzen jedes ein Thüngensches Schloß. Als Stammvater der Thüngen gilt Dietz I. Nach seinen Söhnen gliederte sich die Familie in die Andreassche, Albertinische und Lutzsche Linie. Der Mittelpunkt der Thüngen-Lutzschen Linie ist Zeitlofs. Im 14. Jahrhundert teilten sich die Thüngen, Hutten, Marschalk und Bibra Zeitlofs. 1362 bis 1406 erwarb sich Dietz V. von Thüngen als Alleinbesitzer Zeitlofs. 1501 wurde Schloß und Ort an den Burggraf von Nürnberg Friedrich verpfändet. Die Thüngen erhielten es zum Lehen. Das heutige Schloß wurde 1780/82 neugebaut. Es liegt in einem englischen Park.

Roßbach kam als steckelbergisches Erbe Ende des 14. Jahrhunderts in thüngenschen Besitz. Das Schloß wurde 1615/17 gebaut.

Weißenbach ist 1167 ebenfalls in steckelbergischem Besitz. Lutz III. von Thüngen erbte als Schwiegersohn des Grafen von Steckelberg 1339 die Hälfte Weißenbachs. 1501 wurde Weißenbach wie Zeitlofs an den Burggrafen von Nürnberg verpfändet. 1562 wurde unter Fritz von Thüngen das erste Schloß und 1689 unter Johann Friedrich von Thüngen das zweite Schloß gebaut.

Mittelpunkt des Familienbesitzes der Thüngen-Andreasschen Linie ist **Burgsinn.** Schon vor dem 11. Jahrhundert waren die Thüngen im Besitz von Burgsinn. Die alte Wasserburg wurde im 10. Jahrhundert und der Bergfried im 11. Jahrhundert gebaut. Die Wasserburg ist von den Anlagen, die sie umgeben, getrennt durch Wassergraben und hohe Mauern. Das Neue Schloß, gebaut 1620, ist der Stammsitz der Familie. Das Frohnhofer Schlößchen, gebaut 1607, war früher Witwensitz der Familie.

Rieneck wird erstmals 1173 erwähnt. Aber Urkunden nennen 1037 Hugo von Rieneck und um 1082 Pfalzgraf Otto von Rieneck. Zu dieser Zeit, d.h. im 11. Jahrhundert, hatten die Grafen die Burggrafschaft von Mainz inne. Um 1100 heiratete Agnes, die Tochter Gerhards I. (1071–1108), den Grafen Arnold von Loon. Deren Nachkommen herrschten an Sinn und Saale sowie im Spessart bis in die Gegend von Aschaffenburg. In Lohr am Main besaßen die Grafen das Münzrecht. 1559 starb das Geschlecht aus. Die Burg kam an die Grafen von Nostiz. 1807 wurde sie vom Fürstbischof Dalberg verkauft. 1815 kam Rieneck an Bayern. Im „Dicken Turm" der Burg ist eine kleine romanische Kapelle in Kleeblattform.

Burg Rieneck

Wer eine Besichtigung des Turmes vorhat, setzt sich schriftlich in Verbindung mit dem jetzigen Besitzer: Bildungs- und Erholungswerk Burg Rieneck e.V. der christlichen Pfadfinderinnen und Pfadfinder. Denn die Burg ist als Jugend- und Schullandheim ein „Haus", das größeren Gruppen offensteht und für jegliche Jugendarbeit eingerichtet ist. Die Bestätigung eines möglichen Termins muß abgewartet werden.

GRABFELD

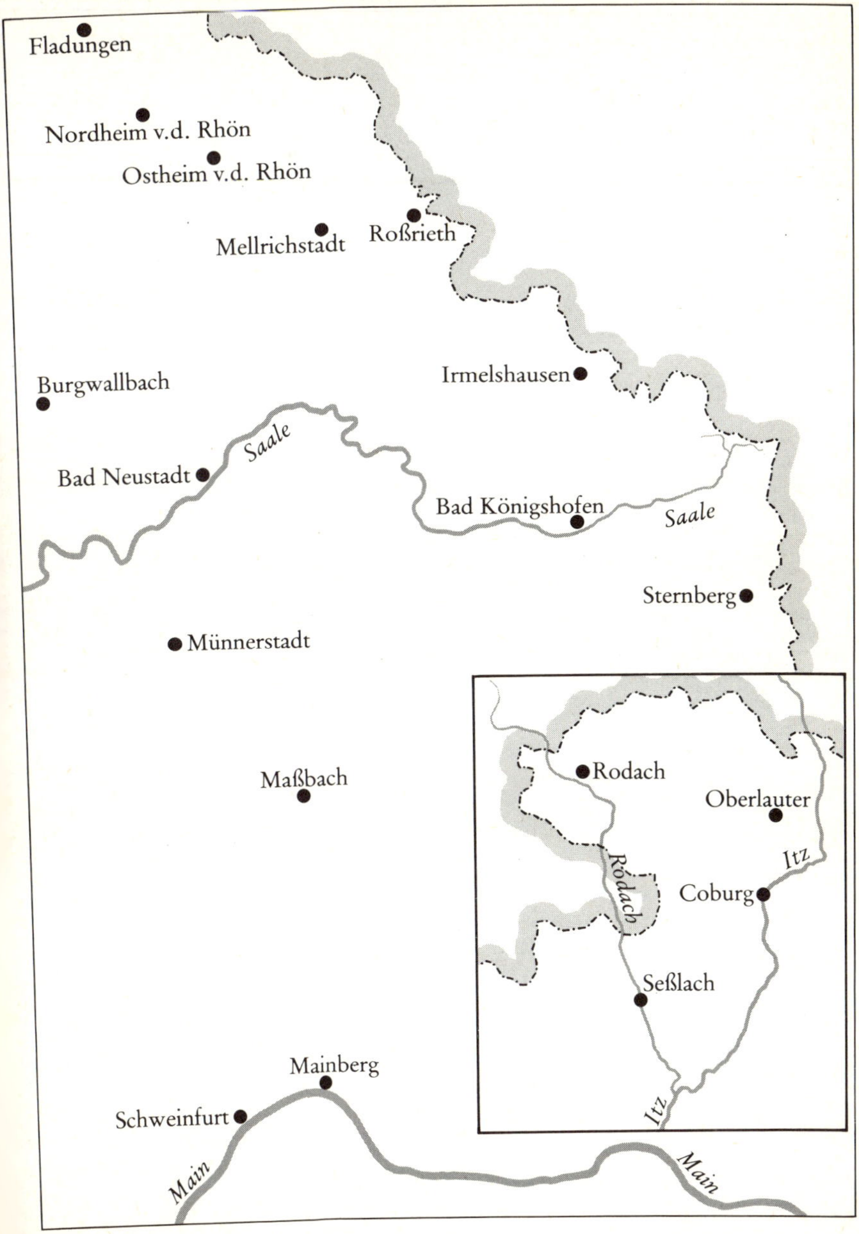

Fladungen
Nordheim v.d. Rhön
Ostheim v.d. Rhön
Mellrichstadt
Roßrieth
Irmelshausen
Burgwallbach
Saale
Bad Neustadt
Bad Königshofen
Saale
Sternberg
Münnerstadt
Maßbach
Rodach
Oberlauter
Itz
Rodach
Coburg
Seßlach
Itz
Mainberg
Schweinfurt
Main
Main

Die Grafen von Schweinfurt können als die Gaugrafen im Grabfeld während des frühen Mittelalters gelten. Durch antikaiserliche Politik verloren sie ihre Rechte und ihre Besitzungen 1057. Ihre Funktion übernahmen im Laufe der Jahrhunderte die Grafen von Henneberg.

Schweinfurt konnte aus der Zeit des Mittelalters wegen mehrfacher Zerstörung von seinen Bauwerken fast nichts retten. Das Rathaus von 1570/72, der Schrotturm von 1611, das Alte Gymnasium von 1581/82, das Zeughaus von 1589/91, die Reichsvogtei von 1576/77 und der Ebracher Hof von 1565/75 sind Gebäude vom Ende des Mittelalters. Im Alten Gymnasium hat die Stadt ihr Museum 1934 eingerichtet mit Sammlungen zur Landes- und Ortsgeschichte. Schwerpunkte bilden Zunftwesen, Waffen und Kunstgewerbe.

In Schweinfurts Nachbarort **Mainburg** steht ein Schloß, das von den Grafen von Schweinfurt an die Herren von Wildberg überging. 1253/55 nahmen die Grafen von Henneberg Mainburg unrechtmäßig in ihren Besitz. Unter Rudolf von Habsburg wurde die frühere Reichsunmittelbarkeit wieder hergestellt. Derzeit ist nur ein Blick auf die Außenfront möglich.

In den Ortschaften zwischen Schweinfurt und den Haßbergen stehen viele kleine Schlösser, die aber alle für die Öffentlichkeit nicht zugänglich sind. Eine Ausnahme bildet Schloß **Maßbach.** Dort finden im Sommer auf den Treppen der Gartenfront Freilicht-Theateraufführungen statt.

Eine Fliehburg auf dem Michaelsberg bei Münnerstadt wird als Grabfeldburg bezeichnet. Zur Zeit Karl d. Großen ist der Verwaltungssitz des westlichen Grabfeldes nicht mehr auf dem Michelsberg zu suchen, sondern **Münnerstadt,** schon um 700 durch Urkunden bekannt, ist als Grabfeldburg gemeint. Im Bereich der Fliehburg auf dem Michaelsberg steht heute eine Kapellenruine.

Waren zunächst die Grafen von Schweinfurt und das Kloster zu Fulda die Grundbesitzer, traten im 10. und 11. Jahrhundert die babenbergischen Popponen als Gaugrafen auf. Im 12. und 13. Jahrhundert macht sich immer mehr der Einfluß des Grafengeschlechtes der Henneberger bemerkbar. 1078 wird erstmals ein Angehöriger der Familie der Henneberger erwähnt. Als treuer Anhänger der Kaiser wurden die Henneberger Burggrafen von Würzburg. Im Bestreben der einzelnen Fürsten lag es, die Macht selbst auszuüben. Der Bischof von Würzburg beanspruchte aus diesem Grund immer mehr die Rechte des Burggrafen. Um diesen Machtverlust auf der einen Seite auszugleichen, stärkte er sich andererseits durch den Ausbau seiner Position im Grabfeld. Münnerstadt wuchs immer mehr in die Funktion eines zentralen Kontrollpunktes, wo die Grafen von Henneberg eine befestigte Burg unterhielten, wo sie im Laufe der Zeit den Ort, der sich an die Burg anschloß, durch eine Mauer befestigten. Ohne daß Münnerstadt Stadtrechte besaß, ließen die Henneberger zwischen 1251 und 1336 den Mauerring mit Graben und vier Toren anlegen. Bis heute blieben große Teile der Mauer erhalten und von den Toren steht das Obere Tor, das Jörgentor und das Steinerne Tor, Dicker Turm genannt, es ist durch Umbauten heute kein Tor mehr, sondern steht im Verbund mit der Mauer wie ein Wachturm da.

In den ersten Jahrzehnten des 14. Jahrhunderts, als sich die Würzburger Position im Grabfeld verstärkte, verlegten die Henneberger ihr Interesse immer mehr auf das Thüringer und Coburger Gebiet. 1335 erhielt die hennebergische „Stadt" von Kaiser Ludwig dem Bayern die Stadtrechte verliehen. Als aber 1347 die Linie der Henneberger, die Münnerstadt besaß, ausstarb und der Erbe Graf Eberhard III. von Württemberg seinen Anteil an den Würzburger Fürstbischof Albrecht von Hohenlohe verkaufte, war Würzburg eine Tür nach Münnerstadt geöffnet. Durch weitere Verkäufe war schließlich 1585 ganz Münnerstadt in der Hand des Bischofs von Würzburg. Als die Henneberger 1583 ausstarben, hatte Würzburg keinen Konkurrenten um die Macht in Unterfranken mehr. Durch die Verleihung der Pfarreirechte an den Deutschorden zu Anfang des 13. Jahrhunderts konnte dieser eine Komturei errichten. Im Gebäude des Deutschordens befindet sich heute das Stadtmuseum mit Sammlungen zur Vor- und Frühgeschichte, Stadtgeschichte und Volkskunst.

Bad Königshofen im Grabfeld, wie es auf dem Ortsschild heißt, gibt vielleicht die Erklärung dieses Namens: „grab" als altes germanisches Wort bedeutet wahrscheinlich „Heilwasser". In der ehemaligen hennebergischen Festungsstadt ist aber aus mittelalterlicher Zeit nichts mehr zu finden.

Zwei lohnende Abstecher in die Umgebung führen nach **Sternberg** und **Irmelshausen**. Auch wenn die Schlösser an diesen Orten nicht besichtigt werden können, ist Sternberg ein Beispiel für ein gut erhaltenes Bergschloß und Irmelshausen für eines der wenigen fränkischen Wasserschlösser.

Die Geschichte **Bad Neustadts** beginnt mit vielen Legenden. Ein Königshof Karls des Großen kann in dem Ort Salz vermutet werden, es kann eine Burg „Salzburg" über Neustadt gestanden haben, oder es gab eine Urpfarrei in Brendlorenzen. Aber auch der Hügel zwischen Saale und Brend kann schon besiedelt gewesen sein, und das in Urkunden erwähnte „Obersalz" ist vielleicht die „alte Stadt", die dann zur „neuen Stadt" erweitert wurde. Sage wird wohl bleiben, daß Karl d. Große Neustadt auf den Wunsch seiner Gattin Fastrada gegründet hat, als sie von der Salzburg auf die Saaleebene niederblickten. Nicht nur Karl d. Große hielt sich in Salz auf, sondern auch Ludwig I. d. Fromme, Karl d. Dicke und Arnulf von Kärnten. Reichstage wurden 804, 826, 841 und 842 in Salz abgehalten.

Weniger Nachrichten sind aus dem 10. Jahrhundert bekannt, jedoch die wichtigste Urkunde besagt, daß Kaiser Otto III. den Salzgau – das Gebiet um Neustadt – am 15. Mai 1000 dem Bistum Würzburg schenkte. Bis 1803 wurde Neustadts Geschichte von Würzburg bestimmt. Obwohl schon 1057 von der „Stadt Salz" berichtet wird, besaß Neustadt zu dieser Zeit noch nicht das Stadtrecht. Sicherheit gibt es erst mit dem Jahr 1232, als durch das Stadtsiegel belegt, die Stadtrechte für Neustadt nachzuweisen sind. Seit dieser Zeit ist auch der Name „Neustadt" gültig.

In der 2. Hälfte des 13. Jahrhunderts war Neustadt durch die Stadtmauer mit zwei Toren und zwei Pforten befestigt. Die Mauer war doppelt angelegt (teilweise sogar dreifach). Vom Südwesten führt der Zugang in die Stadt durch das Hohntor. Es wurde 1230 als einspuriges Tor mit Vorwerk errichtet. Mit neun Stockwerken ist der Torturm 34 m hoch. 1578/79 wurde es neu gebaut. Der Name kommt von „hohn", was kleine Buschanlage bedeutet. Heute steht das Vorwerk nicht mehr, am Turm selbst wurde nichts verändert. Das Gegentor im Nordwesten, das Spörleinstor, war fünfstöckig. Es wurde 1846 abgebrochen. In ihm hatte der Sporer, der Waffenschmied, seine Wohnung, daher der Name. Neben diesen beiden Toren gab es bis ins 19. Jahrhundert nur noch die Kirchenpforte und die Salzpforte. Der Mauerdurchbruch am Ende des Schuhmarktes, an der Roßmarktstraße, geschah im letzten Jahrhundert. Zwischen Schuhmarkpforte und Hohntor sind drei Wachtürme auf die Mauer aufgesetzt, sie sind die einzigen Mauertürme. Zwischen Salzpforte und Spörleinstor ist die Doppelmauer mit dem 3 m breiten Durchgang erhalten. Der Wehrgang auf der Mauer wurde um 1876 abgebrochen. Die innere Mauer ist aber ringsum vollständig erhalten, die äußere Mauer noch deutlich zu erkennen.

Die Kur- und Badestadt konzentriert sich auf den Stadtteil Neuhaus. An den Kuranlagen vorbei führt der Weg zur Salzburg hinauf. Um 1161 wird die Salzburg unter Dietrich von Salzburg bezeugt, 1187 werden Heinrich und 1193 Otto von Salzburg genannt. Sie waren wahrscheinlich Vögte des Bischofs von Würzburg, die den Salzgau verwalteten. Die Salzburg war von Anfang an für mehrere Familien gebaut worden, und meist wohnten fünf Familien auf der Burg. Im Laufe der Jahrhunderte sind als Burgmannen die Herren von Ehrstein, von Lebenhan, von Heustreu, von Brende, von Unsleben, von Schneeberg, von Thüngen, von Grappendorf und andere bekannt. Die Burg hatte nie einen militärischen Zweck, sondern hat immer als Wohnung gedient. Als die Burgleute um 1600 ins Tal zogen, verfiel die Burg. Seit Ende letzten Jahrhunderts ist die Burg im Besitz des Freiherrn von Guttenberg. Vom Burghof, der frei zugänglich ist, lassen sich die Ringmauern mit vier Türmen und die Wohnbauten überblicken. Die Mauer ist 450 m lang und 1,5–2,7 m dick. Die Zugbrücke wurde durch eine Steinbrücke 1737 ersetzt. Der Torturm stammt aus dem 12. Jahrhundert. In der Nordecke, am Platz eines Wohnturmes einer der fünf Familien, wurde eine Burgschenke errichtet. Der südliche Teil ist als bewohntes Burggebäude nicht zu besichtigen.

Über dem Tal der Brend liegt in **Burgwallbach** eine Ruine. Die Burg wurde von den Marschalks von Wallbach, die aus einem Geschlecht von Ostheim stammen, erbaut. Seit 1357 ist die Burg bekannt und bewohnt. 1790 wurde sie abgebrochen. Erhalten blieben gewölbte Räume und Mauerreste.

Mellrichstadt, oder wie es zur Gründungszeit hieß, Madalrichstadt ist seit dem 8. Jahrhundert durch Urkunden bekannt. Es war der Sitz des Gaugrafen im Westergau – Untergau des Grabfeldes. Sogar die Namen aus dieser Zeit sind bekannt. 787 Kunichen, 804 Udalrich, um 819 Poppo, bis 827 Friduhelm usw. Die späteren Gaugrafen sind wahrscheinlich die Vorfahren der Grafen von Henneberg. Ein Schloß zu Mellrichstadt, das 1031 erwähnt wird, war im Besitz der Henneberger, und auf dieses Schloß geht das heute noch stehende, aber erst 1512 erbaute Schloß zurück.

Das bedeutendste Ereignis in der mittelalterlichen Geschichte Mellrichstadts war am 7. August 1078 die Schlacht zwischen Heinrich IV., der sich vom Kirchenbann in Canossa befreit hatte, mit seinem Gegenkönig Rudolf von Schwaben. Der Ausgang der für beide Seiten verlustreichen Schlacht ist nicht ganz klar, da die Nacht dem Gefecht ein Ende setzte. Rudolf floh ins Thürin-

Mellrichstadt, alte Aufnahme des Bürgerturms

gische. Heinrich zog sich nach Würzburg zurück, und das Schlachtfeld blieb in der Hand von Otto von Nordheim, der auf der Seite Rudolfs kämpfte.

Im 13. Jahrhundert war Mellrichstadt schon Stadt, wie das Stadtsiegel von 1273 beweist. Um 1340 wird das Untertor genannt, und in diesen Jahrzehnten wurde auch der Urkern der Stadt mit einer Mauer versehen. Der einzig stehengebliebene Wachturm, der Bürgerturm, gehört zur Befestigung der Stadterweiterung. Die Tore wurden im letzten Jahrhundert abgebrochen. Entlang der erhalten gebliebenen Mauer sind neun Stümpfe von Rund- oder Halbrundtürmen zu erkennen. Nur die Bad- und Malpforte blieben stehen. Außerhalb der Stadt stehen als „Landwarten" zwei Türme. Der Galgenturm, der besteigbar ist, und der Suhlesturm, der wieder hergerichtet wird.

In **Rossrieth**, östlich von Mellrichstadt, steht ein unbewohntes Wasserschloß. Das jetzige Wasserschloß wurde im 16. Jahrhundert auf den Trümmern der Anlage aus dem 12./13. Jahrhundert erbaut. 1140 wurde Rossrieth zum erstenmal erwähnt, 1401 die mittelalterliche Burg zerstört.

Das Dorf **Ostheim** wird erstmals in einer Urkunde 804 genannt, als es von Waldmann und Wihmunt von Ostheim dem Kloster Fulda geschenkt wurde. Ebenfalls hatten der Bischof von Würzburg und seit der Mitte des 11. Jahrhunderts der Graf von Henneberg in Ostheim Besitzungen. Verwaltet wurde das Gebiet von der Lichtenburg. Diese kam im 12. Jahrhundert an die Herren von Hildenburg, die ihren Sitz auf der Hillenburg bei Hausen hatten, die heute nur noch als Ruine daliegt. Es sind nur noch ganz geringe Reste zu erkennen.

Durch die Erbtochter von Hildenburg kam der Besitz an Otto von Bodenlauben, er war der Sohn des Minnesängers. Nachdem er in den Deutschorden eingetreten war, fiel Hildenburg an Würzburg und Lichtenburg 1230 an Fulda. Durch Verpfändungen wurde Lichtenburg von einem Besitzer an den anderen weitergereicht. In der Zeit Fuldas wurde 1330 der Bergfried gebaut. 1366 ging Lichtenburg als Pfand an Thüringen, 1409 an das Erzstift Mainz, 1423 an den Bischof von Würzburg. 1433 wurden wieder Henneberger, diesmal die Römhilder Linie, Besitzer. Nach der Zerstörung im Bannerkrieg waren fast nur noch sächsische Adelshäuser im Besitz Lichtenburgs. Die Lichtenburg ließen sie von ihren Burgmännern verwalten. 1386 sind z.B. Seyfried von Stein und Heinrich von der Tann Thüringer Amtmann auf der Lichtenburg. Die Amtleute hatten ihre befestigten Höfe in Ostheim. Ihre Namen konnten sich in den Hofbezeichnungen erhalten, z.B. Obernitzsche Schmiede, Öptische Mühle, Hansteinsches Schloß und Voitischer Hof.

Die Lichtenburg gab seit Mitte 12. Jahrhundert einer Nebenlinie der Grafen von Henneberg ihren Namen. 1525 brannte die Burg im Bauernkrieg ab, sie verfiel, bis sie 1672 wieder instand gesetzt wurde. Heute liegt am Fuß des

Ostheim,
Ruine Lichtenburg

Bergfrieds, der 28 m hoch ist, eine von hohen Mauern umgebene Burggaststätte. Dienstags, am Ruhetag, ist die Lichtenburg immer noch eine „uneinnehmbare" Festung.

Die Kirchenburg Ostheims ist eine Festung innerhalb der Festung. Die doppelten Ringmauern mit den fünf Wehrtürmen entstanden zwischen 1400 und 1450. Führungen sind fast jederzeit möglich.
Von der ehemaligen Stadtbefestigung dagegen sind nur wenige Reste erhalten. Von Toren blieben oft nur erkennbare Eckpfeiler und Turmreste.

Nordheim ist, ähnlich wie Ostheim, in den Besitz Fuldas gelangt, es wurde 789 von Fricker und Itmuota dem Kloster geschenkt. Durch Kaiser Otto III. kam Nordheim in Würzburger Besitz. Als bischöfliche Amtsmänner sind die Herren von Tann seit dem 12. Jahrhundert bekannt. Die Freiherrn von Tann bestimmten durch die Jahrhunderte die Geschichte Nordheims. Zwei Schlösser, allerdings in ihrer jetzigen Form aus der Zeit nach dem Dreißigjährigen Krieg, heißen Gelbes und Weißes oder Altes Schloß. Von der ehemaligen Kirchenbefestigung blieben Mauern und von den ursprünglichen sieben Türmen der Eingangsturm erhalten.

Fricker und Itmuota schenkten auch **Fladungen** 789 dem Kloster Fulda. 1218 wird Fladungen in einer Schenkungsurkunde Kaiser Friedrichs II. als Markt bezeichnet. In dieser Zeit ist eine adelige Familie Hermann und Hartung von Fladungen bekannt. 1514 starb der Letzte aus dem Geschlecht der Herren von Fladungen. 1335 wurde von Kaiser Ludwig d. Bayern Fladungen die Stadtrechte verliehen. 1398 wurde Hans von Fladungen vom Würzburger Bischof mit der Gerichtsbarkeit belehnt. Die Stadt mußte oft dem verschuldeten Landesherrn als Pfand dienen.

Wirklichen Schaden fügten der Bauernkrieg und in noch größerem Maß der Dreißigjährige Krieg Fladungen zu. Trotz Plünderungen und Brand blieb bis heute die Befestigung Fladungens erhalten. Die Mauer ist beinahe einen Meter stark. Fünf Wehrtürme beherrschen die Mauer, außerdem saßen 16 Reitertürmchen auf der Mauer, drei sind noch als Ruine und eines ganz erhalten. Beim Oberen Tor steht der Maulaffenturm, er diente als Gefängnis. In Sichtweite steht der Vexierturm, der von jeder Seite anders aussieht, er ist rund und eckig. Am Hang des Hamelberges gleichen sich die drei restlichen Türme, sie sind viereckig mit Satteldach: Thürnersturm, Jakobsturm und Pulverturm.

1628 wurde das Amtshaus gebaut. Heute sind die Stadtverwaltung und das Rhönmuseum darin untergebracht. Als Regionsmuseum sind Geologie und Naturkunde genauso vertreten wie Geschichte und Volkskunde, Vor- und Frühgeschichte, z.B. mit Ausgrabungen aus den Hügelgräbern von Stetten und Stockheim, Stadtgeschichte z.B. mit der Stadternennungsurkunde Kaiser Ludwigs. Hauptsammelgebiet sind aber Gegenstände, die Handwerk, Zunftwesen und bäuerliches Alltagswesen in der Rhön belegen: Töpfe, Möbel, Ofenplatten, Skulpturen, Grabkreuze, Trachten und vieles andere.

Das Grabfeld dehnte sich im Mittelalter bis an den oberen Main aus, d.h., ein großer Teil des Gaugebietes wird heute durch Teile der DDR vom übrigen Gebiet getrennt. Außerdem wurde schon sehr früh Coburg samt Umland sächsisch, so daß der Rest kaum als dem Grabfeld zugehörig betrachtet wird. Trotzdem gehört die Geschichte dieser Orte hierher.

Coburgs Geschichte beginnt in der Jungsteinzeit um 2000 v. Chr. In der Völkerwanderungszeit stand hier eine Fliehburg. 1056 erwähnt eine Schenkungsurkunde zum erstenmal den Namen Coburg, als die Polenkönigin Richeza, Tochter des Pfalzgrafen Erenfrid-Ezzo, ihre Coburger Güter ihrem Bruder, Erzbischof Hermann von Köln, vermachte. Eine Urkunde von 1075 beschreibt den Berg Coburg so: eine Kapelle mit einer Wohnung für den Vogt namens Gerhart. Aus der Bergsiedlung wurde die befestigte Burg, die 1225 als „sloss" bezeichnet wurde. Mit der Zeit übernahm die Burg den Schutz der Talsiedlung Trufalistat. Die Herren von Coburg waren die Herzöge von Andechs-Meranien, denen 1248 die Grafen von Henneberg folgten. Vorübergehend, von 1292 bis 1312, gelangte Coburg in den Besitz der brandenburgischen Markgrafen. 1353 endete die fränkische Zeit Coburgs, als Markgraf Friedrich der Strenge von Meißen aus dem Hause Wettin Coburg erbte. Erst mit der Volksabstimmung 1920 kam Coburg wieder zu Franken innerhalb des bayerischen Staates.

Zu den ältesten Teilen der Veste, die noch in die Zeit der Gründung zurückgehen, gehören der Palas oder Fürstenbau, die anschließende Küche und die Steinerne Kemenate. Diese Gebäude wurden jedoch um 1500 umgebaut. Der Blaue Turm ist der einzige aus alter Zeit erhaltene Bau, er ist um 1200 ent-

Coburg, Steinernes Haus der Veste Coburg

standen. An Stelle eines romanischen Wehrturmes trat die Hohe Bastei, die 1533 ausgebaut wurde. Seine Fundamente wurden bei Grabungen festgestellt. Ebenfalls wurden Fundamente des ehemaligen runden Bergfrieds entdeckt.

Die meisten anderen Gebäude dienen heute als Museumsräume: der Herzoginbau mit Wagen und Schlitten und Rüstkammer, der Carl-Eduard-Bau mit Kunstsammlungen und Kupferstichkabinett, die Steinerne Kemenate mit Kunstsammlungen. Der Fürstenbau enthält die Wohnräume der Herzöge von Coburg, sie sind zusammen mit der Lutherkapelle zu besichtigen.

Die Stadtresidenz der Coburger Herzöge von 1547–1918 ist die Ehrenburg, sie gehört zur sächsischen Periode Coburgs.

Reste der mittelalterlichen Befestigungsanlagen mit Spitaltor, Judentor und Ketschentor reichen in die fränkische Zeit zurück. Am Judentor hat sich das größte Stück der Stadtmauer gehalten, sogar zwei Rundtürme blieben und zeigen, wie die Art der Coburger Wehrtürme war. Am Ketschentor leitet die Mauer zum ehemaligen Stadtgraben über, der Stadt und Festungsberg trennte.

Im Umland Coburgs, das denselben Herrschaftswechsel mitmachte, stehen einige Schlösser, davon sollen vor allem Schloß **Tambach** mit dem Wildpark, Schloß **Ahorn,** Schloß **Mitwitz,** Schloß **Untersiemau** und Schloß **Rosenau** erwähnt werden.
Ruine **Lauterburg** ist wegen Einsturzgefahr gesprengt worden.

Nicht zum Coburger Gebiet aber zum Grabfeld gehört **Seßlach.** 800 wird Seßlach als „duo Sezzelacha", 837/38 als „Sezzilahono marca" und 1223 als „Sezzela" genannt. In der Schlacht des Herzogs Otto VIII. von Meranien mit dem Würzburger Bischof Hermann I. von Lobdeburg wurde Sesslach 1244 völlig zerstört. 1335 verlieh Kaiser Ludwig d. Bayer dem Ort die Stadtrechte. Während des Bauernkrieges beteiligte sich Sesslach auf Seiten der Bauern, dafür wurden fünf Bürger am 27. Juni 1525 auf dem Marktplatz enthauptet. 1632 wurde Sesslach von den Schweden geplündert und teilweise niedergebrannt. Größere Verwüstung richteten Reiter des kaiserlichen Heeres 1640 an. Es dauerte ein halbes Jahrhundert, bis Sesslach sich wieder von den Schäden des Dreißigjährigen Krieges erholt hatte.

Die Stadtbefestigung konnte fast ohne störende Eingriffe bis heute erhalten werden. Drei Tore führen in die Stadt: das Eckersdorfer Tor, Rothenberger Tor und Hattersdorfer Tor. Das Eckersdorfer Tor, der Turm war 1551 fertiggestellt, führt zur Burg Geyersberg. Im Turm des Rothenberger Tores war das Gefängnis bis 1879, er wurde um 1616 gebaut. Der Turm des Hattersdorfer Tores diente als Wach- und Beobachtungsturm, er ist der höchste Turm außer dem Kirchturm. In allen Tordurchfahrten lehnen noch die Torflügel, so daß jederzeit die Stadt verschlossen werden könnte. Die Ringmauer ist zwischen

Seßlach, westliche Stadtmauer mit Rothenberger Tor

sechs und acht Meter hoch. Alle 20 oder 25 Meter ragten über die Mauer achteckige oder runde Türme empor, allerdings sind nur noch vier übriggeblieben, die anderen wurden im 19. Jahrhundert bis auf Mauerhöhe abgebrochen, auch die Wehrgänge verschwanden zu dieser Zeit. Wall und Graben sind zum Teil vorhanden.

Die ehemalige Burg **Geyersberg** über Seßlach war im Besitz der Freiherrn von Lichtenstein. In die wenigen Gebäude, die vom Krieg verschont blieben, ist eine Gaststätte eingezogen.

Rodach ging aus Höfen hervor, die karolingischer Besitz waren. Seit dem 9. Jahrhundert waren sie an die Henneberger Grafen verliehen. Graf Poppo II. wurde der Besitz von König Arnulf von 892 bis 899 entzogen. Einige Güter gehörten der Kirche auf dem Georgenberg, die 1135 Bischof Otto von Bamberg einem neugegründeten Kloster schenkte. Dieses Kloster Veßra kam bald in den gesamten Besitz Rodachs, doch die Lehnshoheit blieb bei den Hennebergern. 1353 gelangte Rodach durch Heirat an den Markgrafen von Meißen und durch die Verheiratung einer Meißner Gräfin mit einem Henneberger wieder an diese Familie zurück. Als die Henneberger ausstarben, wurde Rodach sächsisch. 1531 wurde Rodach zur Wettinischen Landesfestung in Franken ausgebaut.

Drei Stadtbrände prägten die Baugeschichte der Stadt. Erstmals brannten große Teile der Stadt 1386 ab, 1632 wurde kein Haus verschont, und 1825 wurden noch einmal beinahe 30 Gebäude vernichtet. Für den Wiederaufbau verwendeten die Geschädigten Steine der zum Teil niedergelegten Stadtmauer.

Die nördliche Hälfte der Altstadt Rodachs ist noch insgesamt von Mauern umgeben, meist ist die Mauer in seiner ehemaligen Höhe erhalten und fast nirgends ist der Graben eingeebnet. Wo sich das Tor im Westen, das Hildburghäuser Tor, befand, steht der Kupferturm aus dem 14. Jahrhundert. Bastionartige, niedere Turmbauten sicherten die Nordwestecke. Zwei Türme mit spitzem Dach, einer hinter der Kirche und ein Schalenturm am Ende der erhaltenen Mauer, geben einen Eindruck, wie Rodach bewehrt war. Der höchste Turm wurde im 19. Jahrhundert durch ein Fachwerkgeschoß aufgestockt. Die beiden anderen Türme heißen Pulverturm und Schulturm.

HASSGAU

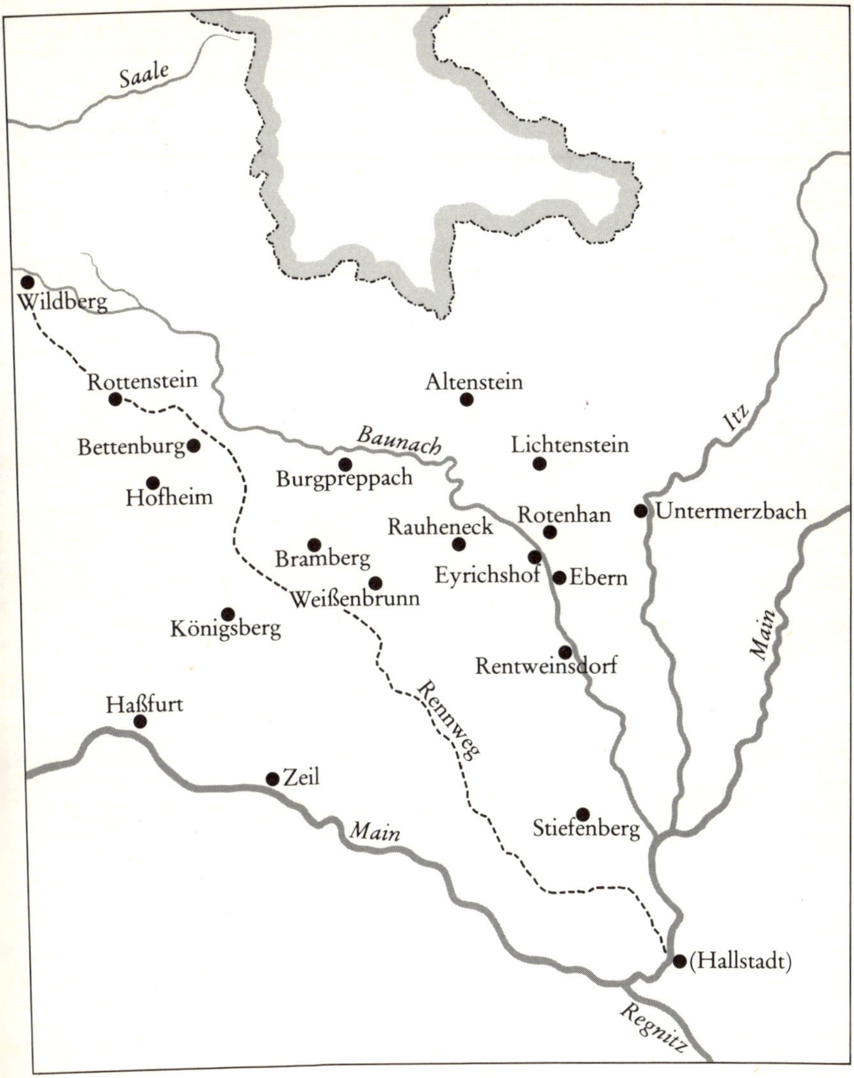

Seit frühester Zeit zieht sich auf der Kammhöhe der Haßberge der Rennweg entlang. Auf ihm ritt schon Karl der Große mit seinem Gefolge, wenn er von Fulda nach Forchheim unterwegs war. Der Rennweg war die „Straße" für die

Boten von Burg zu Burg. Die Kaufmannswagen mit ihrem Schutzgeleit benützten ihn als Verkehrsweg. Heere kamen auf ihm schneller zu ihrem feindlichen Ziel. In bösen Zeiten wurde er von Raubrittern unsicher gemacht.
Mehr als 200 Rennwege, die auch Rennsteige, Rennstieg oder Rennleite heißen, gibt es in Deutschland. Der Rennweg der Haßberge beginnt in Dörflein bei Bamberg und endet in der Nähe der Wildburg am nordwestlichen Abhang der Haßberge bei Sulzfeld.
Die Höhen waren entlang des Rennweges durch Burgen gesichert, gleichzeitig bedeuteten sie Schutz für die Königshöfe in der Ebene im Westen. Eine ähnliche Burgenkette begleitet die Baunach im Osten des Hassgaues.
Vom Königshof in **Hallstadt** – heute Vorort von Bamberg – ist nichts mehr zu sehen. Als Burgstall ist lediglich Burg **Stiefenberg** bekannt. Burg **Weißenbrunn** ist auch verschwunden.

Ruine **Brambergs** ausgedehnte Mauerreste, Eingangstor, Turmreste, Gewölbe wurden in letzter Zeit durch renovierende Arbeiten so weit gesichert, daß die Ruine nicht noch weiter zerfällt.
In Urkunden wird 1108 Heriman von Bramberg genannt. Steven von Bramberg beteiligte sich beim Hoftag zu Würzburg 1163. Im Unfrieden mit dem Hochstift Würzburg wurde die Burg auf Befehl Friedrichs I. Barbarossa 1168 zerstört. Aber schon bald danach werden wieder Edle von Bramberg genannt. Als Zeuge bei einer Urkunde unterschrieb 1182 Hermann von Bramberg. 1244 erscheint Friedrich von Bramberg als Zeuge. Burg und Amt Bramberg wurden oft verpfändet. Seit 1401 blieb aber Caspar von Bibra im Besitz des Amtes. In einem Vertrag von 1449 trat er alle seine Güter an seine Söhne Berthold und Heinrich ab. Seit 1436 wird Heinrich Amtmann zu Bramberg genannt. Valentin von Bibra, ein Sohn Heinrichs, wurde 1483 auf ein Jahr zum Amtmann bestellt. Nach Ablauf seines Amtsjahres verließ Valentin den Bramberg und Christoph Fuchs zu Leuzendorf, der bereits Amtmann von Rauheneck-Ebern war, wurde sein Nachfolger für drei Jahre. Wiglos (von) Wolfskel war von 1492–97 Amtmann. 1498 bis 1512 folgte Georg Fuchs von Bimbach zu Gleisenau, darauf Christoph Fuchs zu Leuzendorf von 1514–22.
Beim Bauernaufstand 1525 war Erhart von Wichsenstein Amtmann. Da die Burg nicht mit genügend Mannschaft, Proviant und Munition versorgt war, zog er auf die Wallburg bei Eltmann ab. Am 7. Mai 1525 wurde die Burg von den Bauern eingenommen, geplündert und abgebrannt. Sie wurde nur notdürftig wieder hergestellt, und um 1560 wurde das Amt Bramberg mit Rauheneck vereinigt, und der Amtmann nahm seinen Sitz zu Rauheneck. Die Burg blieb ihrem Schicksal überlassen.

Die mittelalterliche **Bettenburg**, durch Urkunden verhältnismäßig spät bekannt, wird 1231 erwähnt. Ein Domherr zu Bamberg, Ulrich von Bettenburg, trat als Zeuge in Urkunden in den Jahren 1239–1248 auf. Die Burgmannen standen im Dienst des Grafen von Meranien. Wann und warum sich der Besitzwechsel von den Grafen zum Hochstift vollzogen hat, ist nicht ganz klar. Nach verschiedenen anderen Besitzern wurde die Bettenburg dem Truchseß von Wetzhausen übertragen. Seit 1343 war diese Familie mit der Bettenburg verbunden. So wie die frühmittelalterliche Burg als Wache am Rennsteig verschwand, ist auch die hochmittelalterliche Burg 1525 im Bauernkrieg zerstört worden. Der Bau des heutigen Schlosses wurde 1535 errichtet. Heute befindet sich in den Schloßräumen ein Rehabilitationszentrum und kann zur Besichtigung nicht betreten werden.

Burg **Rottenstein** wurde 1525 zerstört. Hier saß das Adelsgeschlecht der Zollner von Rottenstein. Die Burg wurde nach ihrer Zerstörung nicht mehr aufgebaut. Heute ist auch nur noch der Burgstall bekannt, es sind aber keine Mauern mehr zu finden.

Die Ruine **Wildburg** dehnt sich auf 60 m aus. Es sind nur wenige Mauern und Gewölbereste, die kaum einen Zusammenhang haben, auf dem Gelände zerstreut. Geschichtliches aus der Zeit vor 1200 ist fast nichts bekannt. Erwähnt wird die Burg Anfang des 13. Jahrhunderts. Mit Konrad von Wildburg starb das Geschlecht 1305 aus. 1298 hat der Würzburger Bischof Manegold die Hälfte des Besitzes erworben, die andere Hälfte vermachte Konrad 1272 seinem Schwager, Heinrich von Henneberg. Später fiel auch dieser Teil an Würzburg. Im Bauernkrieg wurde die Burg 1525 zerstört.

Viele Orte, die in der Ebene den Haßbergen vorgelagert sind, besitzen adelige Landsitze, die nicht selten ein schloßartiges Aussehen haben. Diese „ Schlösser" gehen meist auf mittelalterliche Königshöfe zurück.

Als Königshof wurde **Hofheim** gegründet. Um 780 – 800 war Hofheim karolingischer Verwaltungsort, durch Wall und Graben geschützt. Um 800 übergab eine Gräfin Regisvint Hofheim dem Kloster Fulda. Um 1043 war auch das Benediktinerkloster Obertheres in Hofheim begütet. 1108 schenkte der Burgvogt von Bamberg, Wolfram von Abenberg, einen Hof dem Domkapitel von Bamberg. 1140 erhielt das Kloster Ebrach von König Konrad III. drei Güter in Hofheim, die durch Tausch an das Hochstift Würzburg gelangten. Mitte 13. Jahrhundert kam Graf Hermann von Henneberg in den Besitz von Hofheim, da er als bambergischer Feldhauptmann die Erbstreitigkeiten zwischen Bamberg und den Erben von Herzog Otto III. von Meran zugunsten Bambergs durch einen Krieg im Sommer 1249 löste. Graf Eberhard von Württemberg, verheiratet mit Elsbeth, einer Hennebergerin, verkaufte 1354 sein Erbe, zu dem auch ein Teil Hofheims gehörte, an den Würzburger Fürstbischof Albrecht II. von Hohenlohe. Ein anderer Teil ging zur selben Zeit an Markgraf Albrecht von Zollern. Seit 1385 kann von der Stadt Hofheim geredet werden, denn im „Stadtbuch von Hofheim" ist eine Verfassung niedergeschrieben. Es ist ein Stadtsiegel bekannt, und die Stadt ist durch Mauer und Tore befestigt. Allerdings mußte diese Befestigung niedergelegt werden, da Hofheim am Bauernaufstand 1525 teilnahm. Was von der Erneuerung danach übriggeblieben ist bis heute, sind nur niedere Turmstümpfe und Mauerreste aus Bruchsteinen in Höhe von zwei bis vier Meter. Drei Stadttore, die mehr Wohnbauten ähneln und nicht für Verteidigung geeignet sind, stehen nach Süd, Nord und Ost.

Ein sagenhaftes Dorf Ingelhofen und ein wahrscheinlicher Königshof um 800 stehen am Beginn der legendären Geschichte von **Königsberg**. Als Henneberger Burggrafentum wurde es dem Gaugrafen des Grabfeldes zum Lehen gegeben. Der Henneberger Graf wurde vom Kaiser gleichzeitig als Oberreichsvogt für diese Gegend eingesetzt. 1234 wird Königsberg als Künsberg erstmals in Urkunden genannt. 1330 bestätigte Kaiser Ludwig der Bayer Graf Berthold VII. von Henneberg das „Land Burg (castrum) u. Stadt (oppidum)". 1333 erhielt Berthold für Königsberg vom Kaiser das Marktrecht und 1358 die Gerichtsbarkeit. 1343 wurde mit dem Bau der Stadtbefestigung begonnen. 1394 wurden die Stadtrechte durch das Recht der freien Bürgeraufnahme erweitert. Etwa sechzigmal wechselte der Herr der Stadt, entweder durch Verpfändung oder durch Verträge oder Eroberung. Von der Mitte des 15. Jahrhunderts ab teilten sich die sächsischen Herrscherhäuser in dem Besitz der Stadt Königsberg. Albrecht Alcibiades eroberte 1547 die Stadt und bekam sie bis 1552 vom Kaiser zum Lehen. Erst dann wurde wieder Kurfürst Moritz von Sachsen in die „angestammten" Rechte eingesetzt. 1632 wurde Königsberg von Tilly erobert, und am 6. März des Jahres brannte Königsberg. Tilly konnte aber den Brand der Kirche verhindern; jedoch an Pfingsten 1640 wurde bei einem Raubzug von kaiserlichen Soldaten auf dem Kirchboden Feuer gelegt, dem die Kirche zum Opfer fiel.

Von der ehemaligen Stadtbefestigung mit vier äußeren und drei inneren Toren und zwei Pförtchen blieben drei Tore erhalten. Auch die Mauern, die sich von der Ruine herabziehen, stehen noch. Alle drei Tore waren als Fachwerkgebäude zur Verteidigung nicht geeignet. Das Haßfurter Tor im Westen hieß um 1500 Falltor, das Untere oder Unfinder Tor im Norden hieß Schneckentor, und davor liegt das Unfinder Torhaus. Auf dem Weg zur Burg stand das Hoftor mit dem Stadtturm als inneres und das Centtor als äußeres Tor. Dazwischen liegt der Centhof, der heute Jugendherberge ist.

Über die Burg werden noch mehr legendenhafte Geschichten erzählt als über die Stadt. Eine fränkische Königin soll um 750 die Burg gebaut haben, und der Bergfried oder Heidenturm sei gar um 434–438 errichtet worden. In einem Unwetter wurde er 1635 zerrissen. Wahrscheinlicher ist es – und neuere Forschungen bestätigen es –: die Burg wurde in derselben Zeit wie

Burg Königsberg, Lithographie um 1700

die Stadt errichtet. Der Turm mag älter als die übrigen Burgbauten gewesen sein, aber zur Zeit der Völkerwanderung wurde er nicht gebaut. Reste des alten Turmes sind gleich hinter der Zugbrücke mit Mühe zu erkennen. Neben dem Turm stand der Palas und die Kemenate. Die äußere Ringmauer wurde 1493 bis 1511 erbaut. Die Kemenate verschwand 1611 wegen des Neubaus unter Herzogin Dorothea Maria von Sachsen-Weimar. In dem gegenüber stehenden dreistöckigen steinernen Haus ließ die Herzogin 1615 eine Kapelle einrichten. Das ganze Stockwerk darüber nahm der „große Saal" ein. Das Gebäude mit den zwei Rondellen war die Amtmannswohnung. Der innere Burghof wurde geschlossen durch das Hohe Haus und den Neuen Bau mit den fürstlichen Zimmern. Der Zustand, wie es ein Stich zeigt, ist heute fast vollständig verändert. Obwohl die Burg nie erobert wurde, ließ man sie im 18. Jahrhundert verfallen, da sie keinen militärischen Wert mehr hatte.

Es wurde eine Freilichtbühne eingerichtet. Die Wirtschaftsgebäude sind verschwunden, und wo die Kapelle stand, ist heute die Burggaststätte, neben der ein 1861 gebauter Aussichtsturm steht. Im Burghof befindet sich ein 70 Meter tiefer Brunnen mit einem Durchmesser von oben 2,20 und unten 2 Meter. Mit einem Tretrad wurden die Eimer an der fünf Zentner schweren Kette heraufgezogen. Von den Wehranlagen ist nach Süden die Mauer mit drei Rondellen zum Teil erhalten. Die Mauer entlang des Burggrabens, über den die Brücke führt, leitet über zu einer Wohnstube, diese wird heute Seckendorff-Turm genannt. Ein kleines Rondell blieb von der Mauer in Richtung Stadt erhalten. Der Anschluß zur Mauer im Süden fehlt ganz.

Die heutige „Hauptstadt" des Haßgaues ist **Haßfurt.** 1235 wurde Haßfurt zur Stadt erhoben. Von der Befestigung blieben nur wenige Reste stehen, unter anderem zwei Stadttürme.

Zeil war bereits 1142 im Besitz der Bischöfe von Bamberg, und 1452 wird es als Stadt erwähnt. Im 19. Jahrhundert wurde der größte Teil der ehemaligen Stadtbefestigung niedergelegt. Übrig blieb ein Turm, der zum Oberen Stadttor gehörte. Entlang der Mainfront steht noch die Mauer, an der innen einige Tragbogen des Wehrganges zu erkennen sind. Außerdem wurde die Mauer durch Schalentürme verstärkt. Das ehemalige Jagdschloß des Fürstbischofs Lothar Franz Graf von Schönborn ist heute Finanzamt.

Außerhalb Zeils liegt die Ruine **Schmachtenberg.** In einem Dokument von 1348 werden die Burg mit drei Türmen und Ringmauer mit Burgtor beschrieben. In einem Turm, vermutlich im Bergfried, befand sich die Burgkapelle.

Über die Frühzeit der Burg ist wenig bekannt. 1250 verpfändete Bischof Heinrich von Bamberg die Burg an Ludwig von Rotenhan. 1356 gab Bischof Leupold die Burg dem Konrad von Steinfeldt. Weitere Verpfändungen brachten die Burg in immer andere Hände. 1525 kam es im Umland von Bamberg zu Bauernaufständen, die zur Einnahme der Burg am 17. Mai 1525 führten. Zur selben Zeit wurden auch die Schlösser zu Ebelsbach und Gleisenau erobert. Beide wurden wieder aufgebaut. Burg Schmachtenberg nur für wenige Jahre, denn im Markgräfler Krieg wurde sie erneut am 27. Mai 1553 zerstört. Die Burg wurde nicht mehr aufgebaut, ihre Ruinenreste wurden für den Bau des Jagdschlosses in Zeil benützt. Ein Halsgraben trennt an der Südost- und Nordwestseite die Ringmauer vom Berg. Erhalten sind nur noch zum Teil die Umfassungsmauern und zwei runde Flankierungstürme. An der Südseite lag ein Zwinger. Die Zwingermauer hat noch etwa zehn Meter Höhe. Sie trug einen Wehrgang. Aus den Mauerresten kann nur auf vermutliche Räume geschlossen werden.

Genauso wie der Rennweg als roter Faden in den Haßbergen dient, kann es auch die Baunach sein. Dem Rennweg ist mehr die westliche Hälfte des Haßgaues, der Baunach mehr die östliche zugeordnet.

Ebern als Ortsname ist seit 1216 bekannt. Wahrscheinlich ist diese Siedlung aber älter, da der benachbarte Ort Lützelebern schon um 1151 bestand. 1230 war Ebern eine würzburgische Stadt (civitas), und 1232 wurde die Pfarrei von Pfarrweisach abgetrennt. 1244 während der Kämpfe um die Nachfolge der Andechs-Meranier wurde Ebern niedergebrannt. Mit Erlaubnis von Kaiser Ludwig d. Bayern wurden Ebern 1335 von Bischof Hermann von Lichtenberg die Stadtrechte verliehen. Ebern wurde daraufhin mit Mauer und Graben umgeben. Als Stadtrecht galt das Gelnhauser-Recht. 1396–99 gehörte Ebern dem fränkischen Städtebund an. 1430 brannte Ebern das zweite Mal bis auf wenige Häuser ab. Im Bauernkrieg stellte sich Ebern auf die Seite der Bauern.

Die Befestigung, die bald nach der Stadterhebung begonnen wurde und über die es weitere Baunachrichten von 1455, 1477 und 1576 gibt, ist zum größten Teil noch heute zu sehen. An der Außenmauer entlang führt ein Weg vom Gänsturm zum Diebsturm. Sonstige Mauerreste sind durch die Bebauung kaum zugänglich. Auch in die Häuser verschachtelt steht der Storchentum. Einziger Teil, der vom Grautor übrigblieb, ist der Torturm.

Die Ruine **Rotenhan** liegt nördlich von Ebern. Mauern und Felsen ergänzten sich zu einer Burg. Erhalten blieb vor allem, was in die Felsen geschlagen wurde.

Es gibt zwei Linien: die gräfliche und die freiherrliche Familie von Rotenhan. Erstere starb mit Maximilian von Rotenhan 1886 aus. Auf dieses Geschlecht geht das Schloß von Untermerzbach zurück, heute ist es im Besitz des Pallottinerordens. Die Stammburg der freiherrlichen Linie wurde unter Wolfram III. von Rotenhan vom Würzburger Bischof Wolfram von Grumbach 1323 belagert, und nach ihrer Schleifung mußte Wolfram von Rotenhan und seine Nachkommen versprechen, sie nie wieder aufzubauen. **Eyrichshof** lag in rotenhanschem Gebiet, und hier wurde das Zentrum der Familie neu errichtet. Im Bauernkrieg zerstört, wurde Schloß Eyrichshof wieder von 1530 bis 1580 errichtet und in dem folgenden Jahrhundert erweitert. Das Schloß in **Rentweinsdorf** geht auf einen Adelssitz um 1232 zurück, der um 1317 als rotenhanisch erklärt wird.

Burg **Rauheneck** auf dem Westrand des Haubenberges ist heute eine Ruine, von der noch ausgedehnte Ringmauern und Turmreste sowie ein Teil des Hauptgebäudes (bis zum 2. Stock) zu sehen sind. Auch die Mauern der tiefer gelegenen Schloßkirche sind noch zu erkennen. Am 12. Januar 1231 übergab Hermann von Rauheneck seine Güter der Würzburger Kirche und erhielt sie von Bischof Hermann als Lehen zurück. Das Hochstift setzte Vögte und Burgmannen auf Rauheneck zur Verwaltung und Verteidigung der Burg ein. Genannt werden um 1300 Konrad „Standigel", 1304 Wolvelin, 1341 Heinrich von Wiesen, 1346 Hans Truchseß von Birke, 1364 Apel Fuchs und vor 1378 Ritter Götz (Geck) von Füllbach. Dietz Marschalk von Lichtenfels erhielt 1378 Burg Rauheneck und Amt als Erbe. Seine Nachkommen erweiterten den Besitz beträchtlich. Als Rauheneck 1476 in den Besitz des Hochstifts von Würzburg übergegangen war, wechselten die Burgmänner auf der Burg regelmäßig. Unter anderen erhielt 1486 Hartung von Bibra die Burg und einige Dörfer. Bei Ausbruch des Bauernkrieges 1525 wurde nach kurzer Belagerung Rauheneck am 13. Mai eingenommen. Um 1560 wurden die Ämter Bramberg und Rauheneck vereinigt. Während des Dreißigjährigen Krieges, von 1621 bis 1630, war Adam Hermann von Rotenhan Amtmann. Seine Geschäfte führte er jedoch von seinem Gut Eyrichshof aus. 1633–34 war Lorenz Scheffer schwedischer Amtmann auf Rauheneck. In dieser Zeit scheint in der Burg übel gehaust worden zu sein. Noch viele Amtmänner müßten genannt werden. Erst 1720 wurde die Burg gänzlich geräumt, worauf sie dann zerfiel.

Burg **Lichtenstein** ist der Stammsitz des Geschlechts, das 1086 erstmals erwähnt wird. Die Anlage umfaßte drei Burgen. Die nördliche Burg, die um 1232 genannt wird, wurde im Bauernkrieg zerstört und zerfällt seither. Verschiedene Felsplateaus wurden in den Bau der Burg einbezogen. Heute steht isoliert von den anderen Mauerresten der Bergfried auf hohem Fels. Ein teilweise zerstörter Rundturm sicherte ehemals die Burgecke. Treppen, die in den Fels gehauen sind, führten sowohl in Gewölbe wie in heute nicht mehr vorhandene Gebäude, deren Grundrisse aber durch die vielen Mauerreste zu erkennen sind. Die Südburg ist erhalten mit Mauer umgeben und bewohnt. Der Bergfried wurde als Wohnturm ausgebaut. Die evangelische Pfarrkirche in der Nähe steht auf dem Platz der dritten Burg.

Burg Altenstein, Stahlstich von E. und A. Willmann

Das alte Schloß von **Burgpreppach** wurde 1715 abgebrochen. Vermutlich wurde das Schloß in seiner heutigen Drei-Flügel-Anlage von Architekt Joseph Geising geplant und unter seiner Anleitung errichtet. Spätestens 1724 war es vollendet. Heute wird das Schloß von der Familie von Bimbach und Dornheim bewohnt.

Nicht mehr ins Tal der Baunach gehört **Altenstein**. Am Rande des Dorfes liegt die Ruine Altenstein. Dem Dorf zugewandt ist die Zwingeranlage mit zwei Rundtürmen, die den Torbau flankieren. An Stelle der ehemaligen Zugbrücke trat eine dreibogige Steinbrücke. Hinter dem Tor erhob sich der Bergfried aus dem 13. Jahrhundert. Allerdings steht nur noch die dem Tor zugewandte Seite. Auf dem Gelände liegen viele Mauerreste, Gewölbe und Keller. Zusammen mit der Kirchenruine ist aber die Burgruine sehr gefährdet. Sie droht völlig einzustürzen, da sich durch Wasseransammlung im Berginnern die Erde, auf der die Ruine steht, bewegt und abgleitet.

Urkundlich wird die Familie Altenstein meist lateinisch „de antiquo lapide" seit 1225 genannt. 1254 soll die Burg vom Würzburger Bischof Iring von Hohenberg eingenommen worden sein und 11 von 12 Brüdern wurden enthauptet. Der letzte Herdegen oder Seifried entkam, später nahm er Burg und Familiengüter vom Würzburger Bischof zu Lehen. Meist waren die Herren von Altenstein Lehnsleute des Hochstifts zu Würzburg. Als Wilhelm von Stein auf der feindlichen Seite stand, wurde er am 18. April 1567 in Gotha enthauptet und der Familie das Würzburger Lehen entzogen. Seit im Bauernkrieg Teile der Stammburg zerstört wurden, setzte ein Tiefstand der Familie ein. 1632 wurde die Burg größtenteils vernichtet und nicht mehr aufgebaut.

RADENZGAU
Lauenstein
Lichtenb
Rodach
Mitwitz
Kronach
Theisenort
Oberlangenstadt
Küps
Redwitz
Stadtsteinach
Banz
Lichtenfels
Burgkunstadt
Guttenberg
Staffelstein
Main
Kulmbach
Weismain
Weißer Main
Niesten
Main
Thurnau
Bad Berneck
Sanspareil
Roter Main
Giech
Wiesentfels
Freienfels
Königsfeld
Neidenstein
Hollfeld
Main
Seehof
Bayreuth
Donndorf
Wiesent
Aufseß
Plankenstein
Greifenstein
Thiergarten
Wüstenstein
Weiher
Waischenfeld
Unterleinleiter
Rabenstein
Trockau
Regnitz
Streitberg
Creussen
Rabeneck
Adlitz
Buttenheim
Neideck
Wiesent
Kohlstein
Burggaillenreuth
Hollenberg
Pretzfeld
Gößweinstein
Pottenstein
Aisch
Forchheim
Hagenbach
Pegnitz
Pegnitz
Kühlenfels
Höchstadt
Adelsdorf
Hundshaupten
Bärnfels
Wiesenthau
Thurn
Regnitz
Leienfels
Neuhaus
Egloffstein
Kunreuth
Wolfsberg

Im 7. Jahrhundert erreichten die Franken die Rednitz. In Burk (heutiger Vorort von Forchheim links der Rednitz) errichteten sie ein Kastell. In den Jahren von 714–768 unter Karl Martell und Pippin wurde der Flußübergang vollzogen und ein Königshof in Forchheim angelegt.

805 erließ Karl der Große verschiedene Verordnungen, die als Kapitulare von Diedenhofen (zwischen Metz und Nancy) bekannt sind, unter anderem wurde für den Raum um Forchheim verboten, Waffenhandel mit den Awaren und Slawen, oder besser gesagt Schmuggel, zu treiben. Es war dies die erste urkundliche Nennung **Forchheims.** Seit 741 entwickelte sich aus dem Königshof die Kaiserpfalz, wo für Jahrhunderte die Königswahl stattfand. Hier tagten im 9. und 10. Jahrhundert die Reichs-, Fürsten- und Kirchenversammlungen. Mit der Gründung des Bistums Bamberg 1007 wurde Forchheim zur zweiten Residenz des Bischofs. 1077 wurde während des Canossagangs von Heinrich IV. in Forchheim der Gegenkönig Rudolf gewählt.

Anfang des 13. Jahrhunderts wurde Forchheim zur Stadt erhoben und befestigt. Unter Fürstbischof Weigand von Redwitz wurde 1560 damit begonnen, Forchheim mit Bastionen zu versehen. Die Festungswälle folgen nicht der mittelalterlichen Mauer, von der nur noch wenige Reste erhalten sind. Auch die Festungsmauern mit den Toren sind nur noch teilweise vorhanden, als einziges Tor blieb das Nürnberger Tor stehen. Die Pfalz wurde Ende des 14. Jahrhunderts völlig neu gebaut. Der Westflügel ist 1558 erneuert und 1566/67 der südliche Teil des Westflügels neu gebaut worden. 1603/05 kam es zu Um- und Anbauten des Hauptbaues. Museum und Landespolizeistation teilen sich Pfalzräume. 1372 wurden die Wände mit Fresken bemalt, die zum Teil vom Verputz befreit wurden. Funde aus der Jungsteinzeit bis in die Karolingerzeit und Volkskunst aus dem Gebiet Forchheims und der Fränkischen Schweiz bilden das Sammelgebiet.

Als Urzelle des Radenzgaues oder Rednitzgaues kann das Gebiet angesehen werden, das sich von Forchheim westwärts bis Höchstadt an der Aisch erstreckt. Von Forchheim aus wurde erst später der östliche, größere Teil des Radenzgaues erschlossen.

Auf dem Weg nach Höchstadt kann das Wasserschloß von **Thurn,** das innerhalb eines Freizeitparkes liegt, aus der Ferne besichtigt werden. Auch die Schlösser in **Adelsdorf** und **Neuhaus** sind nicht zu besichtigen. Das Schloß Neuhaus hat noch einen mit Wasser gefüllten Schloßgraben. Neuhaus ist also eines der wenigen Beispiele für ein echtes Wasserschloß. Auch wenn der äußere Anblick von Schloß Neuhaus genügen muß, läßt sich der Besuch des Ortes mit einer Karpfenmahlzeit verbinden, denn in den unzähligen Weihern der Umgebung werden seit Jahrhunderten die berühmten Rangau-Karpfen gezüchtet.

Höchstadt konnte aus der Zeit der Befestigung den größten Teil der Stadtmauer erhalten. Entlang der Aisch ist sie in den Stadtparkanlagen am besten zu betrachten. Im Turm des erhalten gebliebenen Stadttores ist das Heimatmuseum untergebracht. Die Sammlung umfaßt nicht nur Vor- und Frühgeschichte, sondern auch Stadtgeschichte, Volkskunde, Handwerks- und Zunftgeschichte.

Die Franken erweiterten ihr Siedlungsgebiet im Radenzgau gegen Nordosten, wobei die immer weiter vorgeschobene Grenze die Zahl der Burgen erklärt, die gegen die Awaren, Slawen und später Hussiten nötig waren. Diese befestigten Plätze im Gebirge (heute Fränkische Schweiz) gingen der Besiedlung in den Tälern voraus. Im Frankenwald begegnen sich die Siedlungsrichtungen aus dem Süden mit der aus dem Westen vom Grabfeld her. Im Fichtelgebirge trafen die Franken auf die baierischen Siedler, die den Nordgau bewohnten.

Als „Burgenland" ist die Fränkische Schweiz bekannt, und fast auf jedem Gipfel oder an bevorzugten Abhängen sind Burgen oder die Reste von Ruinen zu finden. Oft sind diese Bauten beschrieben worden, meist sind aber die Burgen bewohnt und nicht zu besichtigen. Dazu gehören z.B. Adlitz, Buttenheim, Egloffstein, Freienfels, Gaillenreuth, Hagenbach, Hundshaupten, Kohlstein, Kühlenfels, Kunreuth, Oberaufseß, Plankenfels, Pretzfeld, Rabeneck, Rabenstein (zur Zeit im Wiederaufbau), Trockau, Unterleinleiter, Weiher, Wiesentfels, Wiesenthau, Wüstenstein. Nur wenige Burgen haben ein Museum, das der Öffentlichkeit zugänglich ist. Die Ruinen sind bis auf wenige, wenn überhaupt noch zu erkennen, ein Trümmerhaufen. Wann der Befestigungsgürtel der Burgen immer weiter nach Osten vorgeschoben wurde, läßt sich noch ungefähr an den Jahren erkennen, in denen die Burgen zuerst bekannt wurden, denn zu dieser Zeit müssen sie schon bestanden haben. Die Baujahre selber sind in kaum einem Fall bekannt.

Auf einem Reichstag 918 zu Forchheim befahl König Konrad I. an dem Platz, wo heute die Burg **Pottenstein** steht, eine Grenzbefestigung gegen Ungarn und Slawen zu bauen. Im 11. Jahrhundert war Botho von Kärnten mit dem Ort belehnt, von seinem Namen ist Pottenstein abgeleitet. Er ließ die Burg ausbauen und vergrößern. Um 1100 gelangte die Burg in den Besitz des Bischofs von Bamberg, der hier einen Amtssitz einrichtete. 1228 kam Elisabeth, Gemahlin von Ludwig von Thüringen, nach dessen Tod auf der Flucht auf die Burg Pottenstein, die ihr Onkel, Bischof Ekbert von Bamberg, als Wohnung bis 1229 überließ. Ein Überfall der Hussiten 1430 konnte abgewiesen werden. Im Bauernkrieg wurde die Burg 1525 besetzt und geplündert, und im Markgrafenkrieg wurde sie 1553 teilweise zerstört. Um 1800 wurden die beschädigten und zerfallenen Teile abgetragen.

Die „Untere Burg" dient heute der Familie von Wintzingerode als Wohnung. Die „Obere Burg" ist als Burgmuseum für Besucher zugänglich. Im Kellergeschoß des Palas sind in einem Gewölberaum hauptsächlich mittelalterliche Waffen ausgestellt. Hauptraum im Erdgeschoß ist der Rittersaal. Der Rote Salon ist weitgehend Erinnerungsstücken der Familie Wintzingerode vorbehalten. Das Zimmer der Heiligen Elisabeth liegt im ältesten Teil der Burg. Im Burggarten wurde über der ehemaligen Zisterne ein Brunnenhaus errichtet, in dem alte Hausgeräte zu sehen sind. In der Zehntscheune befindet sich eine burgenkundliche Bilderausstellung. Zwischen zwei Felsen liegt 11 m tief das Burgverlies. Vom Bergfried ist nur der Sockel erhalten, denn er wurde 1816 niedergelegt.

Die Burg von **Gößweinstein** wurde von Bischof Gunther von Bamberg in der 2. Hälfte des 11. Jahrhunderts gebaut. Benannt wurde die Burg nach seinem ersten Bewohner, Goswin – ein Grabfeldgaugraf –, dieser unterstützte den Bischof in der Schlacht mit dem Grafen von Schweinfurt. Sein Sohn Goswin II. baute die Burg weiter aus, Goswin III. residierte bis 1100 auf der Burg. Dann kaufte Bischof Otto I. von Bamberg die Burg und setzte die Vögte ein. Im 13. Jahrhundert war Gößweinstein im Besitz der Grafen von Schlüsselberg. Mit dem Tod des letzten Schlüsselbergers 1347 fiel die Burg wieder an Bamberg zurück. Von dieser Zeit an wechselten die Lehensmänner. Im Bauernkrieg brannte die Burg 1525 ab, mußte aber von den beteiligten Bauern wieder erbaut werden. Zeitweilig mußte der Bischof von Bamberg im Markgrafenkrieg Gößweinstein an den Markgrafen abtreten. 1766–67 erhielt die Burg ihr heutiges Aussehen.

Die Räume der Burg sind entweder als Burgmuseum oder als Gaststätte „Burgstube" zugänglich. Im Hauptbau, mit Blick auf die Stadt, gibt das Romanische Zimmer ein Bild der mittelalterlichen Einrichtung, ebenfalls ist in der Kemenate viel von den Unbequemlichkeiten jener Zeit zu erkennen. Die Steintreppe, an deren Wände Waffen hängen, führt zum Unteren Burghof. An den Hauptbau schließt die „Burgstube" an. Daneben liegt das sieben Meter tiefe, in Fels gehauene Burgverlies. Kapelle und Sakristei zeigen religiöse Kunst. Der runde Bergfried wurde erst Ende letztes Jahrhundert auf die heutige Höhe samt der Zinne gebracht. Im Oberen Burghof liegt die überdachte, 40 m tiefe Zisterne.
Als Wagners „Gralsburg" ist Gößweinstein oft bezeichnet worden, doch sah der Komponist die Burg erst nach Vollendung des Parzifal.

Über **Waischenfeld** erheben sich Ruinen, die ehemals zu einer umfangreichen Burganlage gehörten, die von mehreren Besitzern geteilt wurde. Urkundlich ist Waischenfeld 1079 erstmals genannt. Bis 1347 soll die Hauptburg dem Grafen von Schlüsselberg gehört haben. Vom „Neuen Schloß" sind noch die meisten Reste erhalten. Innerhalb eines ummauerten Burghofes liegt heute ein landwirtschaftlicher Betrieb. An den Umfassungsmauern sind noch Reste von zwei Türmen erhalten. Der „Steinerne Beutel", wenige Schritte vom „Neuen

Schloß" entfernt gehörte zur Burg der Edlen von Eyb. Dieser, nur über eine Leiter zugängliche Turm ist allein übriggeblieben. Sowohl im Markgrafenkrieg wie im Dreißigjährigen Krieg wurden diese Burgen geplündert. Was übrigblieb, wurde in den Jahren um 1870 bis auf den heutigen Zustand abgebrochen.

Das Geschlecht derer von und zu Aufseß weiß seinen Beginn in das Mittelalter zurückzuverfolgen; noch heute wohnen Nachkommen in **Unter-** und **Oberaufseß.**

Die Sage, daß ein Ritter Heinrich von Ufsaze im Jahre 1007 mit dem späteren Kaiser Heinrich II. ins Grenzland der Franken ritt, mag dafür stehen, daß Ritter das Land gegen Osten sicherten. Der durch Dokumente belegte geschichtliche Beginn des Geschlechts war 1114, als Herolt de Ufsaze als freier Mann bezeichnet wurde. Unter den Namen Ufsaze, Hufsezen oder Aufseze sind sie als Edelfreie und nicht als Ministeriale irgendeines Herrn überliefert. Unter Otto von Aufseß entstand 1327 eine Abhängigkeit gegenüber dem Burggrafen von Nürnberg, ohne sich gegen den Bischof von Bamberg zu stellen. Ottos sieben Söhnen gelang diese Politik nicht mehr, und 1378 wurde Aufseß zum Lehen von Nürnberg. Als Konsequenz schlossen die Familienmitglieder 1395 den sogenannten Burgfrieden, der besagt, daß niemand aus der Familie einen Burganteil an einen höheren oder mächtigeren Herren verkaufen darf. Bis zur Zerstörung im Dreißigjährigen Krieg war Aufseß eine Anlage von mehreren Burgen.

Die heutige Burg in Unteraufseß kann besichtigt werden: Der Palas ist nicht mehr bewohnt, nur bei Familienversammlungen treffen sich die Familienmitglieder in dem Teil des Gebäudes, der bei den Führungen nicht zugänglich ist. Aber die Burgkapelle im Erdgeschoß mit einem Flügelaltar aus dem 15. Jahrhundert, der Ahnensaal mit Ausstellungen aus dem Archiv und das ehemalige Verlies werden vom Burgwart sachkundig gezeigt und beschrieben. Das Burgvogteihaus, in dem der Burgwart wohnt, ist ein neueres Gebäude. Vor ihm ist der Burgbrunnen, der im 13. Jahrhundert gegraben wurde. Der älteste Teil der Burg ist das Meingozsteinhaus mit dem Rabenturm. Der Gründer des Germanischen Nationalmuseums in Nürnberg, Hans von Aufseß, wohnte noch im Meingozsteinhaus. An ihn erinnern auch die meisten Gegenstände in den winzigen Räumen. Beinahe wie eine moderne Kochnische mutet die eingerichtete Küche an – vermutlich ist sie die kleinste Burgküche Frankens. Der Rabenturm aus dem 12. Jahrhundert, der als Bergfried gelten kann, ist wegen Baufälligkeit der Treppe nicht besteigbar. Neuester Teil innerhalb der Burgmauern ist die Schloßkirche aus dem 18. Jahrhundert.

Karl von Streitbühel wird 1109 als erster Besitzer von **Streitberg** in einer Urkunde erwähnt. Im 13. Jahrhundert sind aber die Ministerialen von Streitberg

Burg Unteraufseß vor 1600, Zeichnung von Hermann von Aufseß um 1850 (Foto von Prof. Erna Lendvai-Dircksen)

als Abhängige derer von Schlüsselberg genannt. Als 1347 die Schlüsselberger ausstarben, kam Burg Streitberg zu gleichen Teilen an die Bischöfe von Bamberg und Würzburg. Durch einen Scheinvertrag ging 1507 die Burg an den Markgrafen Friedrich von Brandenburg-Kulmbach über. 1553 wurde Streitberg im Kampf der Bischöfe gegen Markgraf Albrecht Alcibiades völlig zerstört. Die wieder aufgebaute Burg ist aber 1811 abgebrochen worden, und auf diese zweite Burg gehen die wenigen Mauerreste und das Burgtor zurück.

Die Ruine **Hollenberg** in der Nähe Pottensteins besteht nur noch aus wenigen, nicht sehr hohen Außenwänden und einem Gewölbe. Die „Burg auf dem hohlen Berg" wurde im 12. Jahrhundert gebaut. 1377 bewohnte sie ein böhmischer Pfleger, Ritter Hermann von Pfosfeld. 1430 gelangte die Burg in Besitz des Wittelbacher Pfalzgrafen Otto. Im Dreißigjährigen Krieg wurde die schon im Bauernkrieg beschädigte Burg endgültig zur Ruine.

Nur wenige Mauerreste der Vor- und Hauptburg bilden die Ruine **Wolfsberg.** Erbaut wurde die Burg im 12. Jahrhundert von den Edelfreien von Wolfsberg. 1169 ist Gozpold de Wolfesperch genannt. Nach Aussterben des Geschlechts fiel die Burg an die Ritter von Gräfenberg. Von der Mitte des 14. Jahrhunderts war das Bistum Bamberg Burgbesitzer. Anfang des letzten Jahrhunderts wurde alles, was sich von der Burg zu Geld machen ließ, von ihrem Besitzer J. Hübschmann verkauft, so daß nur die wenigen Mauerreste blieben.

Burg **Greifenstein** ist heute Wohnsitz des Grafen Schenk von Stauffenberg. Einige Räume wurden als Museum, vor allem mit Jagdtrophäen und Familienerinnerungsstücken ausgestattet, zugänglich gemacht.

Erbaut wurde die Burg von den Greifensteinern im 12. Jahrhundert. Als erster wird Eberhard de Grifinstein 1172 genannt. Die Greifensteiner vererbten die Burg an die Schlüsselberger, die die Burg im 13. und 14. Jahrhundert besaßen. Nach ihrem Aussterben 1347 waren die Ritter von Streitberg bambergische Lehnsträger auf Greifenstein. Sie saßen bis 1690 hier. 1693 kam Greifenstein an die Stauffenberger.

Durch Renovierungsarbeiten an den Mauern der Ruine **Leienfels** ist es möglich, sich die Burgbauten an Hand der Reste vorzustellen, zumal das Burgtor erhalten ist, und ein Turmrest der Fantasie hilft. Als Erbauer der Burg Leienfels werden die Ritter von Leienstein genannt. Diese sind durch Urkunden 1222 für die Nachbarsburg in Leupoldstein belegt. Aber schon 1348 saßen als Burgherren auf Leienfels die Ritter von Egloffstein. In die Zeit der Ritter von Egloffstein fällt auch die erste Erwähnung der Burg um 1372. Götz von Egloffstein wurde als Falschmünzer von Friedrich, Burggraf von Nürnberg, bestraft. Eberhard I. von Egloffstein wurde als Raubritter 1397 enthauptet. Burg Leinefels blieb nach der Eroberung bis 1455 in Trümmern liegen. Unter Sigmund II. von Egloffstein, Reichsschultheiß von Nürnberg, wurde Leienfels wieder aufgebaut. Aber bereits 1525 wurde die Burg von den Bauern erneut zerstört. In Fronarbeit wieder errichtet, wurde unter Veit Rochus von Egloffstein als Amtmann Leienfels von Markgraf Albrecht Alcibiades niedergebrannt. Der Wiederaufbau fand statt, aber im Dreißigjährigen Krieg wurde die Burg so schwer beschädigt, daß sie in den folgenden Jahren zerfiel.

Eine der umfangreichsten Ruinenanlagen der Fränkischen Schweiz bildet die Burgruine **Neideck**. Auf einer Länge von fast 200 m erstreckt sich das Ruinengelände von Hauptburg und zwei Vorburgen. Von den äußeren Anlagen blieb bei der ersten Vorburg eine hohe Mauer, die steil zum Graben abfällt. Die zweite Vorburg, wieder durch Graben gesichert, weist außer zwei Rundtürmen fast keine aufragenden Mauerreste auf. Die beiden Türme sind Ruinen, immer noch zweigeschossig, aber ohne Dach. Isoliert steht der dreigeschossige Hauptturm, mit für Fenster eigenartig großen Öffnungen. Außer ihm, Mauerresten und einer Treppe zu einem Gewölbe blieb nichts von der Hauptburg, die durch einen vier Meter tiefen Graben von der zweiten Vorburg getrennt ist. Außerdem war sie durch eine zum Teil noch stehende Schildmauer geschützt. Erbauer waren Ministerialen der Schlüsselberger. 1303 tritt ein Hermann de Nidek auf, und die Burg wird erstmals 1312 in einer Urkunde genannt. Beim Tod des letzten Schlüsselbergers, Konrad, 1347 kam Neideck an den Bischof von Bamberg. Im Markgräflerkrieg wurde Neideck 1553 durch Verrat erobert und zerstört, seither blieb sie Ruine.

Der Burgfelsen, auf dem die Ruine **Bärnfels** liegt, kann nicht bestiegen werden, da der einzige Zugang durch eine Scheune verbaut ist. Es gäbe auch nur wenige Reste der Ringmauer und Gemäuer des Bergfriedes zu sehen.

Erbaut wurde die Burg von Ritter Siboto I. von Egloffstein zu Leienfels, der in der ersten Hälfte des 14. Jahrhunderts lebte. Von ihm stammen alle noch heute lebenden Freiherrn und Grafen von und zu Egloffstein ab.

Auf dem Gelände der Ruine **Böheimstein** in Pegnitz steht ein Aussichtsturm, die Mauerreste einer Burg sind verschwunden.
Erbaut wurde die Burg 1353 von Kaiser Karl IV. Im Markgräflerkrieg ist Böheimstein 1553 von den Nürnbergern unter Obrist Haug von Parsberg zerstört worden.

Burgruine **Neidenstein** ist so baufällig, daß sie nicht betreten werden kann. Es sind Reste der Ringmauer und vor allem die Giebelwand eines dreigeschossigen Wohngebäudes. Als erster Besitzer wird 1376 Albrecht von Aufseß genannt. Wahrscheinlich bestand die Burg schon um 1300. Im Bauernkrieg brannte die Burg ab, und mit der Entschädigung, die Wilhelm von Aufseß erhielt, baute er das „Schloß" wieder auf. Im Dreißigjährigen Krieg wurde Neidenstein von Hollfeldern überfallen. Deren Zerstörung und späterer Abbruch ließen die Burg bis zum heutigen Zustand verkommen.

Aber auch den Hollfeldern blieben aus der Zeit der Stadtbefestigung nur im Bereich des Oberen Tores erkennbare Mauerteile, die an diese Zeit erinnern.

Die **Giechburg** bei Scheßlitz bestand schon in karolingischer Zeit als Wachposten zwischen den Königshöfen von Hallstadt und Königsfeld. Obwohl die Giechburg nirgends genannt wird, gehörte sie zu den Besitzungen des Markgrafen von Schweinfurt. Erstmals wird durch eine Urkunde vom 4. März 1125 Wilhelm von Giech genannt. Dieser ist mütterlicherseits mit dem Markgrafen von Schweinfurt verwandt.
Durch die Tochter Graf Rapotos von Giech, der um 1130 lebte, gelangte durch Heirat die Burg an Graf Poppo von Andechs-Plassenburg. 1142 schenk-

te sie aber die Burg dem Bamberger Bischof. Lehnsinhaber blieben bis zum Tod des letzten Andechser 1248 diese Grafen. Die Erbstreitigkeiten dauerten lange, denn Friedrich von Truhendingen beanspruchte das Erbe. Erst 1390 konnte Bischof Lamprecht von Brunn die Giechburg von Oswald und Johann von Truhendingen zurückkaufen. Von dieser Zeit an blieb die Giechburg bambergischer Amtssitz.

Was heute von der Giechburg zu sehen ist, geht, bis auf den Bergfried, nicht mehr auf die mittelalterliche Burg zurück. Festungsartig wurde die Giechburg unter den Bamberger Fürstbischöfen erweitert. Zweimal wurde sie zerstört: im Bauernkrieg 1525 und im Markgrafenkrieg am 5. Mai 1553.

In den Westbau zog eine Gaststätte ein. Der Nordbau zeigt weiterhin die fensterlosen Öffnungen. Mauern und Bastionen sollen vor dem Einsturz gesichert, dann soll auch der Bergfried wieder zugänglich gemacht werden.

Im Schloß **Seehof** bei Bamberg, eine vierflüglige Anlage mit Kuppelecktürmen, ist die Bayerische Verwaltung der staatlichen Schlösser, Gärten und Seen eingezogen.

Nach der Gründung des Bistums Bamberg ging eine Siedlungswelle mainaufwärts in den Frankenwald. Vorgeschichtliche Befestigungen, wie auf dem Staffelberg, verloren ihren Rang an die „Bamberger" Neugründungen.

1069 wurde Burg **Banz** von Alberade, der letzten Erbtochter des Grafen von Schweinfurt, dem Benediktinerorden geschenkt und dem Bistum Bamberg unterstellt. Seither ist „Schloß" Banz Kloster geblieben.

Von Banz läßt sich auf **Staffelstein** und **Lichtenfels** herunterschauen. Staffelstein ist mit geringen Resten der Stadtbefestigung ausgestattet. Es blieb der Stadtturm. Aber das Heimatmuseum, das nicht nur Volkskunde oder Erinnerungen an Adam Riese pflegt, zeigt auch Sammlungen, die von der Prähistorie bis in die mittelalterliche Geschichte reichen.

Um 800 wird „Burg" Lichtenfels schon urkundlich erwähnt. Tatsächlich wird um das Jahr 1000 eine Festung auf dem „lichten Felsen" erbaut, diese Burg ist aber im Bauernkrieg 1525 zerstört worden. Gegründet wurde sie vom Grafen von Schweinfurt. Mit der Stadtrechtsverleihung an den Ort um 1130 kam die Burg an Graf Reginboto von Giech, dessen Tochter Chuniza sie 1135 mit in die Ehe brachte, als sie Graf Poppo von Andechs-Plassenburg heiratete. 1142 vermachte Chuniza Lichtenfels dem Bistum Bamberg. In dieser Urkunde wird der Ortsname zum erstenmal erwähnt, seit 1130 besitzt die Siedlung unter der Burg das Stadtrecht. An diese Schenkung knüpfte sich ein Streit des Andechs-Meranischen Hauses mit dem Bistum, bis 1260 das Erbe endgültig an Bamberg fiel. Otto I. von Meranien machte 1206/08 die Siedlung zum Markt und 1231 zur Stadt. In den folgenden Jahrzehnten wurde die

Stadt befestigt. Um 1400 besaß Lichtenfels einen Mauerring mit neun Türmen und Toren. Heute sind noch drei Türme und große Teile der Mauer erhalten. Der Obere Torturm (Kronacher Tor) ist 41 m hoch, in ihm war das Verlies. Außerdem diente er als Wachturm. 1813 wurde das Tor abgebrochen, so daß nur der Turm übrigblieb. Das Untere Tor oder Bamberger Tor ist erhalten. Über den Häusern der Altstadt innerhalb des Mauerringes liegt das Stadtschloß. Es wurde 1555 von Graf Kaspar von Sternfels erbaut. Gegenüber, auf dem höchsten Punkt der Stadtbefestigung, steht der Rote Turm, das Röschentürmlein, mit ihm ist noch ein Teil der Stadtmauer samt Wehrgang verbunden. Auch sonst lassen sich immer wieder in engen Gassen und hinter Häusern Reste der Stadtmauer rings um den Altstadtkern entdecken.

Nur ganz geringe Reste der Stadtbefestigung in **Burgkunstadt** sind erhalten geblieben. Die Gründung von Burgkunstadt ist nicht bekannt. In einem Protokoll aus dem Jahre 1059 wird ein Aeplin von Connstat genannt. In der Zeit danach wird sich um die Burg der Ort gebildet haben. Als Stadt wird der Ort erst 1323 bezeichnet.

Südlich von Burgkunstadt liegt **Weismain.** 800 schenkte Emhild, mit Karl dem Großen verwandt, dem Kloster Fulda einige Güter in Weismain. In der Stauferzeit kam Weismain an die Herzöge von Andechs-Meranien. Als das Geschlecht 1248 ausstarb, wurde der Ort dem Hochstift Bamberg überlassen. 1302 wurde Weismain zur Stadt erhoben. Mauern mit Wall und Graben und

Weismain, Oberes Tor

drei Toren wurden gebaut. 1410 erhielten die Bürger das „Mulz- und Braurecht". Während der Hussiteneinfällen brannten große Teile der Stadt zweimal ab. Im Markgräflerkrieg wurde von Albrecht Alcibiades 1552–1555 um den Ort hart gekämpft. Die 2. Hälfte des 16. Jahrhunderts gilt als die Blütezeit von Weismain.

In Weismain ist bis auf ganz wenige Stellen die Stadtmauer erhalten. Zwei Tore wurden entfernt, aber das Obere Tor, durch das die Straße aus dem Kleinziegenfelder Tal führt, blieb samt Turm stehen. Einziger und nicht allzu hoher Mauerturm ist der Rauhe Turm.

In knapper Entfernung liegt im Osten von Weismain die Ruine **Niesten.** Auch wenn von der Ruine nur Felsblöcke der Burgfundamente zu sehen sind, ist sie als ehemalige Hauptburg der Herzöge von Andechs-Meranien zu betrachten.

Die Burg war in Vorhof, Vorburg und Hauptburg mit Bergfried untergliedert. Als letzter bedeutender Rest wurde 1842 der Bergfried abgebrochen. Die Hauptburg lag sechs Meter höher als die übrigen Gebäude. Bereits 1128 wird die Burg als Bambergischer Besitz erwähnt. 1142 übernahm der Edelfreie Otto von Niesten den Besitz. Sein Geschlecht wurde 1186 mit Friedrich von Niesten zum letztenmal urkundlich erwähnt. Nach dem Tod des letzten Niestener Fürsten erwarb Berthold von Andechs-Meranien die Burg als Bamberger Lehen. Sein Geschlecht erlosch mit Otto VIII., der 1248 auf der Burg starb. Das heimgefallene Lehen gelangte 1255 in den wirklichen Besitz des Hochstifts Bamberg, war jedoch schon 1249 zum bischöflichen Tafelgut erhoben worden. Um 1393–1401 wurde das bischöfliche Amt Weismain auf der Burg eingerichtet. 1404 wird ein Turm in der Vorburg erstmals erwähnt. Wegen der Zerstörungen im Bauernkrieg 1525 wurde das Amt nach Weismain verlegt. Der Wiederaufbau begann erst 1528. Unter Albrecht Alcibiades' Raubzügen wurde die Burg teilweise niedergebrannt. 1747 entstanden große Schäden durch einen Sturm. 1795 kann nur noch von einer Ruine geredet werden.

Auf dem Weg nach Kronach führt der Weg zu Schlössern in Redwitz, Oberlangenstadt, Küps und Theisenort.

Kronach wird als „urbs crana" 1003 erstmals erwähnt. 1122 wurde der Ort von Kaiser Heinrich V. dem Bischof Otto I. von Bamberg geschenkt. Seit dieser Zeit blieb Kronach Bambergs sicherste Festung im Nordosten bis zur Aufhebung des Fürstentums 1803. Seit 1300 besitzt Kronach die Stadtrechte. Von der Stadtbefestigung, die nicht nur in einfacher Mauerausführung, sondern oft doppelt oder dreifach errichtet wurde, ist fast ein geschlossener Mauergürtel mit mehreren Türmen und einem Stadttor, das Bamberger Tor, erhalten. Wahrzeichen Kronachs ist, wenn von der Festung Rosenberg abgesehen wird, der Stadtturm. Außer ihm stehen entlang der Mauer: der Hä-

Kronach, Befestigung am Leelaubenturm (Hexenturm)

melturm, der Pfarrturm, der Schieferturm und der Leelaubenturm (Hexenturm). Die an diesen Turm anschließende Mauer kann auf dem Wehrgang abgeschritten werden.

In einer päpstlichen Bulle Innozenz IV. wird 1249 eine Burg auf dem Rosenberg erwähnt. Bestanden hat aber schon früher ein burgähnliches Steinhaus mit Turm. Aus dieser Zeit stammen noch der Bergfried und Teile von Gebäudegrundmauern. Von den Bamberger Bischöfen wurde stetig an der Erweiterung und stärkeren Befestigung der Burg gearbeitet. Unter Fürstbischof Philipp Valentin Voit von Rieneck begann nach Ende des Dreißigjährigen Krieges der Ausbau von Burg Rosenberg zur Festung. Es wurden die Bastionen geschaffen, so wie sie heute noch die Kernburg schützen.

Das äußere Festungstor ist der einzige Zugang, es wurde 1662 errichtet. Dem Tor zugewandt ist die Front des Kommandantenbaues (gebaut 1730–33), das Zeughaustor und der Dicke Turm. Durch das Zeughaustor wird der Zeughaushof betreten. Links Altes und Neues Zeughaus, in deren Räumen das Frankenwaldmuseum untergebracht ist. Gesammelt wird alles, was Stadtgeschichte, Heimatkunde oder Kunstgewerbe betrifft. Am Ende des Hofes steht der Schmiedsturm, der Verbindungsbau zum Zeughaus ist gleichzeitig Tor zum Inneren Graben. Durch den an den Kommandantenbau anschließenden Flügel mit der hölzernen Treppe führt ein Durchgang zum höher gelegenen Inneren Burghof. Hier steht der 30 m hohe Bergfried mit 3,5 m dicken Mauern. Daneben ist der ausgemauerte, 45 m tiefe Brunnen, der sein Wasser von mehreren Quellen erhält. Da die Gebäude zum größten Teil bewohnt oder z.B. der Nordflügel als Stadtarchiv genutzt werden, ist nicht alles zugänglich. Bei der Führung, zu der auch ein Gang durch unterirdische Gänge und Kasematten gehört, ist aber ein Kennenlernen der Festung trotz der Einschränkungen möglich.

Zu heutigen Grenzfesten ohne Funktion des Wachens wurden Burg **Lauenstein** und Ruine **Lichtenberg** im Frankenwald nahe der Grenze zur DDR.

In der Sage um Burg Lauenstein wird erzählt, daß König Konrad I. um 915 die Burg errichtet hat. Um sie gegen die dunklen Mächte zu schützen, zerschnitt er seinen Mantel in Streifen, die er um die Baustelle legte. Aus dieser Erzählung kam der volkstümliche Name „Mantelburg". Historisch gesichert ist, daß um 1140 die Grafen von Orlamünde als Herren von Lauenstein gelten. Mit Beginn des 15. Jahrhunderts wechseln dann die Besitzer Lauensteins immer häufiger. Heute ist die Burg als Museum zur Besichtigung frei, und das ehemalige „Amtshaus" und der äußere Torbau sind zum Burghotel geworden. Eine Steinbrücke führt vom Äußeren Burghof über den ehemaligen Burggraben zum Inneren Burghof. Reste des alten Bergfrieds wurden zum Treppenturm, der die beiden Burgteile, Thüna-Flügel und Orlamünder-Flügel, verbindet. Im Thünaflügel schließt die Knappenhalle und der Rittersaal an. In ihm liegt der Zugang zu einer Geheimtreppe, und eine Öffnung neben dem Kamin ermöglicht einen Blick ins Burgverlies. Im ersten Obergeschoß befinden sich Fürstenzimmer und Jagdsaal, im zweiten Obergeschoß unter anderen Räumen der Betsaal. Das untere Dachgeschoß bildet den Festsaal. Im Orlamünder-Flügel sind außer dem „ Orlamünder Bankettsaal" die Wohnräume des Burgverwalters und Magazinräume.

Lichtenbergs erste Besitzer waren die Grafen von Orlamünde. In einer Urkunde von 1337 ist Lichtenberg erstmals belegt und Sigmund von Orlamünde erhielt 1414 sowohl Burg wie „Stadt". In den Fehden mit den Landgrafen von Thüringen wurde Lichtenberg als Pfand zur Geldbeschaffung an Kurfürst Friedrich von Brandenburg 1427 gegeben. Ein Jahr später mußte Sigmund seinen Lichtenberger Besitz an Kaspar von Waldenfels verkaufen. Dessen Nachkommen wurden als Raubritter 1444 belagert, der Winter bewahrte aber die Burg vor Eroberung. Unter Hans von Waldenfels wurden Stadt und Burg 1553 durch Heinrich von Plauen niedergebrannt. 1560/62 war Lichtenberg

Burg Lauenstein, Innenhof

wieder aufgebaut, die Burg wurde zur schloßartigen Festung mit starken Mauern, Kasematten und Türmen. Während des Dreißigjährigen Krieges brannten Stadt und Schloß ab. Der bewohnbar gemachte Neubau brannte erneut 1682 ab. Seither blieb die Ruine so liegen. Der sieben Meter hohe Mauerstumpf des Bergfrieds wurde 1936 zum Schloßbergturm umgebaut.

Bei Stadtsteinach liegt Burg **Nordeck**, die das Tal der Steinach beherrschte. Zur Ruine wurde die Burg im Bauernkrieg 1525. Übrig blieben wenige Mauern und der Sockel eines mächtigen Rundturms.

Ursprünglich gehörte die Burg dem Grafen von Henneberg. Sie wurde aber von Bischof Eberhard II. von Bamberg 1151 von Graf Berthold von Henneberg erworben. Wie alt zu der Zeit Nordeck schon war, ist nicht mehr zu erfahren. Die Bamberger Bischöfe setzten in dieses Gebiet später einen Oberamtmann, der auf Nordeck wohnte, er war Verwalter und Richter stellvertretend für den Bischof. Als Bischof Weigand von Bamberg seine Amtsleute zu Beginn des Bauernkrieges nach Bamberg berief und nur eine kleine Burgbesatzung auf Nordeck zurückblieb, konnte die Burg von den Bauern erobert und zerstört werden.

Ein bedeutsamer Adelssitz, der noch heute bewohnt wird, nur wenige Kilometer von Kulmbach entfernt, ist Burg **Guttenberg.**

Die Entwicklung der Stadt **Kulmbach** läßt sich nicht von der Geschichte der **Plassenburg** trennen.

Das entscheidende Jahr der Plassenburg war 1554, als die mittelalterliche Burg zerstört wurde und der Bau der immer wieder erweiterten Festung, die heute noch steht, begann. Nur wenig Mauerwerk läßt sich auf die Zeit vor 1554 zurückführen. Auch wenn das mittelalterliche Bild fehlt, ist doch vorstellbar, daß hier eine über Franken hinausreichende Politik gemacht wurde.

Erstmals wird die Plassenburg 1135 in einer Urkunde erwähnt, in welcher der Graf von Plassenburg Bertold II. von Dießen-Andechs ist. Bertold III. wurde Reichsfürst und Herzog von Meranien. Herzog Otto VII. heiratete 1208 Beatrix, die Enkelin Friedrich Barbarossas. Jedoch 1248 starb das Herzogshaus mit Otto VIII. in der männlichen Linie aus. Bis 1340 war die Plassenburg im Besitz der Grafen von Orlamünde. Durch Erbvertrag gelangte die Plassenburg an den Burggrafen von Nürnberg, an die Zollern. 1363 wurden die Zollern Reichsfürsten und 1417 wurden sie als Markgrafen von Brandenburg Kurfürsten. Ihre Besitzungen erweiterten sie wie ihre Macht: 1248 beerbten sie die Meranier in Bayreuth, 1290 die Grafen von Orlamünde auf Burg Zwernitz, 1331 kam Ansbach und 1340 Kulmbach dazu. Unter Burggraf Friedrich IV. (1357–1397) wurden die fränkischen Zollern-Besitzungen geteilt in Kulmbach-Bayreuth und Ansbach. Unter Albrecht Achilles (1470–1486) waren beide Teile vereint, sein Zeil war, ein fränkisches Herzogtum unter Führung der Zollern zu schaffen. Er scheiterte am Widerstand der Reichsstädte, und des bayerischen Herzogs von Wittelsbach. In seine Regierungszeit fällt der 1. Markgräflerkrieg, der diesem angestrebten Ziel diente. Nach seinem Tod war den zollerschen Besitzungen bis 1541 weitgehend Ruhe gegönnt. Als aber Albrecht Alcibiades (1541–1553) die Herrschaft antrat, stürzte er im 2. Markgräflerkrieg ganz Franken in eine Zeit der Zerstörung. Die Bistümer Würzburg und Bamberg verbündeten sich mit der Reichsstadt Nürnberg. Am 26. November 1553 wurden Kulmbach erobert und die Plassenburg niedergebrannt. Am 21. Oktober 1554 kapitulierte Alcibiades, der vom Kaiser geächtet wurde und heimatlos starb. Unter Christian (1603–1655) wurde die Residenz von der Plassenburg 1604 nach Bayreuth verlegt.

Kulmbach, Plassenburg

Bayreuth wurde vermutlich um 1770 von Berthold IV., Herzog von Meranien, gegründet. Die erste urkundliche Erwähnung erfolgt 1194. Wahrscheinlich stand das „befestigte Haus" der Meranier am Platz des heutigen Regierungsgebäudes von Oberfranken in der Kanzleistraße. Der Marktplatz lag wohl schon Anfang des 13. Jahrhunderts an der heutigen Stelle. 1231 und 1237 wird Bayreuth sowohl als Stadt wie als Markt bezeichnet. Mit dem Tod des letzten Herzogs von Meranien, Otto VIII., begannen Erbstreitigkeiten um Bayreuth. 1260 konnte aber Friedrich IV. von Zollern das Erbe antreten. Um 1334 übernahm der neu gebildete „Rat" der Stadt das Stadtrecht Nürnbergs. 1369 kamen das Münzrecht und 1374 die Steuerbefreiung dazu. Am 6. Februar 1430 wurde Bayreuth durch die Hussiten zerstört. Kirchen und Rathaus samt Urkunden brannten ab. In der Regierungszeit Johanns Alchemista (1440 bis 1457) wurde das Alte Schloß 1454 gebaut. 1457 gab Albrecht Achilles der Stadt ein neues Wappen. Durch ihn wurde die Stadtbefestigung verstärkt. 1541 wurde die Hofkanzlei von Kulmbach nach Bayreuth verlegt. Während des 2. Markgräflerkrieges wurden Stadt und Schloß geplündert. 1594–1599 wurde das Alte Schloß erweitert. Christian (1603–1655) verlegte die Residenz von Kulmbach nach Bayreuth. 1605 brannte innerhalb der Stadtbefestigung über die Hälfte der Häuser ab. 1610 erhielt das Alte Schloß den achtekkigen Schloßturm. 1621 brannte die Stadt noch einmal teilweise ab. Im 18. Jahrhundert begann unter Markgraf Friedrich und Friederike Sophie Wilhelmine, Schwester Friedrichs des Großen, eine neue Bauperiode. 1744–48 Bau des Opernhauses. 1749–53 Erweiterungsbauten der Eremitage. 1753–1754 Bau des Neuen Schlosses.

Im Italienischen Bau des Neuen Schlosses ist die vor- und frühgeschichtliche Sammlung des Historischen Vereins für Oberfranken untergebracht. Sie umfaßt einen Zeitraum von der Altsteinzeit bis ins Mittelalter. Ebenfalls im Neuen Schloß hat das Stadtmuseum seinen Sitz. Außer geschichtlichen Gegenständen umfassen die Sammlungen auch Volkskunst, Keramik und Möbel.

Ganz im Stil des Neuen Schlosses und der Eremitage wurde der Felsgarten Sanspareil angelegt. Die benachbarte Burg **Zwernitz** jedoch geht ins 12. Jahrhundert zurück. 1156 gehört die Burg dem Geschlecht der Walpoten, Friedrich und Uodalrich de Zvernze werden genannt. Im 13. Jahrhundert wurde diese Familie immer mehr von den Meraniern abhängig. 1260 sind die Grafen Otto und Hermann von Orlamünde die Besitzer, bereits 1290 verkauften sie Zwernitz an Burggraf Friedrich von Zollern. Im Besitz der Zollern blieb Zwernitz bis 1820. Allerdings wurde die Burg öfters verpfändet und von verschiedenen Burgmännern verwaltet. Ein bedeutendes Ereignis, das über den engen Rahmen hinauswirkte, war das Treffen von Burggraf Friedrich VI. von Nürnberg mit dem Hussitenführer Prokop am 6. März 1430 auf Burg Zwernitz. Lösegeld und Waffenstillstand waren das Ergebnis. Während des 2. Markgräflerkrieges wurde die Burg 1553 erobert und niedergebrannt, kaum wiederhergestellt, wurde die Burg 1634 noch einmal niedergebrannt. Später diente die Burg als Stall für 18 Reitpferde des Markgrafen Friedrich.

Die Burg besteht aus zwei Teilen: Nieder- und Hochburg. Verbunden sind beide Teile durch den Bergfried. Er ist ein Rundturm von über 34 m Höhe und einem Durchmesser von 7,5 m. Die Burg wird durch zwei Tore betreten. Hirschkopfbau und Kapelle bilden die Niederburg. Die Hochburg, die wahrscheinlich den ganzen Burgfelsen bedeckte, besteht aus einem Bau mit Waffengang und drei Kammern, einem Hof und dem „Archivbau". Durch einen Felsgang im Vorhof der Niederburg führt der Weg in den Felsgarten mit künstlich angelegten Grotten, Ruinenbauten und schloßartigen Gartenhäusern.

Das gräflich Giechsche Schloß zur **Thurnau** ist nicht zu besichtigen. Aber ein Schloß in dieser Größe mit seinen Türmen darf nicht außer Betracht bleiben.

Ein markgräfliches Schloß ist **Thiergarten.** Erbaut wurde es 1715/20 in Kreuzform mit Mittelkuppel. Heute ist es Hotel.

Ebenfalls ein markgräfliches Schloß steht in **Donndorf,** Fantaisie. Es wurde 1758 an der Stelle einer Burg der Herren von Tanndorf, die 1398 in einer Urkunde erwähnt sind, errichtet. Heute ist eine Schule dort untergebracht.

Creussen ist seit der Belagerung durch Kaiser Heinrich II. im Jahre 1003 bekannt geworden. Die Heziloburg des Markgrafen von Schweinfurt wurde abgerissen und blieb jahrhundertelang als Ruine liegen, bis auf dem Burggelände die Stadtkirche errichtet wurde. Von den Staufern wurde Creussen 1251 dem Burggrafen von Nürnberg als Lehen übergeben. Die Stadtrechte wurden von Kaiser Karl IV. 1358 verliehen. Durch die Hussiten wurde Creussen 1473 überfallen und zerstört. Die Befestigung, die in der Folgezeit angelegt wurde, ist trotz Markgrafenkrieg und Dreißigjährigem Krieg in großen Teilen erhalten. Das Vordere und das Hintere Tor führen noch heute in die Stadt. Neben dem Hinteren Tor steht im Zusammenhang mit der Stadtmauer der Diebs- oder Hungerturm. In der Wächterstube des Tores ist das Städtische Krügemuseum untergebracht. 1574/77 wurde das Rathaus gebaut. In den Arkaden befinden sich die bis ins Mittelalter zurückgehenden Fleisch- und Brotbänke.

Creussen, alte Aufnahme des Hinteren Tores mit Diebsturm

Seit dem 8. Jahrhundert sind in **Bad Berneck** fränkische Siedlungen überliefert. Im 12. Jahrhundert ist Berneck der Hauptort der Edelfreien von Walpoten. Um 1150 erbaute Ulrich von Walpoto eine Burg. Um dieselbe Zeit entwickelte sich im Tal ein Markt. 1203–1248 gehörte Berneck in das Herrschaftsgebiet der Grafen von Andechs-Meranien, die ihrerseits von den Grafen von Orlamünde beerbt wurden. 1340 ging Berneck an den Burggrafen von Nürnberg über. 1357 erhielt Berneck die Stadtrechte. Weder das Bayreuther und Hofer Tor noch die Mauer der Befestigungsanlagen überdauerten die Zeit.

Markgraf Albrecht Achilles beauftragte 1478 seinen Amtmann Veit von Wallenrode damit, eine bewohnbare Burg zu errichten. Die als Vorburg gedachte Burg, heute Ruine **Wallenrode** genannt, wurde erst 1501 fertig, nachdem Veits Töchter die Burg 1499 an Albrecht von Wirsberg verkauft hatten.

Von der Walpoten-Burg sind wenige Mauern erhalten, und der ehemalige Bergfried, der früher niedriger war und eine Zinnenplattform besaß, ist 1817 erhöht worden, in ihm wurden die Glöckchen aus dem alten Rathaus aufgehängt. Die Burg, die Albrecht von Wirsberg vollendete, heißt **Hohenberneck.** Ein Torhaus mit spätgotischem Tor führt zum Hauptgebäude der Burg. Der Palas ist im Erdgeschoß in drei Räume aufgeteilt. Im ersten Stock war der Rittersaal. Die enge Burg, der Palas war auch nur 14 m lang und breit, umschloß eine 116 m lange Ringmauer. Doppelter Wall und Graben deckten die Burg nach Norden. Der Eingang vom Süden fand seinen Schutz durch einen Vorturm außerhalb des Grabens. Die Burgkapelle, 1480 errichtet, liegt außerhalb des Burgbereichs.

Wo der Radenzgau auf das Gebiet, das zu Eger zählte, stieß, steht auf langgestreckter Felsenkette die **Waldstein**-Ruine, auch „Rotes Schloß" von Zell genannt. Die 1166 erbaute Burg gehörte dem Grafen von Sparneck und galt als uneinnehmbar. Als der berüchtigte Raubritter Hans Thomas von Absberg wieder einmal zwei Nürnberger Kaufleute von Burg zu Burg schleppte, fand er Unterschlupf auf dem Waldstein. Da die Kaufleute entkamen, zog auf Geheiß der Nürnberger das Heer des Schwäbischen Bundes gegen den Waldstein. Die Burg wurde am 11. Juli 1523 zerstört und niedergebrannt.

Von der am Fuß der Felsen liegenden Gaststätte führt der Weg zur Ruine über Steinstufen zum noch erkennbaren Burgtor. Vom inneren Burghof her ist das fast gänzlich erhaltene Hauptgebäude zu betreten. Rechts neben dem Gebäude liegt ein pilzähnlicher Felsblock, Teufelstisch genannt. Auf ihm habe der Teufel um Mitternacht in der Vorzeit Karten gespielt. Eine Treppe leitet abwärts zur „Mausefalle", einem Steingebilde. Durch Grotte und Kamin zu den Resten der ehemaligen Kapelle, die von Mönchen des Klosters Waldsassen gebaut wurde, führt eine Treppe zum höchsten Punkt des Waldsteinfelsens, „Schüssel" genannt. Auf ihr wurde ein Pavillon errichtet. Am Nordosthang des Schüsselfelsens sind noch Mauern der Befestigungsanlage zu erkennen. Viele Grotten sind mit Namen belegt, u.a. Priestergrotte, Kerkergrotte oder Opferstein.

In der Nähe von Seulbitz liegt die Ruine der Burg **Uprode**. Viele unzusammenhängende Mauerreste, ein erhaltenes Eingangstor mit darunter liegendem Gewölbe und ein mächtiges, freistehendes Mauerstück blieben von der Burg, die vermutlich wie Burg Waldstein oder Epprechtstein zur selben Zeit gegründet wurde.

SUALAFELD

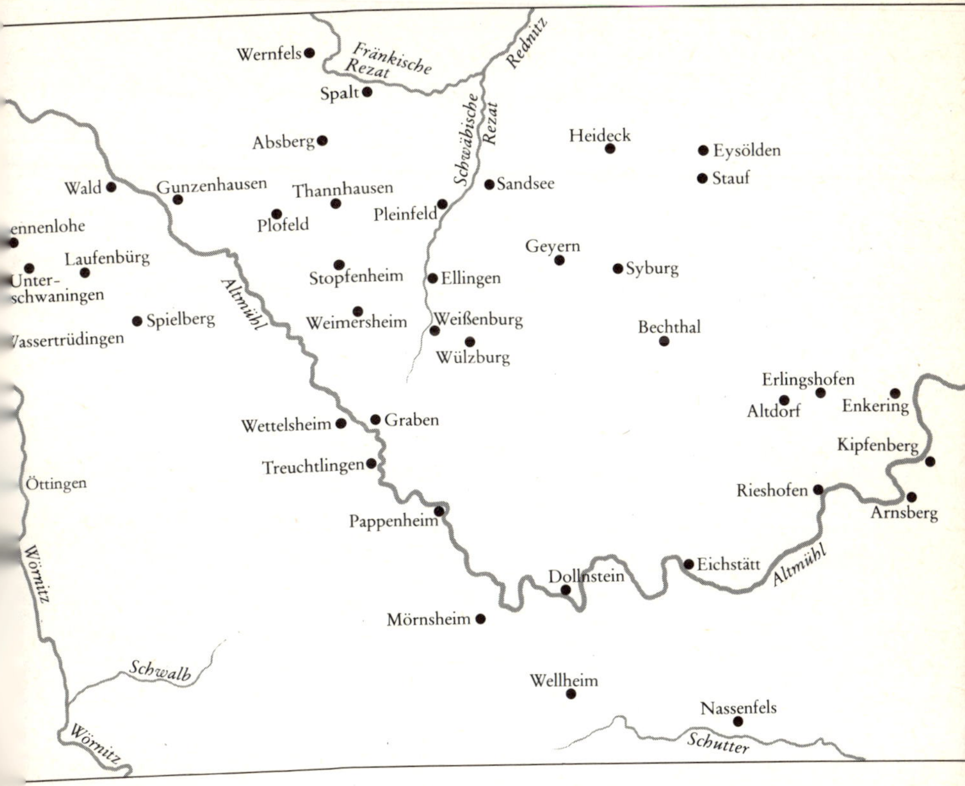

Die Namensgebung des Gaues Sualafeld geht auf einen unscheinbaren Bach, der in der Nähe von Harburg in die Wörnitz mündet, zurück. An der Schwalb – im mittelalterlichen Latein Suala – lag zur Zeit der fränkischen Besiedelung vermutlich die Kernzelle, von der aus der Zug nach Osten zielte. Mächtigster Herr des Gaues, der Graf von Öttingen, kann vielleicht als Gaugraf angesehen werden.

Im Laufe der Zeit trat in diesem Gebiet ein Bevölkerungswandel ein. Öttingen liegt heute auf der Sprachgrenze zwischen Franken und Schwaben, und das Umland um Wemding, ursprünglich fränkisch, ist heute schwäbisch.

Öttingen ist keine mittelalterliche Stadt, denn bei der Entwicklung zur Residenzstadt der Grafen von Öttingen hatte man keine Verwendung für enge, einschließende Stadtmauern. Einzig das Königstor blieb von der Befestigung erhalten. Im Heimatmuseum ist einiges zur Stadtgeschichte zusammengetragen, was das fränkisch-schwäbische Zusammenspiel verdeutlicht.

Wassertrüdingen geht vermutlich auf ein römisches Kastell zurück, gegründet ist es von den Grafen von Truhendingen. 1242 bis 1366 war der Ort unter der Herrschaft der Grafen von Öttingen. Einige Jahre kam Wassertrüdingen an die Hohenlohe und 1371 bis 1791 waren die Burggrafen von Nürnberg bzw. der Markgraf von Ansbach die Herren. Das Schloß war Sitz des markgräflich-ansbachischen Oberamtes. Die Gebäude gehen in verschiedene Jahrhunderte zurück. Das heutige Aussehen erhielt das Schloß nach dem Stadtbrand 1634, als Markgraf Friedrich es 1687–90 reparieren ließ. Amtsgericht und Altersheim teilen sich die Räume. Von der Stadtbefestigung blieben im Bereich der Wörnitz meist mit Häusern verbaute Mauerreste erhalten. Am Schloß überquert die Stadtmauer den Schloßgraben und setzt sich hinter den Häusern fort. Von den ehemaligen drei Toren steht das Obere Tor noch.

Zwischen Wassertrüdingen und Gunzenhausen führt der Weg zu den Schlössern in **Unterschwaningen, Dennenlohe, Laufenbürg** und **Wald.** Auf den nördlichen Ausläufern des Hahnenkamms steht Schloß **Spielberg.** Es gehört dem Fürsten von Öttingen-Spielberg. Die Ringmauer ist frei zugänglich. Wenn die Schloßkapelle offen steht, dann ist der Blick im Burghof auf die Schloßgebäude möglich.

Gunzenhausen war schon in der Vorzeit ein besiedelter Ort, auch die Kelten hielten hier einen befestigten Altmühlübergang, und die Römer errichteten in unmittelbarer Limesnähe ein Kastell. Um 823 taucht Gunzinhusir in einer Urkunde wieder auf. 1278 erbten die Grafen von Öttingen Gunzenhausen. Durch Verkauf kam Gunzenhausen 1349, das damals schon Stadt genannt wurde, an die Herren von Seckendorf, die es ihrerseits wieder an den Burggrafen von Nürnberg weiterverkauften.

Die Stadtmauer wurde schon seit dem Dreißigjährigen Krieg als Steinbruch benutzt, so daß nur in Häusern verbaute Reste entlang der Altmühl übrigblieben. Die beiden Türme, Färbeturm und Storchenturm (Dreybrüderturm), stammen noch aus dem 14. Jahrhundert. Nach seinem Einsturz 1578 wurde das Ansbacher Tor (oder Blasturm) 1603 in seiner heutigen Form wiederaufgebaut.

Das Stadtmuseum zeigt vor allem Funde aus der Römerzeit, Stadtgeschichtliches und Gegenstände zur Volkskunde.

Landschaftlich gesehen wird das Gebiet in Richtung Spalt heute als Teil des Rangaues bezeichnet, in der Geschichte erstreckte sich hier das Sualafeld bis südlich Abenberg.

Bei **Plofeld** ist auf einem bewaldeten Berggipfel deutlich eine Ringwallanlage zu erkennen. Hier hatte ein Ritter von Plofeld eine Turmhügelburg. In Urkunden wird er für die Zeit um 1208 belegt.

Die Burg des Minnesängers und Ritters von **Thannhausen** ist nördlich der gleichnamigen Ortschaft nur als Burgstall aufzufinden. Das sogenannte Neue Schloß von Thannhausen ist heute eine Gaststätte.

In **Absberg** steht ein 1725 erbautes ehemaliges Deutschordensschloß.

Die Geschichte **Spalts** wird durch zwei Klöster, die lange Zeit gleichzeitig nebeneinander bestanden, bestimmt. Um 810 soll hier ein Benediktinerkloster gegründet worden sein. Die Umwandlung in ein Chorherrenstift soll auf Adelheid, Mutter Bischof Gebhards III. von Regensburg, zurückgehen. Dieses ältere Stift war im Besitz des Bischofs von Regensburg. 1294 stiftete Burggraf Konrad von Nürnberg das zweite Chorherrenstift in Spalt. 1619 wurden die zwei Klöster zusammengelegt. Zum Schutz der beiden Klöster ließen die Eichstätter Bischöfe im 14. und 15. Jahrhundert Spalt befestigen. Zwischen 1356 und 1370 erfolgte die Stadterhebung. Bereits um 1366 entstand eine Mauer und 1390 das Untere (Nürnberger) Tor, 1422 das Obere Tor mit dem Turm. Bei der Belagerung 1450 war die Stadtbefestigung mit zwei Toren und 13 Türmen vollendet.

Im 19. Jahrhundert wurde vieles abgebrochen. Vom Oberen Tor lassen sich, der Mauer folgend, noch der Reifenturm, Schäferturm, das Zollhaus, der Dr. Herkules Turm, Falkenturm, Drechslerturm und Diebesturm betrachten.

Durch bauliche Gegebenheiten an der heutigen Burg **Wernfels** läßt sich eine frühe Burg für die Jahre der 2. Hälfte des 12. Jahrhunderts nachweisen. Diese Urburg, Werdenvels, wurde vom Grafen von Abenberg errichtet, und bei deren Aussterben erbten Wernfels die Burggrafen von Nürnberg, Konrad I. von Zollern (1204–1260) begann mit der Erbauung der heutigen Burg, sein Sohn Friedrich III. vollendete sie. Um 1284 diente Wernfels dem Nürnberger Dienstmann Albert Rindsmaul, durch ihn wurde die Burg in diesem Jahr an den Bischof von Eichstätt verkauft. Als ersten Eichstätter Burgherrn setzte der Bischof seinen Marschall Rüdiger von Dietenhoven ein. Zur Zeit des Bauernkrieges war Hans von Leonrod Herr auf Wernfels, seiner besonnenen Tätigkeit ist ein einigermaßen glimpfliches Ablaufen des Aufstandes zu verdanken. Um 1600 wurde durch einen Brand die Burg zerstört. Bis 1609 war die Burg samt Ställen durch Bischof Johann Konrad von Gemmingen modernisiert. Der Dreißigjährige Krieg brachte außer Durchmärschen und Plünderungen keine Zerstörungen. Seit 1925 ist Burg Wernfels im Besitz des CVJM und wird als Jugendherberge, Erholungsheim und Altersheim genutzt.

Im Umland Heidecks stehen mehrere Schlösser, die meist im Privatbesitz sind und nicht besichtigt werden können: in **Heideck** das Schloß **Kreuth**, bei Pleinfeld das Schloß **Sandsee**, in Geyern das Schloß **Geyern**, in Stauf das Schloß **Stauf** mit mittelalterlicher Burgruine.

Bevor die Herren von Heideck in dem gleichnamigen Ort ihr Stadtschloß bauten, hatten sie im jetzigen Ort **Schloßberg** eine Burg, Altenheideck. Der edelfreie und reichsunmittelbare Ritter Marquard von Heideck erbaute 1250 bis 1270 eine Burg. Marquard von Heideck heiratete 1263 Sophie von Zollern, die Schwester des Nürnberger Burggrafen Friedrich III. und Konrad II. Nach 1360 nahm Schloß und Stadt Heideck unter Kaiser Karl IV. eine beherrschende Außenposition zur Sicherung der kaiserlichen Interessen in der Oberpfalz ein. Bis 1471, als die direkte fränkische Linie im Mannesstamm ausstarb und die selbständige Herrschaft an Bayern-Landshut fiel, blieb die Burg der Hauptsitz der Familie. 1752 erlosch das Geschlecht derer von Heideck in Ostpreußen. Die Burg ist nur noch als Burgstall zu erkennen. Keine Mauerreste sind mehr zu finden. Eine Gedenktafel zur Erinnerung steht außerhalb des ehemaligen Burggeländes.

Schloß **Eysölden** wurde für jedermann zugänglich gemacht durch die Besitzerin Gesine Schick, die hier eine Gaststätte einrichtete. Wahrscheinlich betrauten die Herren von Stein im 10. Jahrhundert einen ihrer Verwandten mit einer Sölde – ein Haus (Burg oder Schloß), in dem die Herren von Hilpoltstein auf der Jagd oder Reise beherbergt werden mußten. Um die Burg (?) entstand der Ort Eysölden. Drei Urkunden nennen Pröbste oder Ministerialen derer von Stein als Schloßherrn: 1147 Hermann von Hisselden, 1266 Berthold, genannt Isolt, 1275 Ulrich zu Isolden. 1279 kam das Schloß an Heinrich von Schmoll. Unter seinen Erben wurde es ausgebaut, befestigt und an den vier Ecken mit Rundtürmen versehen. Die Familie Schmoll übte die vogteirechtliche Gerichtsbarkeit aus. Das Schloßgut war derzeit zur Eysölder Pfarrei zinsbar. Nach dem Aussterben derer von Schmoll ging das Schloß in den Besitz eines Ulrich oder Utz von Knöringen über, der von 1490 bis 1525 Amtmann in Stauf war. 1537 starb sein Sohn und Erbe. 1539 erwarben die Markgrafen Georg und Albrecht von Brandenburg das Schloß. 1618 ging das Schloß an den Brandenburger Amtmann Ernst Karl von Birkholz zu Stauf. Seine Witwe verkaufte den Besitz an den Obervogt Christian Sebastian von Jaxtheim in Ansbach. Dessen Sohn Jobst Wilhelm von Jaxtheim, von 1654 bis 1672 Amtmann in Stauf, wurde in Eysölden geboren. Sein Sohn Hans von Jaxtheim vertauschte das Schloß an Hans Haidt (oder Hayden). Ihm erteilte die Landesherrschaft die Taverngerechtigkeit. Der Nachfolger Hanns Hauger gab um 1750 das Schloß an den Bauern Georg Thomas Emmerling. Drei Generationen blieb es im Besitz seiner Familie. 1959 übernahm es Michael Foistner. 1972 erwarb Frau Gesine Schick das Schloß. Am 29. Dezember 1973 wurde die Schloßschänke wiedereröffnet.

Das Wasserschloß **Syburg** aus dem 11. Jahrhundert gehört zu den ältesten Adelssitzen Mittelfrankens. Belegen läßt sich das Gründungsjahr nicht. In einer Urkunde von 1255 wird Wolfher von Sigeberch als Besitzer erstmals erwähnt. Anfang des 14. Jahrhunderts sind als Eigentümer die Vitztum von Eichstätt bekannt, die als Lehnsherrn den Burggrafen von Nürnberg hatten. Ohne Spuren zu hinterlassen, sind diese beiden Familien ausgestorben. 1360 belehnte der Burggraf Friedrich V. die Herren von Wirsberg (bei Kulmbach) mit Syburg. 1470 verkauften diese Schloß Syburg an Wilhelm von Geyern. In dieser Familie blieb der Besitz bis 1970. Unter dem neuen Besitzer ist es allerdings nur möglich, einen Blick über den Wassergraben und die Mauer zu werfen.

In der Nähe Syburgs entspringt die Anlauter, in deren Tal mehrere Ruinen zu besuchen sind.

Burg **Bechtal** wurde früher auch Waldeck genannt. Art und Mauertechnik der Anlage weisen auf die Erbauung der Burg im 12.–13. Jahrhundert. Die Ritter von Pechthal waren ein altes nordgermanisches Geschlecht und Stammesgenossen der Herren von Erlingshofen. Erwähnt werden die Pechthaler seit der Mitte des 12. Jahrhunderts, so Regil und sein Bruder Friedrich sowie Merboto von Pechthal 1140 im Traditionsbuch der Benediktinerabtei Weihenstephan. Ein Bruno von Pechthal kommt unter den Ministerialen der Eichstätter Kirche als Zeuge in Urkunden vor. 1352 übertrug Konrad Pechthaler seine halbe Eigenfeste an Konrad von Heideck. 1390 belehnte Herzog Stephan VI. von Bayern Hermann den Pechthaler. König Ruprecht von der Pfalz verlieh 1401 dem Hermann Pechthaler als Reichslehen den Blutbann zu Titting. Hermann Pechthaler zu Pechthal vermachte 1414 seinem Vetter Rüdiger von Erlingshofen seine Behausung Pechthal. 1500 erfolgte eine neue Teilung zwischen Anna Erlingshoferin und ihrer Tochter Sibilla. Anfang 16. Jahrhundert war Pechthal im Besitz von Eberhard von Mornsheim. 1540 bis 1544 besaß Pfalzgraf Ottheinrich Pechthal, dann kaufte der Eichtstätter Bischof Moritz von Hutten Pechthal. Ende 16. Jahrhundert war das ganze Schloß im Besitz des Eichstätter Hochstifts. Ob durch kriegerische Ereignisse oder durch unbewohntes Leerstehen die Burg zur Ruine zerfiel, ist nicht bekannt. Die Ruine ist allerdings noch nicht so weit zerstört, daß sich die einzelnen Gebäudeteile nicht mehr bestimmen ließen. Der Bergfried wäre nur über eine Leiter zu betreten, denn der übliche hochgelegene Zugang wurde nicht durch Herausbrechen der Mauer am Fuße ersetzt, aber das Besteigen ist nur mit Erlaubnis des Besitzers möglich.

Über Altdorf steht die Ruine **Brunneck.** Von ihr ist nur ein Teil der Umfassungsmauer mit einem Tor und ein Rest eines Eckturms erhalten. Gegründet wurde die Burg im 14. Jahrhundert von den Herren von Heideck. Später wurde sie Eichstätter Pflegeamtssitz. Im 17. Jahrhundert wurde die Burg als bischöfliches „Jägerhaus" genutzt. Seit 1700 war die Burg ihrem Zerfall überlassen.

Im Wald oberhalb **Erlingshofens** schaut zwischen den Bäumen ein hohes rundes Mauerstück hervor. Nur wenige andere Mauerreste sind sonst auf dem Ruinengelände. Der Name Rundeck trat erst seit 1801 auf.

1129 und 1169 ist die Burg als Sitz der Edelfreien von Erlingshofen, die sich auch von Arnsberg und später von Heideck nennen, bekannt. 1379 gehörte der ältere Burgstall zur bayerischen Herrschaft Arnsberg. Um 1385 wurde die Burg durch die Dienstleute Stosser unter dem Namen Stossenburg neu gebaut. 1388 kam die Burg als Pfand an die Herren von Geyern, und 1481 wurde sie an das Hochstift Eichstätt verkauft. Seit 1504 wurde die Burg nicht mehr bewohnt und ist seither zerfallen.

Den Ausgang des Anlautertales in Enkering bewachte einst die **Rumburg.** Heute ist sie eine Ruine mit weitgehend erhaltenen Umfassungsmauern.

Das Edelgeschlecht derer von Enkering war seit dem 12. Jahrhundert Besitzer der Rumburg. 1119 wird ein Gozwin und 1162, 1253 ein Heinrich und Arnold erwähnt. Gegen Ende des 13. Jahrhunderts folgten die Absberger. 1546 wurde Bischof Moritz von Hutten Besitzer von Burg und Ort. Um diese Zeit wurde die Burg durch einen Jäger niedergebrannt. Ein Wiederaufbau erfolgte nicht.

Von der Burg wird eine Sage erzählt, die in der Zeitschrift Bavaria Bd. 3, 1865, aufgezeichnet ist: Ein schwarzer Pudel soll einen Schatz – eine Truhe mit Gold und Edelsteinen – bewachen. Er hat den Schlüssel zur Truhe im Maul. Wer in der Walpurgisnacht auf die Burg steigt, ohne ein Wort zu reden, kann den Hund verjagen, der dann den Schlüssel fallen läßt. Ihm stehen dann die Schätze zu Gebote.

Der bis hierher beschriebene Teil des Gaues bildet ein breites Grenzgebiet zum Rangau. Mitten im Sualafeld jedoch liegen **Weißenburg** mit Umland und das Altmühltal von Gunzenhausen abwärts bis Kipfenberg.

Das römische Kastell Biriciana wurde 253/54 von den Alemannen zerstört, die im 6. Jahrhundert dann ein Dorf bewohnten. In fränkischer Zeit wird 867 erstmals ein Königshof Uuizinburc erwähnt. Karl der Große soll sich in der Zeit, als er den Verbindungskanal „Main–Donau" plante, im Weißenburger Königshof aufgehalten haben. Zwischen 1070 und 1188 entwickelte sich Weißenburg zu einer ummauerten Stadt mit drei Toren. Seit 1241 können außer der Selbstverwaltung das Marktrecht und ein eigenes Wappen nachgewiesen werden. 1262 zerstörte Ludwig der Strenge, Herzog von Bayern, Weißenburg. Von König Adolf von Nassau erhielt die Stadt 1296 die Befreiung von fremdem Gerichtszwang. In der 1. Hälfte des 14. Jahrhunderts war

Weißenburg öfters verpfändet. 1360 schlossen Weißenburg, Windsheim, Nürnberg und Rothenburg ein Bündnis. Mit diesem Jahr war Weißenburg endgültig freie Reichsstadt. 1431 kam noch der Blutbann, das Recht über Leben und Tod zu richten, dazu. Ab 1524 schloß sich Weißenburg der Reformation an. Der Dreißigjährige Krieg brachte weniger Zerstörung als Plünderungen und Durchmärsche. Über 2000 Menschen starben an der Pest. Durch österreichische Auswanderer (Exulanten) glich sich bis 1660 die Bevölkerung wieder aus. Ein Blüte, wie sie Weißenburg von der Mitte des 14. Jahrhunderts bis zur 2. Hälfte des 15. Jahrhunderts erlebte, wurde nicht mehr erreicht.

Der Straßennamen „Am Hof" und die Gedenktafel an der Einhorn-Apotheke weisen auf die Stelle hin, wo der fränkische Königshof stand. Vom ehemaligen „Bau der königlichen Verwaltung" sind es nur wenige Schritte zum Marktplatz, wo an der Nordseite das alte reichsstädtische Rathaus von 1470/76 und an der Südseite das Gebäude der heutigen Stadtverwaltung stehen. Ganz in der Nähe erhebt sich der Turm des Spitaltores. Es war das Südtor der alten Stadtbefestigung, bevor die Stadt um 1376 erweitert wurde. Heute ist es der Kirchturm der Spitalkirche. Der Mauergürtel, der damals für die Stadterweiterung angelegt wurde, umschließt immer noch zusammen mit der ersten Stadtbefestigung ganz Weißenburg. Abgebrochen wurden 1874 bzw. 1878 im Süden das Frauentor und im Osten das Obere oder Wülzburger Tor. Das Tor im Norden, Ellinger Tor, erhielt seinen Turm im 14. Jahrhundert und das Vorwerk im 16. Jahrhundert. Entlang der Mauer stehen noch

Weißenburg, Schießmauer

immer 38 Türme, die mit zwei Ausnahmen quadratisch, dreigeschossig und mit einem Zeltdach gedeckt sind. Nur die beiden Ausnahmen haben einen Namen: der runde Scheibleinsturm, der als Gefängnis diente, und der fünfeckige Pulverturm, der die Nordwestecke der Stadtmauer stärker sicherte.

Vervollständigt wird das Wissen über die Geschichte Weißenburgs durch einen Besuch im Heimatmuseum: Funde aus Vor- und Frühzeit mit besonderem Schwerpunkt auf Römerzeit, Stadtgeschichte und Gegenstände aus der Volkskunde, z.B. Möbel, Geräte.

Zu dem mittelalterlichen Kloster auf der **Wülzburg** hatte Weißenburg nicht immer friedliche Beziehungen. Bei Besitzstreitigkeiten brannten Weißenburger Bürger 1451 die Klostergebäude nieder. Unter Markgraf Casimir von Ansbach wurde das Kloster 1523 in eine Art Versorgungsanstalt für Adlige umgewandelt. Georg der Fromme hob es 1537 auf. Markgraf Georg Friedrich I. ließ 1588 auf der Wülzburg einen Festungsbau beginnen. Während des Dreißigjährigen Krieges übergab die markgräfliche Familie 1631 die Festung an General Tilly, der von hier aus Weißenburg beschoß, eroberte und ein Jahr besetzt hielt. Unter Markgraf Wilhelm Friedrich (1703–1723) diente die Festung als Staatsgefängnis für Strafgefangene, denen die Todesstrafe erlassen worden war. Vom späteren Flüchtlingslager wandelte sich die Wülzburg zum Schullandheim und Kreisaltenheim.

Entlang des 7,5 m tiefen und 23 m breiten Grabens können die fünf Bastionen betrachtet werden. Zugänglich gemacht wurde die Bastion Roßmühle. Durch die Gefangenen wurde ein 166 m tiefer Schöpfbrunnen nicht nur gegraben, sondern auch durch ein Tretrad betrieben. Aus neuerer Zeit stammt eine Zisternenanlage, die König Ludwig I. von Bayern anlegen ließ. Beim Verlassen der Festung durch das Renaissance-Tor fällt der Blick auf das Wappen des Erbauers Georg Friedrich und seiner Gemahlin Maria Sophia von Leineburg.

Die Geschichte **Ellingens** läßt sich nicht von der des Deutschen Ordens trennen. Der Orden teilte das Römische Reich Deutscher Nation in 13 Balleien auf (im Deutschordens-Sprachschatz der Name für Provinz). An der Spitze einer Ballei stand der Landkomtur. In Ellingen residierte neben dem Landkomtur der Ballei Franken auch der Deutschmeister, der Vertreter des Hochmeisters in den deutschen Provinzen. Zur Ballei Franken gehörten zeitweise bis zu 27 Kommenden, die Niederlassungen oder Ämter, die dem Komtur unterstellt waren: z.B. Nürnberg, Mergentheim, Würzburg, Horneck und Virnsberg. Als der Hochmeister 1525 seinen Sitz von Königsberg nach Mergentheim verlegte und immer mehr in die Verwaltung der Ballei Franken eingriff, kamen zu den Schwierigkeiten, die die Reformation mit sich brachte, auch noch innere Führungsprobleme.

Bevor Ellingen 1216 an den Deutschorden gelangte, ist durch Urkunde von 899 ein Reichsgut belegt. Ritter Walter von Ellingen und seine Frau Kunigunde stifteten 1180 aus ihrem Besitz ein Spital, das von Kaiser Friedrich I. Barbarossa dem Augustinerchorherrenstift Berchtesgaden übergeben wurde. Kaiser Friedrich II. überließ trotz Proteste der Chorherren dieses Spital dem Deutschen Orden. Die rasche Besitzerweiterung ermöglichte Ellingen eine Kommende zu errichten, die erstmals 1269 erwähnt wird.

Das Recht, sich zu befestigen, wurde von Kaiser Karl IV. nach zehn Tagen widerrufen. Trotz dieses Verbotes, das immer wieder bestätigt wurde, baute Ellingen das Weißenburger Tor um 1609, und das Pleinfelder Tor wurde um 1660 renoviert. Was die Verwüstungen des Albrecht Alcibiades 1552 und der Schweden 1632 übrigließ, ist 1945 noch mehr verschwunden, unter anderem das Weißenburger Tor. Jetzt stehen noch klägliche Reste und das Pleinfelder Tor als Zeugen für die Zeit, die vor der Bauperiode der Residenz liegt. Die Umbauten bzw. Neubauten der Residenz im 18. Jahrhundert überlagern das mittelalterliche Spital wie auch die mittelalterliche Wasserburg, nur noch Türme lassen sich für die frühere Bauzeit nachweisen. Neben dem Fürstenzimmer in der Residenz sind für die Geschichte des Deutschordens die Deutschordenszimmer am lehrreichsten. Der Besucher findet Dokumente (photographische Reproduktion) von Verhandlungen des Ordens mit Kaisern und Königen, Päpsten und Bischöfen, Photos von Burgen Ostpreussens, Wappentafeln mit Daten der Ordensritter, Modell und Ansichten zur Baugeschichte der Residenz.

Im Schloß von **Pleinfeld** saß ein gleichnamiges Geschlecht von 1136 bis Mitte des 14. Jahrhunderts. Es folgten die Schechsen. 1435 verkauften sie Pleinfeld an den Bischof von Eichstätt. 1483 erteilte Bischof Wilhelm von Reichenau dem Ort das Marktrecht. Das für einen Markt seltene Recht der Befestigung erteilte Kaiser Friedrich III. Ummauert wurden drei Seiten mit zwei Toren. Die zum Teil jetzt noch vier Meter hohe Mauer trug keinen Wehrgang. Das erhaltene Tor, Spalter Tor, ist ein spitzbogiges Fachwerk-Torhaus. Das Schloß ist unter dem Namen „Altes Kloster" bekannt.

Auf dem Weg zurück zur Altmühl führt ein Umweg durch **Stopfenheim.** Hier steht eine baufällige Deutschordensabtei, sie ist in der Art eines Wasserschlosses angelegt, aber seit Jahren nicht mehr besuchbar und kann auch gar nicht betreten werden.

Südlich von Stopfenheim erhebt sich der Schloßberg, der zur Gemeinde **Weimersheim** gehört. Auf ihm stand im frühen Mittelalter eine Burganlage der Kropfen von Flüglingen. Wallanlagen sind im Wald noch deutlich zu erkennen. Auch Grabungen haben stattgefunden, aber Mauerreste wurden keine entdeckt.

An der Altmühl liegt **Wettelsheim**. Schon 1911 wurde hier ein Heimatmuseum gegründet, das sich nicht nur der Volkskunde, sondern auch Geschichtsfunden widmet.

Treuchtlingen ist seit der Vorzeit als beliebter Siedlungsort am Altmühlübergang bekannt. Die Kelten mußten den Römern weichen und diese den Germanen. Römische Gebäude wurden im heutigen Stadtgebiet ausgegraben. Aus der nachrömischen Zeit ist ein Dokument von 893 bekannt, in dem Treuchtlingen als ein Dorf Drutheliga im Sualafeldgau genannt wird. Zu dieser Zeit waren hier die Edlen von Ederam ansässig. 1299 trat ein Ulrich von Truchtelingen als kaiserlicher Ministeriale auf. Wirich der Jüngere von Truchtelingen wurde wegen seines Reichtums der „Güldene Ritter" genannt. In der ersten Hälfte des 15. Jahrhunderts ging Treuchtlingen an den Grafen von Pappenheim über.

Auf dem Weinberg östlich vom Stadtkern sind aus der Zeit der Ungarnstürme Ringwallanlagen einer Fliehburg zu sehen. Auf dem Schloßberg westlich des Stadtkerns stand die Burg der Herren von Treuchtlingen. Der Zugang zu den wenigen Mauerresten auf dem großen Ruinengelände ist zum Teil wegen Einsturzgefahr nicht möglich. Das Stadtschloß aus der Zeit der Herren von Pappenheim ist zur Zeit ein Gebäude ohne schloßähnlichen Anblick. Im Heimatmuseum gegenüber vom Schloß ist vor allem eine Sammlung mit Schwerpunkt auf Töpferei und Bortenmacherei zusammengekommen. Aber auch für den Historiker sind genügend Funde zu sehen.

In **Graben**, einem Vorort im Norden von Treuchtlingen, wollte Karl der Große eine für seine Zeit als Wunderwerk zu bezeichnende technische Großtat vollbringen. Durch einen Durchstich der Wasserscheide von Main und Donau sollte ein Kanal gebaut werden, der eine Schiffahrtsverbindung vom Rhein zur Donau herstellen sollte. 6000 Schanz- und Erdarbeiten, dazu noch 1500 Handwerker haben im Herbst 793 versucht, einen 1800 m langen und 30 m breiten Kanal zu graben. Geologische Verhältnisse und ungeheure Regenfälle machten die Vollendung des Werkes unmöglich. Geblieben ist von diesem Wunderwerk ein Feuerlösch- und Karpfenteich, der auf dem 1200 m langen Rundwanderweg bewundert werden kann.

In einer Altmühlschleife liegt **Pappenheim**, ein Ort mit Burg, die vom gleichnamigen Geschlecht Jahrhunderte bewohnt wurde. Schiller ließ Pappenheim durch Wallensteins Ausspruch: „Daran erkenn ich meine Pappenheimer" in die Literaturgeschichte eingehen. Daß aber nicht nur auf die Tapferkeit der Pappenheimer angespielt wird, sondern noch eine andere Bedeutung sich daran knüpft, ist fast genauso bekannt. Die Pappenheimer waren dafür verantwortlich, Nürnberg bei Kaiserbesuchen sauber und hygienisch zu halten. Diese „anrüchige" Tätigkeit der Pappenheimer brachte viel Spott ein, bis Schiller dem Ausspruch den anderen Sinn gab.

Nach Kelten, Römern und Alemannen gründete wahrscheinlich die Sippe des Franken Papo eine Siedlung Papoheim. Um 800 stand hier ein Königshof. Eine Schenkungsurkunde vom 12. November 802 berichtet, daß Frau Reginsind, Tochter des Franken Germut und Witwe eines Schweizer Gaugrafen, die Besitzungen von Pappenheim und Umgebung dem Kloster St. Gallen vermachte. Um 900 tauschte das Kloster Pappenheim gegen Gebiete um Rottweil. König Ludwig das Kind gab Pappenheim seinem Gefolgsmann Maginwart zu Lehen. Mitte 11. Jahrhundert wurde die Burg gebaut, und das Geschlecht nannte sich Graf zu Pappenheim. Um 1200 war Pappenheim Stadt, wie in Urkunden Kaiser Rudolfs I. nachzulesen ist. Seit 1288 war Pappenheim mit der Freien Reichsstadt Weißenburg gleichgestellt.

Der ursprüngliche Zugang zur Burg ist wegen der Baufälligkeit der Ruine in diesem Teil nicht zu betreten. Sie wird durch einen Umweg erreicht. Die Stadt wird durch das Obere Tor, das einzige erhaltene, verlassen, und dann führt die Straße entlang des Burgberges, bis ein Weg zur Ruine abzweigt. Der Zugang führt zunächst in die Vorburg. Das Preißingerinhaus aus dem 13. Jahrhundert wird als Lager- und Wohnhaus benützt. Es ist dem Burgbesucher nicht zugänglich. Im sogenannten Eselstall wurde das Burgmuseum eingerichtet mit Funden und Abbildungen. „Kalteneck" ist ein Teil der Vorburg, wo zeitweilig das Gebäude eines Burgvogtes stand, jetzt sind nur noch Überreste davon vorhanden, auch die Mauer an dieser Stelle mit zwei Schalentürmen ist ruinös. Ein kleines Haus im Burghof wurde im 18./19. Jahrhundert gebaut, es ist im Besitz der Freimaurerloge „Carl zur Treue". Die Zugbrükke zur Hauptburg wurde durch eine feste Brücke ersetzt. Hohe Mauern zur rechten und der Bergfried zur linken lassen nur einen engen ersten Zwinger zu, der aber dadurch leichter zu verteidigen war. Durch ein Tor wurde der zweite Zwinger betreten. Am Ende dieses Zwingers liegt die Brunnenstube mit einem Ziehbrunnen, der 60 m tief bis zum Grundwasser der Altmühl reicht. Der Palas ist, bis auf eine Außenwand mit einigen Fensteröffnungen, völlig zerstört. Auch von der Burgkapelle sind nur Trümmer stehen geblieben. Der Bergfried ist bis zu 30 m hoch mit Buckelquadern gemauert. Die Außenmaße sind ca. 12 × 12 m, und die Mauerstärke beträgt etwa 3,3 m. Im 19. Jahrhundert wurde die Steintreppe, die zum hochgelegenen Eingang führt, angemauert. Außer teilweise zerstörten Mauern sind für die Verteidigung der Burg zur Stadt hin noch drei Türme erhalten, die aber nicht betreten werden können. Zerstört wurde die Burg im Dreißigjährigen Krieg, als nach der Bombardierung des Brunnenhauses die Besatzung die Burg aufgeben mußte.

Berühmte Pappenheimer Grafen waren: Konrad von Pappenheim, der 1101 ein Kreuzfahrerheer von 2000 Rittern nach Kleinasien führte. Heinrich, genannt Testa, wurde Heerführer Kaiser Heinrichs VI., er starb 1191 an der Pest bei Neapel. Heinrich von Kalentin-Pappenheim war Königskinder-

Pappenheim, Bergfried der Burgruine

erzieher des Kaisers Heinrich VI. von 1180–1214. Unter Marschall Heinrich, der dem Kaiser Rudolf 1273 die Wahl zum Kaiser ankündigte, wurde die Burg stark befestigt. Der berühmte Feldmarschall aus dem Dreißigjährigen Krieg war Gottfried Heinrich. Kaspar Finkh war der Hauptmann der Besatzung, der den Schweden nach langanhaltendem Artilleriebeschuß die Burg im Juni 1633 übergeben mußte. Kurzfristig erlangte die Burg im Spanischen Erbfolgekrieg noch einmal einige Bedeutung.

Die Grafen besaßen schon um 1600 ein Renaissance-Schloß in der Stadt, das Alte Schloß, und Anfang des 19. Jahrhunderts ließen sie von Leo von Klenze das Neue Schloß errichten.

Unweit der Altmühl liegt **Mörnsheim** mit einer Burgruine. In einer Urkunde König Konrads I. wird Mörnsheim am 9. September 918 erwähnt. Es ist anzunehmen, daß schon im 10. und 11. Jahrundert eine Burg bestanden hat. 1138 werden Seiboto und Arrebodo von Mörnsheim genannt; 1180 Hubert von Mörnsheim. Seit Anfang des 13. Jahrhunderts ist ziemlich sicher anzunehmen, daß die Burg im Besitz der Eichstätter Bischöfe war und von diesen erweitert wurde. Bischof Heinrich von Zipplingen ließ den Quaderturm 1225–1228 errichten. Bischof Konrad II. von Pfaffenhausen brachte die Burgbefestigung durch eine Mauer in eine Einheit mit der um den Ort verlaufenden Mauer. Bischof Marquard von Hageln kaufte die verpfändete Burg zurück und ließ sie instandsetzen. Von Bischof Friedrich von Oettingen (1383 bis 1415) wurden die Befestigungsanlagen erweitert. Die heute auf dem großen Ruinengelände erhalten gebliebenen Turmreste und Mauern gehen aber auf die Bautätigkeit Bischof Albrechts II. Graf von Rechberg (1419–1446) zurück. Er ließ eine hohe Burgmauer und fünf Türme errichten. Bischof Johann III. von Eich ließ einen schloßartigen Palas um den Quaderturm erstellen. Eine der letzten Renovierungen fand unter Bischof Wilhelm von Reichenau statt, der die Tore neu aufführen ließ.

Obwohl die Burg im Dreißigjährigen Krieg nicht erobert wurde, verfiel sie in der Zeit danach. Die Steine der Burg wurden für die zerstörten Häuser des Ortes und für die Kirchenerweiterung von 1855 verwendet. Auf dem Gelände stehen heute verschiedene Häuser, u.a. die Gaststätte „Burgstuben".

Dollnstein ist eine eichstättisch-bischöfliche Stadt gewesen. Vermutlich in der Regierungszeit von Wilhelm von Reichenau wurde die Stadt befestigt. Entlang der Altmühl gab es nie eine Mauer, und was heute als haushohe Ummauerung steht, reicht ins 15. Jahrhundert zurück. Ein Stadttor mit Turm öffnet die Stadt in Richtung Eberswang. Inmitten der Stadt liegt auf einem Felsriff die Ruine. Da sie sich im Privatbesitz befindet, ist der Zugang nicht möglich. Nur das Untere Burgtor kann besichtigt werden.

Ein Abstecher südlich von Dollnstein führt nach **Wellheim**. Ob im 8. Jahrhundert schon eine Burg bestanden hat, ist nicht sicher, aber der Ort wird in einer Urkunde 735 erwähnt. Von 725 bis 1305 waren die Grafen von Hirschberg die Herren von Wellheim. Graf Suitger ist vermutlich der Erbauer der Burg. Verwalter der Grafen von Hirschberg auf dessen Besitzungen waren die Herren von Wellheim, die auch nach Aussterben der Grafen noch bis 1430 das Verwaltungsamt weiterführten. Mit Gößwein von Wellheim starb auch dieses Geschlecht aus. Um das Erbe stritten die Herzöge Ludwig und Rudolf von Bayern, der Graf von Oettingen und der vom letzten Grafen von Hirschberg eingesetzte Erbe, der Bischof von Eichstätt. 1309 kam Wellheim an den Grafen von Oettingen, der es 1360 an Graf Friedrich von Seckendorff verkaufte. Graf Johann von Seckendorff mußte 1449 Wellheim nach einer verlorenen Fehde an den Bischof von Eichstätt, den Pfalzgrafen Otto und den Markgrafen von Ansbach abtreten. Als Lehen wurde Wellheim 1453 Graf Hypolt von Seckendorff übergeben, der es seinerseits 1458 an Graf Konrad von Helfenstein verkaufte. Bis 1627 waren die Grafen von Helfenstein Herr in Wellheim. Mit Aussterben der Helfensteiner fiel Wellheim an Graf Franz Martin von Oettingen. Schließlich kam Wellheim durch Kauf 1683 wieder an den Bischof von

Eichstätt, bei Aufhebung des Fürstbistums 1803 fielen die Besitzungen Eichstätts an den bayerischen Staat.

Seit dem 18. Jahrhundert zerfiel die Burg. Steine, Gebälk und Ziegel wurden von den Einwohnern Wellheims für den Hausbau geholt. Mit Ausnahme des Bergfrieds, der fast ganz erhalten blieb, sind nur noch Mauern- und Turmreste zu sehen. Der Bergfried ist nicht zugänglich.

Eichstätt wird geprägt durch Bauten, die am Sitz eines Fürstbischofs benötigt werden. Viele dieser ehemaligen Gebäude sind heute einem anderen Zweck zugeführt. Der Bischof ist kein Landesfürst mehr, sondern er ist Kirchenfürst seit der Säkularisation. Abgeschnitten wurde Eichstätt von seiner frühen Geschichte durch den Dreißigjährigen Krieg. 1634 eroberten die Schweden Eichstätt und verwüsteten es fast vollständig. Von der ehemaligen Stadtbefestigung blieben zwei getrennte Teile stehen. Vom Neuen Weg aus, mit Blick auf die ganze Stadt, sind zu Füßen ein Stadtmauerrest mit vier Türmen und ,,Am Graben'' ein weiterer Mauerrest zu sehen. Die Aufbaujahre nach dem Dreißigjährigen Krieg formten Eichstätt zur Barockstadt.

Im Laufe der Jahrhunderte des Mittelalters residierten die Bischöfe nicht in einem Stadtschloß, sondern in der immer wieder umgebauten **Willibaldsburg.** Auf den mittelalterlichen Kern lassen sich nur wenige Mauern, Turmsockel und Fundamente zurückführen. Obwohl die durch den Dreißigjährigen Krieg an der Willibaldsburg angerichteten Schäden ausgebessert wurden, erfolgte nach dem Brand 1681 die Verlegung der Residenz in die Stadt. Um 1900 war die Willibaldsburg weitgehend Ruine. Seit 1962 ist die Renovierung im Gange. Neugeordnet und zugänglich gemacht sind die prähistorischen Sammlungen, die in einem Teil des Flügels nach Nordwesten untergebracht sind.

Altmühlabwärts liegt am rechten Ufer **Pfünz.** Hoch über dem Ort ist von den Römern ein Kastell angelegt worden. Das Schloß im Ort ist nicht zu besichtigen.

In **Inching** am linken Altmühlufer hatten die Eichstätter Fürstbischöfe eine Sommerresidenz.

In **Rieshofen** steht mitten in einer Wiese der Bergfried einer Wasserburg aus dem 13. oder 14. Jahrhundert. Der Turm ist viereckig und 15 m hoch, der Innenraum besitzt ein Tonnengewölbe. Das Edelgeschlecht von Rieshofen stand im Dienst des Eichstätter Bischofs. Mit dem Turm ist ein Beispiel grausamen Gerichtsvollzugs verbunden. Ein Dieb, der in der Johanniskirche zu Riedenburg Meßgefäße und Geräte gestohlen und an einen Juden weiterverkauft hatte, wurde enthauptet. Der Jude wurde zum Hungertod verurteilt. Nach 42 Tagen starb er im Turm von Rieshofen.

Schloß **Arnsberg** auf einem Felsvorsprung über dem gleichnamigen Ort ist im Laufe des 18. Jahrhunderts zur Ruine geworden. Auf dem Gelände der Vorburg wurde ein Schloßhotel eingerichtet. Von der ehemaligen Hauptburg blieb der Stumpf des fünfeckigen Bergfrieds, der in einen Rundturm übergeht, stehen. Entlang der Zwingermauer, die die Vorburg miteinbezieht, sind Reste von Wehrtürmen und zwei Toren erhalten. Das Südtor wird über die funktionierende Zugbrücke erreicht.

Seit dem 12. Jahrhundert ist Arnsberg als Eichstätter Lehen durch Urkunden bekannt. 1162 wird Gottfried von Arnsberg als Freiherr genannt. Kurz nach 1300 wurde Arnsberg durch einen Gebietswechsel zwischen dem Bischof von Eichstätt und dem Herzog von Bayern bayerisch. 1312 wurde Heinrich von Wildenstein Lehensträger. 1346 bis 1416 saß das niederbayerische Geschlecht der Fraunhofer auf Arnsberg. 1433 waren herzogliche Pfleger die Burgleute. Am 25. Mai 1473 verkauft Herzog Albrecht Arnsberg an den Bischof von Eichstätt. Bei Eichstätt blieb Arnsberg bis zur Säkularisation.

Die Burg zu **Kipfenberg** geht auf ein Bollwerk gegen die Ungarn, das der Eichstätter Bischof Erchambold im 10. Jahrhundert anlegen ließ, zurück. Im 11. Jahrhundert wurde der Buckelquaderturm gebaut und die Burg in der Folgezeit erweitert. Besichtigt werden kann die Burg nicht, aber sie ist auch von außen sehenswert.

An der Schutter, die teilweise die fränkisch-bayerische Grenze darstellt, liegt südlich von Eichstätt **Nassenfels** mit einem ehemaligen Wasserschloß. Wer es betreten will, muß sich den Schlüssel im Rathaus holen. Die Umfassungsmauern mit drei Mauertürmen machen einen wehrhaften Eindruck, der durch den Bergfried noch verstärkt wird. Die Gebäude im Innern sind verfallen.

Nassenfels ist mindestens seit 1198 durch eine Urkunde bekannt, die einen Arnold von Nassenfelgen als Eichstätter Ministerialen nennt. Der Bergfried wurde unter Bischof Konrad II. von Pfeffenhausen errichtet. Der ursprüngliche Eingang befindet sich acht Meter über dem Boden. Im 14. Jahrhundert wurde die Mauer mit den Türmen angelegt. Der mittlere Turm an der Nordseite, der Hexenturm, verdient seinen Namen wahrscheinlich zu recht. Das eigentliche Schloßgebäude wurde von Bischof Martin von Eyb (1697 bis 1704) als Kasten- und Gerichtshaus errichtet. 1932 ist es durch Blitzschlag abgebrannt.

NORDGAUISCHES GEBIET

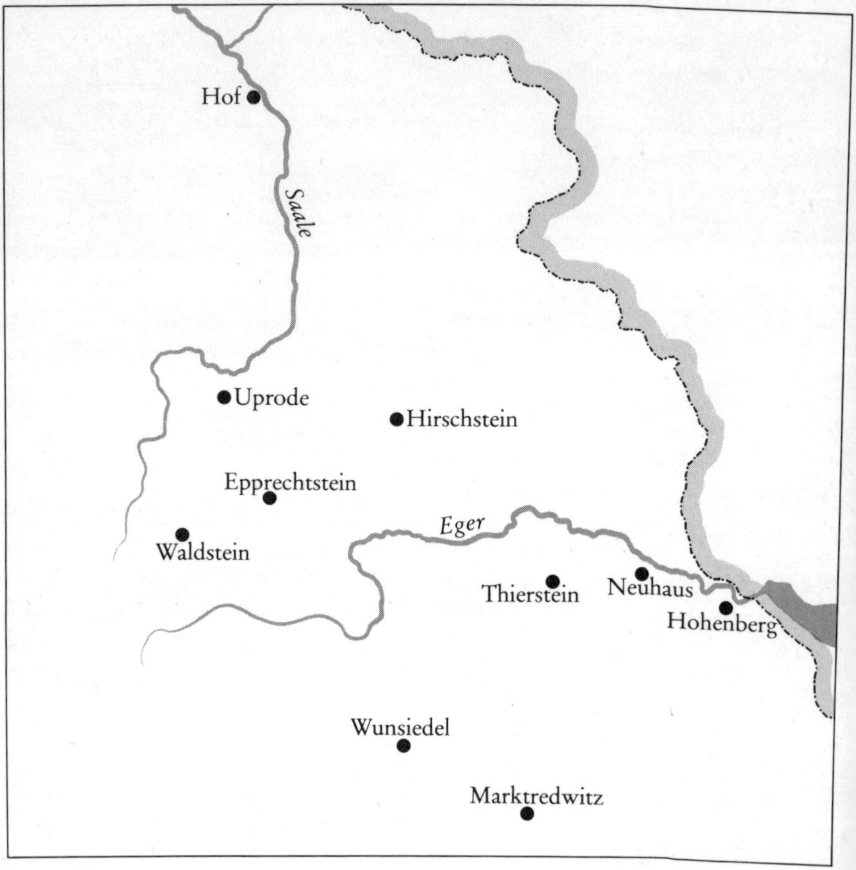

Die heutigen drei fränkischen Regierungsbezirke sind im Laufe der Jahre über das mittelalterliche Ostfranken hinausgewachsen. Oberfranken erstreckt sich in das Fichtelgebirge und in das Gebiet um Hof. Hier trafen fränkisches, bayerisches und böhmisches Interesse aufeinander, und in vielen Jahrhunderten gelangten Teile an die Markgrafen von Bayreuth, bis sich im 19. Jahrhundert die heutige Einteilung entwickelte.

Unterfranken erweiterte sich nach der Auflösung des Fürstentums Mainz durch den Gewinn des mainzischen Aschaffenburg mit einem großen Teil des

Spessarts und Maintals und die Hälfte des Freigerichts – die andere Hälfte ist hessisch.
Mittelfranken erhielt den immer bedeutender werdenden Ort im bayerischen Nordgau: Nürnberg, das seinerseits das heute als fränkisch geltende Umland dazugewann.

Im 9. Jahrhundert müssen schon Siedlungen in der Gegend des heutigen Marktredwitz bestanden haben, denn historische Zeugnisse nennen einen Ort im Jahr 863, der Nabavvinida hieß, er soll an der Mündung der Trebnitz in die Kösseine gelegen haben. Ein besser bezeugtes Dokument ist die Urkunde von 1061, in der ein Otnant Land entlang eines Abschnittes der Straße von Regensburg nach Eger bis ins Fichtelgebirgsinnere zur Rodung übertragen bekam. Diese Bemühungen um Besiedlung gingen vielleicht schon von Markgraf Audulf aus, der um 805 als Graf des bayerischen Nordgaues nachgewiesen ist. Als der mit dem Nordgau belehnte Heinrich von Schweinfurt (980–1017) in seinen Machtplänen scheiterte und nur ein kleines Gebiet um Nabburg und Cham zurückerhielt, begann die Geschichte der „Regio Egire". Die Mark um Eger sollte wieder Ausgangspunkt werden für die Erschließung neuer Gebiete im Osten. Unter Stauferkönig Konrad II. wurde der „Egergau" 1146 unmittelbar unter Reichsgewalt gestellt. Durch Burgen wurde das Waldland erschlossen. Die Besiedlung ging vom Süden aus. Die bayerische Kultur im Innern des Fichtelgebirges geht auf den Zuzug der Oberpfälzer im 11. bis 13. Jahrhundert zurück. 1322 ging das bisher reichsfreie Egerland an den Böhmerkönig Johann über. Es war aber nicht mehr von der ursprünglichen Größe, sondern die Zollern, die als Nachbarn in Bayreuth saßen, erwarben Stück für Stück, so daß ihnen bis 1414 das gesamte heutige Sechsämterland gehörte. Nur (Markt)redwitz, das 1340 an Eger gefallen war, blieb bis 1816 ununterbrochen bei Eger. Im Sechsämterland mit den Amtssitzen Wunsiedel, Weißenstadt, Kirchenlamitz-Epprechtstein, Thierstein, Hohenberg und Selb wurden im Laufe des 13. bis 14. Jahrhundert Burgen und befestigte Sitze errichtet, von denen einige noch als Ruinen erhalten sind.

Bei Wunsiedel liegt innerhalb des Felslabyrinths **Luisenburg** der einzige Überrest, eine Mauer, von der Ruine Luxburg (Losburg). Vielleicht ist diese Burg oder die in der Nähe liegende Roxburg, von der nichts mehr zu sehen ist, um 1163 gebaut worden. Seit dem Besuch der preußischen Königin Luise 1805 heißt das Felsgebiet Luisenburg. Als Kulisse für Schaulustige wurde die Luisenburg eine bekannte Freilichtbühne.

Zur heutigen Stadt Kirchenlamitz gehört die Ruine **Epprechtstein.** 1248 erscheint ein Eberhardus de Eckebretstein, er war ein Bediensteter des Herzogs von Meranien. Er wird auch Eberhardus Sacculus genannt. Diese vogtländische Familie von Sack verkaufte 1337 die Burg Epprechtstein an Kaiser Ludwig den Bayern. Von Ludwig wurde damit Heinrich von Plauen belehnt.

1352 gelangte der Burggraf von Nürnberg in den Besitz von Epprechtstein, und von Kaiser Ludwig erhielt er auch die Belehnung. 1353 wurde die Burg zerstört, doch blieb sie Sitz von Amtsleuten von 1374–1553.

Burg Epprechtstein wurde um 1248 errichtet. Senkrecht abstürzende Felswände bilden den Unterbau der Burg. Viele Mauern, die sich mit dem Felsen zu Gebäuden ergänzen, blieben erhalten. Über Treppen kann eine Plattform erstiegen werden, von wo der ganze Baukomplex zu überblicken ist.

Die in der Nähe liegende Ruine **Hirschstein**, vielleicht 1304 gebaut, ist in ihrer Art ähnlich angelegt wie Epprechtstein. Auch hier sind senkrecht abfallende Felsen vermauert zu Gebäuden. Wenige Mauerreste, Treppensteine und eine verschüttete Zisterne zeugen von einstiger Bewohnbarkeit.

Die Entstehung **Thiersteins** ist mit dem Egerländer Geschlecht der Nothaft von Wildstein, das schon 1163 urkundlich erwähnt wird, verknüpft. 1340 baute vermutlich Albrecht Nothaft von Wildstein die Burg. Durch ihn wurden viele Bauernhöfe, Pechöfen und Mühlen im Fichtelgebirge angelegt. Mit den zollerischen Burggrafen von Nürnberg gingen die Nothafts von Wildstein bis Ende des 14. Jahrhunderts gegen Eger eine Interessengemeinschaft ein. 1385 erbten Burggraf Friedrich V. von Nürnberg und die Söhne Markgraf Wilhelms von Meißen Thierstein und Thiersheim. 1397 wurde ein „Nürnberger" Richteramt in Thierstein errichtet. 1415 wurde Burggraf Friedrich von Nürnberg, bereits Markgraf von Brandenburg, vom Kaiser Sigismund Burg Thierstein zu Lehen gegeben. Im Markgräflerkrieg wurde Burg Thierstein durch Heinrich Reuß V. von Plauen, Titularmarkgraf von Meißen, zerstört. Thierstein wurde in dieser Zeit zum Markt erhoben. Markgraf Christian ließ 1640 die zerstörte Burg als Fliehburg aufbauen und suchte selbst zeitweilig in ihr Schutz. Am 16. April 1725 brannten in Thierstein Burg, Kirche und viele Gebäude ab. Seither blieb die Burg Ruine. Die Ruine besteht aus Bergfried und Umfassungsmauer. Das Felsplateau wurde so bebaut, daß nur eine Seite, wo heute der Eingang ist, eine Angriffsmöglichkeit bot. Im Inneren der Ruine steht nur noch ein Mauerrest, an dem die Wände der Burggebäude zusammenstießen. Der Turm ist jederzeit besteigbar, wenn sich der Besucher beim Burgwart im Burgweg 29 meldet.

Von Burg **Neuhaus**, vermutlich im 14. Jahrhundert erbaut, ist nur der Burgstall zu erkennen, es blieben keine Mauern erhalten

Mit der Erwähnung eines Berchtold von Honberg 1222, der ein Rechtsgeschäft mit dem Kloster Waldsassen abschloß, beginnt die überlieferte Geschichte von **Hohenberg** an der Eger. Einer seiner Nachkommen, Konrad, genannt Künzel, war um 1285 mit Hohenberg belehnt. Vom Ende des 13. Jahrhunderts bis 1806 war die Burg im Besitz der Markgrafen von Bayreuth. Heute ist die Burg Eigentum der Sudetendeutschen Landsmannschaft, die sie zur Landeswarte ausbaute.

Der Zugang führt durch den äußeren Torturm zur Vorburg über zwei ehemalige Zugbrücken in die Hauptburg mit einem eigenen Mauerring. Nach Westen stehen der innere Torturm und der Storchenturm, nach Norden der Sier- oder Gefängnisturm, nach Nordosten der Felsenturm mit dem ursprünglichen Burgverlies, nach Südosten der Stuckturm. Im Süden stand der 1811 eingestürzte Pulverturm. In diesem sechseckigen Burghof wurde 1666 das ehemalige Jagdschloß errichtet. Nebengebäude sind mit dem Turm 1811 zusammengebrochen.

Marktredwitz, dessen Geschichte so eng mit Eger verknüpft ist, konnte aus der Zeit der Stadtbefestigung nur einen alten Stadtturm am Alten Rathaus retten. Das Egerländische Heimatmuseum faßt die Geschichte und das Brauchtum des Egerlandes zusammen.

Die Stadt **Hof** müßte Regnitz heißen, aber vom lateinischen ,,Curia Regnizi" blieb nur curia, was Hof heißt. Diese Stadt entwickelte sich in einer Saaleschleife als „Neustadt" unterhalb der auf der Höhe liegenden ,,Altstadt". Der Stadtbrand von 1823 vernichtete fast die gesamte Stadt, und beim Wiederaufbau hielten sich die Bauleute nicht mehr an die alten Einteilungen. Wenige Gebäude und nur das Untere Tor blieb aus der alten Zeit.

Im 12. Jahrhundert hatten die Markgrafen von Vohburg eine Grenzfestung an der Saale errichtet. Diese Markgrafen, auch Diepoldinger genannt, kolonisierten das Regnitzland um Hof. Nach dem Aussterben der Vohburger 1209 wurde das Land von den Herzögen von Andechs bis 1248 übernommen. Hierauf wurden die Vögte von Weida, Gera und Plauen mit dem Regnitzland belehnt, das seitdem zum Vogtland gehörte. Ab 1318 mußten die Weidaer Vögte den Burggrafen von Nürnberg als Lehnsherrn anerkennen, und 1373 wurde Hof mit dem Regnitzland an den Burggrafen Friedrich V. verkauft. 1420 fiel Hof an die brandenburgische Linie, die in Kulmbach-Bayreuth residierte. Von 1792 bis 1806 gehörte Hof zum Königreich Preußen. Dann wurde Hof dem Königreich Bayern eingegliedert.

MAINZISCHES GEBIET

Aschaffenburgs Geschichte ist sichtbar nur noch in seinen Museen lebendig, denn nach der Zerstörung im Zweiten Weltkrieg wurde Aschaffenburg als moderne Industriestadt wiederaufgebaut.

Auf keltischen Ursprung, römische Besiedlung und alemannischen Aufenthalt während der Völkerwanderung geht das fränkische Kastell der Karolingerzeit zurück. Aus dem Benediktinerkloster St. Michael wurde das Stift St. Peter und Alexander, das sagt eine Urkunde Ottos II. an seinen Neffen Herzog Otto von Schwaben, der das Stift dem Erzbistum Mainz schenkte. 1121–23 schuf Erzbischof Adalbert einen befestigten Burgbezirk. Schloß **Johannisburg** war die Sommerresidenz des Mainzer Kurfürsten. 1522 wurde es von Albrecht Alcibiades erobert und bis auf den Bergfried niedergebrannt. Erst unter Erzbischof Johann Schweikhard von Kronberg begann 1605 der Wiederaufbau. 1614 wurde das Schloß eingeweiht. 1945 brannte Johannisburg wieder bis auf den Bergfried und die Außenmauern nieder. Der Wiederaufbau und die Neueinrichtung dauerten noch bis vor wenigen Jahren. Das Schloß als Museum ist ganz in der Art der Wohn- und Repräsentationsräume des erzbischöflichen Kurfürsten ausgestattet. Dazu kommen zwei Räume mit Korkmodellen von römischen Bauten und die Gemäldesammlung der Staatsgalerie.

Im Park von Schönbusch liegt inmitten von Wäldern und künstlich angelegten Seen ein Schloß, das nur dem Vergnügen diente.

Das Schloßmuseum der Stadt Aschaffenburg ist in erster Linie Fayencen, Porzellan, Steinzeug, Zinn, Glas, Silber und Möbel vorbehalten.
Das Stiftsmuseum ist im ehemaligen Kapitelhaus untergebracht. Der Ostflügel und der Kreuzgang stammen noch aus dem 13. Jahrhundert, der Nordflügel wurde 1481–83 gebaut. Zwei Bereiche teilen sich die Räume: vor- und frühgeschichtliche Funde, vor allem aus der Römerzeit, und kirchliche Kunst.

Zur Zeit, als Germanien und Römerreich durch den Limes getrennt waren, lag in einem Kastell am Main die 4. aquitanische Reiterkohorte. Die Trümmer dieses Kastells sind heute vom Ortskern **Obernburgs** überbaut. 1313 wurde

Obernburg, alte Stadtansicht

Obernburg vom Erzbischof Peter von Mainz zur Stadt erhoben. Ein unkriegerisches Ereignis zeichnet Obernburg 1552 aus, als Johannes Obernburger, Sekretär Karls V., eine der ersten Schulen gründete. Bauernkrieg und Dreißigjähriger Krieg erforderten trotzdem eine Stadtbefestigung, von ihr sind noch große Teile der Mauer, der Bogen des Unteren Tores, das Obere Tor und der Almosenturm, Runde Turm und Hexenturm übriggeblieben. Das Museum Obernburgs, das Römerhaus, ist mit Funden aus Grabungen der Römerzeit angefüllt.

Wörth ging auch aus einem römischen Kastell hervor. 1295 wurde es mit dem Stadtrecht versehen. Zeitweise gehörte die Stadt den Herren von Breuberg. Seit 1438 wurde es mainzisch. Die Stadtmauer mit Türmen, von denen der Tannenturm nur einer ist, blieb mit dem Oberen Tor auf weiten Strecken erhalten.

Klingenberg kann auf keine römische Vergangenheit zurückblicken, erst seit dem 12. Jahrhundert gibt es Nachrichten. Eine Schenkungsurkunde von 1100 nennt unter anderen Zeugen Heinrich von Clingenburg. Erzbischof Adalbert von Mainz hat während seiner Regierungszeit (1111–1122) einen befestigten Platz, „Altenpurg", besessen. Heute wird der Burgstall als Heunenhügel bezeichnet. 1177 war in Begleitung von Kaiser Friedrich Barbarossa ein Conradus Pincerna (Schenk). Dessen Familie stammte aus Oberschüpf bei Lauda und nannte sich Colbo de Schippha. Diesem Konrad wurde die „alte Burg" übertragen, er oder seine Nachkommen haben die Burg gebaut. Colbo wurde immer ungebräuchlicher, so daß sich die Schenken meist nur von Klingenberg nannten. Konrad starb 1256 kinderlos, und Guda, seine Frau, heiratete zum zweitenmal. Ihr Gemahl war der Minnesänger Konrad II. von Bickenbach. Die Brüder des Verstorbenen, Schenk Walter von Prozelten und der Deutschordensritter Albert, befehdeten Konrad II., weil sie die Heirat nicht anerkannten. Konrad II. starb 1272, seine Nachkommen übten ihr Schenkenamt noch über 200 Jahre aus. Die Bickenbacher konnten ihre Macht samt Besitz mehren, bis im 15. Jahrhundert das Geschlecht mit Konrad VII. ausstarb. 1502 fiel die Burg mit der Stadt an den Erzbischof von Mainz. Im Bauernkrieg konnten die Bauern nur die Vorburg bezwingen, die Hauptburg widerstand ihrem Angriff. Der mainzische Amtmann Johann Leonhard Kottwitz von Aulenbach baute sich 1560 ein Stadtschloß, seither zerfällt die Burg.

Durch den Bau einer Burggaststätte im ehemaligen Graben ist für den einen Besucher die Ruine stilwidrig verändert und für den anderen geradezu verlokkend geworden. Trotz des Neubaues lassen sich viele Gebäude- und Turmreste auf ihre Funktion hin zu untersuchen.

Im 13. Jahrhundert trafen im Spessart die Bestrebungen des Grafen von Rieneck, seine Macht immer weiter auszudehnen, mit dem Willen des Erzbischofs von Mainz, seine Besitzungen im Spessart zu wahren, zusammen.

Bei Eschau liegt als Überbleibsel eines zehnjährigen Krieges zwischen Rieneck und Mainz die Ruine **Wildenstein.** Mächtige Mauern zeigen die einstige Größe dieser Burganlage. Erzbischof Werner von Eppstein stellte sich den Grafen von Rieneck entgegen, als diese den ihnen zustehenden Wildbann im Spessart durch Burgenbauten sichern wollten. Mitte des 13. Jahrhunderts begannen die Grafen von Rieneck mit dem Bau von Burg Wildenstein. Urkundlich wird die Burg erwähnt, als sie 1260 von den Kriegsleuten des Erzbischofs und des Grafen Reinhard von Hanau erobert und zerstört wurde. Die Grafen von Rieneck wurden gezwungen, keine Burgen mehr im Spessart zu bauen. Trotz eines Vertrags errichteten sie in Eschau eine Befestigung, gegen die sich sofort der Erzbischof wandte. 1261 wurde die Eschauer „Burg" wieder zerstört. Als der Erzbischof seinerseits in Eschau begann, eine Burg zu errichten, setzten die Grafen von Rieneck Wildenstein wieder instand. Diese wurde aber vom Vitzedom (Stellvertreter) des Erzbischofs aus Aschaffenburg belagert, so daß der Wiederaufbau nicht mehr vollendet werden konnte. Die Grafen mußten 1266 1500 Silbermark Entschädigung bezahlen, blieben aber im Besitz von Wildenstein. Doch waren mit diesem Ergebnis die Möglichkeiten der Grafen von Rieneck erschöpft.

Nicht mehr in die Zeit des Mittelalters geht die Gründung des Wasserschlosses **Mespelbrunn** zurück. Der mainzische Kurfürstliche Forstmeister Hamann Echter aus dem Odenwald erhielt von Erzbischof Johann 1412 einen Platz im Spessart, „Zum Espelhorn", wo er sich 1419 Haus und Hof bauen konnte. Noch war dieses Haus unbefestigt, sein Sohn hat es aber zwischen 1427 und 1434 mit Mauer und Türmen geschützt. Diese frühen Bauten mußten bis auf den Sockel dem Schloßbau weichen, den Peter Echter von Mespelbrunn 1551–69 errichten ließ. 1551 wurde der Ostflügel mit der Küche erbaut, 1553 kam der Südflügel mit dem Eingangstor dazu, und 1564 wurde der Nordflügel mit dem Treppengiebel ausgeführt. Der schon bestehende Bergfried wurde aufgestockt. Bewohnt werden heute von den Nachkommen der Echter bzw. Ingelheim der Ost- und Südflügel. Der Bergfried beherbergt das Familienarchiv und der Nordflügel ist für Besichtigung freigegeben. 1665 starben die Echter männlicherseits aus, und Maria Ottilas Heirat mit Philipp Ludwig von Ingelheim brachte ihr Erbe in diese Familie mit. Umbauten in späteren Jahren verwandelten das Wasserschloß immer mehr zum Inbegriff eines romantischen Märchens. Wer heute Mespelbrunn besucht, denkt im Rittersaal vielleicht an große Gelage. Die Schloßkapelle im Rundturm und das darüberliegende Echterzimmer erinnern an den Bischof aus der Zeit der Gegenreformation an Julius Echter von Mespelbrunn, Fürstbischof von Würzburg. Im Obergeschoß wird die Familiengeschichte nicht nur im Ahnensaal gepflegt, sondern auch die anderen Räume stehen ganz in diesem Zeichen, ob es der Speisesaal mit Jagdwaffen und -trophäen, das Chinesische Zimmer mit Reiseandenken aus Porzellan oder das Fürstenzimmer mit dem Himmelsbett des 17. Jahrhunderts sind.

Das dreiteilige Schloß von **Alzenau** soll nicht nur als Amtsgericht zugänglich sein, sondern es ist geplant, es auch als Museum nach gründlicher Renovierung für Besucher zu öffnen.

Burg Alzenau

Durch zwei Toranlagen wird die ehemalige Vorburg mit dem Vorhof, in dem das staffelgieblige Gebäude steht, betreten. Vom äußeren Burgtor, an das der sogenannte Neubau angegliedert ist, führt an einem Rundbogentor vorbei eine Treppe zum eigentlichen Schloßtor. Hinter dem Rundbogentor liegt das Höflein, das sich zwischen Neubau und „Palas" schiebt. Zwingeranlage und Ringmauer sind wohl ruinös, aber erhalten. Der Palas ist dreigeschossig. Im ehemaligen Rittersaal ist auf den Kapellenerker hinzuweisen. Diese Art von Unterbringung einer Kapelle innerhalb einer Burg war häufiger als ein alleinstehendes Bauwerk, wie es nur in großen Anlagen möglich war.

Die Gründung der Burg in Alzenau wird gern als Legende erzählt. Ein Ritter wurde von seinem Gegner besiegt, und seine Gattin durfte das Wertvollste mitnehmen. Sie lud sich den Ritter auf den Rücken und trug ihn bis ihr die Kräfte fast versagten, aber „all zu nah" war noch der Feind, und sie trug ihn weiter, bis sie sich in Sicherheit wußten. An jener Stelle errichtete dann aber später der Ritter seine Burg, die er Allzunah, das heutige Alzenau, nannte.

Wahrscheinlicher ist die Deutung, daß der Name Erlengrund heißt. Auch die Burggründung läßt sich klären. Als in der Mainzisch-Rieneckschen Fehde viele Spessartburgen zerstört worden waren, begann von Mainz aus in den Jahren 1395 bis 1399 der Bau der Burg Alzenau in dem bis dahin bekannten Ort Wilmundsheim durch Erzbischof Konrad II. Sein Nachfolger Johannes II. vollendete ihn. Durch genau geführte Mainzer Amtsbücher sind die Burgmannen und Amtsleute, die sich in der Verwaltung der Burg Alzenau wechselten, bekannt. Burg Alzenau wurde von Graf Oldenburg auf Befehl des Markgrafen Albrecht Alicibiades 1552 belagert, geplündert und verwüstet. Erzbischof Daniel Brendel von Homburg (1555–1582) ließ in seiner Amtszeit Alzenau wieder aufbauen. In der Neujahrsnacht 1634/35 haben Reiter unter Oberst Bouillon, die mit den Schweden verbündet waren, die kaiserliche Besatzung aus der Burg vertreiben können oder niedergemacht. Brände und Stürme späterer Jahrhunderte haben Burg Alzenau in ihren heutigen Zustand gebracht.

NÜRNBERGER UMLAND

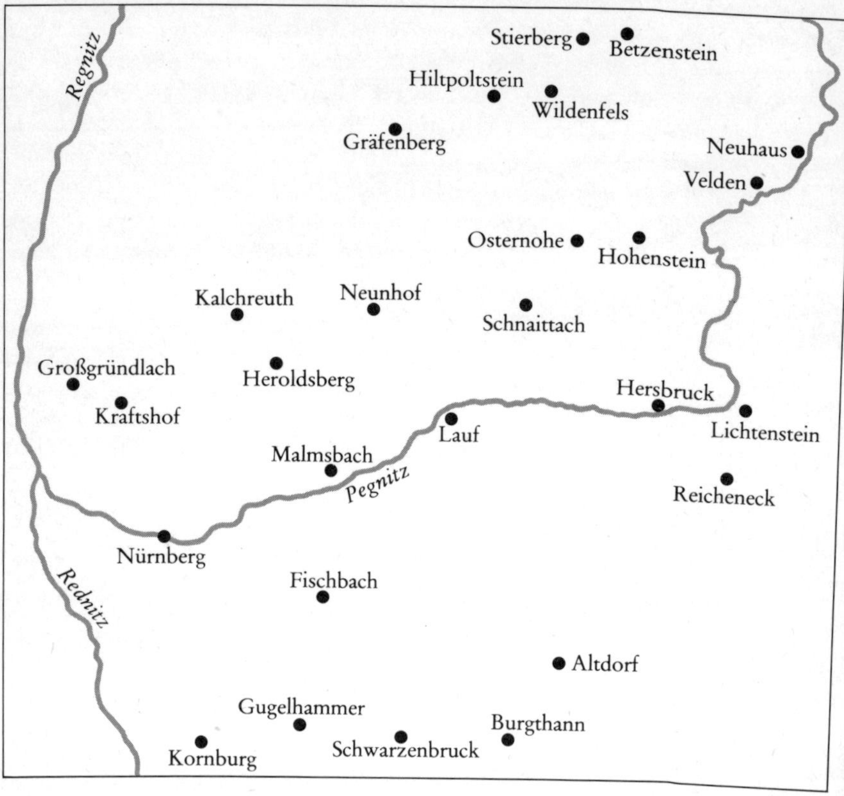

Das Gebiet, das vom Nordgau bzw. von der Oberpfalz nach dem bayerischen Erbfolgekrieg 1504/05 abgetrennt und nürnbergisch und damit fränkisch wurde, ist von Nürnberg in Pflegeämter eingeteilt worden: Betzenstein-Stierberg, Hauseck-Velden, Hersbruck mit Reicheneck, Hiltpoltstein-Wildenfels, Lauf, Altdorf, Engelthal und Hohenstein. Die Pflegeamtsgrenzen bilden schon lange keinen Verwaltungsbezirk mehr. Seit der Kreisreform wurde der größte Teil dieses mittelfränkischen Gebiets im neugebildeten Kreis Nürnberger Land mit dem Sitz des Landratsamtes in Lauf neu geordnet.

Altdorf wurde zur Zeit der Merowinger von Bajuwaren besiedelt, das läßt sich durch Gräberfunde nachweisen. Im 9. Jahrhundert soll aber das reichsunmittelbare Gebiet des Altdorfer Umlandes von einem fränkischen Königshof, der in Altdorf gestanden haben soll, verwaltet worden sein. Doch darüber gibt es keine Urkunden. Erst 1129 wird der Name Altdorf erstmals erwähnt. Bis 1299 unterstand Altdorf als Reichsgut dem König. In diesem Jahr wurde es von König Albrecht I. verpfändet. Zeitweise war Altdorf sogar im Besitz des Pommernherzogs Swantibor III., der es jedoch 1395 an den Wittelsbacher Herzog Rupprecht II. von der Pfalz verkaufte. Im 14. Jahrhundert hatte sich Altdorf zu einem Ort entwickelt, der 1368 das Marktrecht erhielt, und ein Freibrief von 1387 nennt die Bewohner Bürger, und die Verwaltung findet durch einen Rat statt. Im Landshuter Erbfolgekrieg wurde Altdorf 1504 tagelang beschossen, und als eroberte Stadt fiel es beim Friedensschluß an Nürnberg, bei dem es bis 1806 blieb.

Bedeutendstes Ereignis in der Geschichte Altdorfs war 1575 die Verlegung des Melanchthon-Stifts von Nürnberg nach Altdorf. Diese Schule wurde 1578 Akademie, und während des Dreißigjährigen Krieges 1623 wurde sie von Kaiser Ferdinand II. zur Universität erhoben. 1599/1600 besuchte Wallenstein die Akademie. Neben bedeutenden Professoren der Universität gab es genauso berühmte Studenten: der Philosoph G. W. Leibnitz oder der Reitergeneral Gottfried Graf von Pappenheim. Am 29. September 1809 wurde die Universität geschlossen.

Aus der Zeit der Stadternennung blieben einige Reste der Stadtmauer und zwei Stadttore erhalten: das Obere und Untere Tor. In das Pflegeamtsschloß, um 1585 gebaut, ist die Landpolizei eingezogen. Das Universitätsgebäude beherbergt heute die Orthopädische Klinik „Wichernhaus".

Betzensteins Gründung soll auf die verschwundene Burg Albewinestein zurückgehen. Diese Burg wurde 1107 von Kaiser Heinrich V. dem Bischof Otto I. von Bamberg geschenkt. Andere Urkunden dieser Zeit bestätigen, daß die Burg und damit Betzenstein zum Nordgau gehörte.

Der Name Petzenstayn wird im Zusammenhang eines Burgmannes Friedrich 1187 erwähnt, 1289 erscheint noch ein Hermann von Pezenstayn. 1311 kam die Burg, nachdem die Petzenstayner ausgestorben waren, als Lehen an Konrad von Schlüsselberg. Schon zu dieser Zeit wird von zwei Burgen oder zwei halben Burgen gesprochen. Die eine Hälfte war im Besitz der Schlüsselberger und die andere war dem Landgrafen von Leuchtenberg zugesprochen. 1327 wurde Ulrich I. Landgraf von Leuchtenberg Lehensmann des böhmischen Königs. 1347 ist in der Fehde der Bischöfe von Bamberg und Würzburg und dem Burggrafen von Nürnberg mit dem Schlüsselberger Konrad III. als letzter des Geschlechts gefallen. Sein Betzensteiner Burganteil kam an den Burggrafen von Nürnberg, der ihn 1349 dem Landgraf von Leuchtenberg überließ. Ab 1355 war ganz Betzenstein böhmisch und 1359 erhob König Karl IV. von Böhmen den Ort zum Markt und gab die Erlaubnis, Mauern, Türme, Tore und Gräben anzulegen. Trotz dieser Stadtrechte wurde Betzenstein erst 1611

Stadt. 1399 bestand der Bamberger Bischof Albrecht von Wertheim darauf, daß der Landgraf ihm die Schlüsselberger Lehnshuldigung darbrachte, da dieser sie verweigerte, entstand eine jahrelange Fehde. Sie war wahrscheinlich mit schuld, daß der Leuchtenberger Betzenstein an den bayerischen Herzog Ludwig verpfänden mußte. Von 1418 bis 1504 war Betzenstein bayerisch-pfälzisch, der Pfalzgraf mußte aber die böhmische Oberhoheit anerkennen. Im Landshuter Erbfolgekrieg kämpfte Nürnberg gegen den Pfalzgrafen, und beim Friedensschuß 1505 wurde Betzenstein nürnbergisch. Die Stadt wurde ganz neu aufgebaut und 1536 mit einer Mauer mit neun Türmen und drei Toren umgeben. Außerdem wurde ein 92 m tiefer Ziehbrunnen gegraben. Während von der Mauer nur geringe Reste zu erkennen sind, stehen noch zwei Tore und der Brunnen gilt als besichtigenswerte Besonderheit.

Burg **Stierberg** hat ihren Namen nach dem ersten Bewohner, einem Herrn von Stor, erhalten. 1187 muß die Burg als dessen Wohnsitz bestanden haben. Wahrscheinlich waren die Stierberger Ministerialen der Schlüsselberger, denn Gottfried II. von Schlüsselberg wird 1308 als Besitzer genannt. Nach dem Aussterben der Stierberger kam die Burg 1356 an den Landgrafen von Leuchtenberg. Verpfändet und verkauft, wechselten die Besitzer von Nürnberger Patriziern bis zum Pfalzgrafen Johann von Bayern. Im Markgrafenkrieg wurde die Burg zerstört, aber wieder errichtet. Wodurch sie im 18. Jahrhundert zur Ruine wurde, ist nicht geklärt.

Heute stehen von der Hauptburg nur wenige Mauerreste und von der Vorburg auf einem isolierten Felsen ein Turmsockel.

In **Burgthann** stand schon im 12. Jahrhundert eine Burg, wahrscheinlich saßen auf der Burg, wie Urkunden seit 1141 ausweisen, die kaiserlichen Beamten von der Tann. Erbaut wurde die Burg vermutlich von Heinrich von der Tann. 1287 verkauften die Herren von Tann die Burg an Herzog Ludwig den Strengen von Bayern, der sie seinerseits ein Jahr später Kaiser Rudolf überließ. Von Kaiser Rudolf wurde 1288 der Burggraf von Nürnberg belehnt, doch Lehnsherren blieben die Herren von Tann. Ab 1346 hatte der Burggraf in der Burg Tann ein Amt eingerichtet. Auch unter den brandenburgischen Markgrafen blieb bis 1791 bzw. 1806 dieses Amt bestehen. Im ersten Markgrafenkrieg wurde Burgthann 1449 geplündert, die Burg nahm keinen Schaden. Im Landshuter Erbfolgekrieg wurde die Burg von den bayerischen Truppen erstürmt. Im zweiten Markgräfler Krieg brannten die Nürnberger die Burg 1552 nieder. Wieder errichtet, trugen der Dreißigjährige Krieg und spätere Brände zum Aussehen der heutigen teilweisen Ruine bei. Innerhalb der Burgmauern stehen der Palas, der Kapellenbau und der 27 m hohe, runde Bergfried.

Gräfenberg ist durch den Dichter des Ritterepos Wigalois, Wirnt von Gräfenberg, bekannt; dieser Dichter lebte in der Mitte des 12. Jahrhunderts bis ins erste Viertel des 13. Jahrhunderts. Die älteste erhaltene Urkunde stammt von 1172, sie erwähnt Sigehard und Wiritto von Gräfenberg als Zeugen. Wahrscheinlich ist Wiritto der Minnesänger des Wigalois. Ein Verwandter dieses Geschlechts, Konrad Graf, war nicht nur Begründer eines Stadtgeschlechts in Nürnberg, sondern er erwirkte bei Kaiser Ludwig dem Bayern 1393 für Gräfenberg das Recht, einen Wochenmarkt und fünf Jahrmärkte abzuhalten. Seine Tochter, verheiratet mit Berthold Haller, brachte 1334/35 ganz Gräfenberg in den Besitz dieser Nürnberger Patrizierfamilie. Erst 1429 kamen wieder Teile Gräfenbergs an andere Besitzer, so an die Tetzel und Holzschuher. Wahrscheinlich erhielt Berthold Haller 1371 von Kaiser Karl IV. für Gräfenberg die Stadtrechte. Durch Verkauf ging Gräfenberg nach und nach in den Besitz der Stadt Nürnberg über. 1538/39 errichtete Nürnberg hier ein Pflegeamt. Bis 1806 war Gräfenberg nürnbergisch.

Von der Stadtbefestigung blieben drei Stadttore erhalten. Das Tor am Gestieger trägt das Stadtwappen: einen weißen Löwen auf rotem Grund über Mauerzinnen mit dem Nürnberger Stadtwappen.

Hersbruck ist an dem Ort entstanden, wo dem Ritter Haderich eine Brücke zur Bewachung des Pegnitzübergangs von Kaiser Heinrich II. übertragen wurde. Erwähnt wird Hersbruck 976, als Wiltrud, Äbtissin des Kloster Bergen an der Donau, einen Amtmann zur Sicherung ihrer dortigen Besitzungen einsetzte. Um 1000 mag schon eine Burg bestanden haben, denn der sich bildende Ort wird 1011 dem Bistum Bamberg geschenkt. 1057 bereits erhielt Hersbruck Münz-, Markt- und Zollrecht. Die Gerichtsbarkeit hatten die Grafen von Sulzbach zu Lehen. Als diese ausstarben, ging ihr Erbe 1188 an die Staufer über. Mit der Hinrichtung Konradins übernahmen die Herzöge von Bayern 1269 Hersbruck. Unter ihnen entwickelte sich der Marktort zur befestigten Stadt. 1353 erwarb Karl IV. Hersbruck für die böhmische Krone. Bereits 20 Jahre später war aber Hersbruck wieder bayerisch. 1444 war die Stadtmauer mit Türmen und Toren fertiggestellt. Im Friedensvertrag nach dem Landshuter Erbfolgekrieg wurde Nürnberg 1504 für 300 Jahre Stadtherr.

Von der einstigen Stadtbefestigung vermitteln noch die drei Tore einen Eindruck: das Nürnberger Tor, Spitaltor und Wassertor. Als Hersbruck noch einen Kreis bildete, befand sich dessen Landgericht im Stadtschloß. Das Hirtenmuseum ist besuchenswert, wo vorwiegend die Volkskunde gepflegt wird. Ein Beruf, der nicht mehr in die Neuzeit paßt, ist hier „Mittelalter" genug. Es sind die Schellenbögen und Musikinstrumente der Hirten, die ausgestellt sind, aber auch Arbeitsgerät für deren Herstellung. Auch andere ausgestorbene und aussterbende Handwerksberufe fanden mit ihren Werkstatteinrichtungen und Werkzeugen in diesem Museum ihren Platz.

In nicht allzu weiter Entfernung von Hiltpoltstein liegt die Burgruine **Wildenfels.** Zunächst ist aber zum Ort Hiltpoltstein zu sagen, daß auf hohem Felsen eine Burg scheinbar mit dem Felsen verwachsen steht. Seit dem 12. Jahrhundert ist sie bekannt, damals gehörte sie den Wildenfelsern. Als heutige Försterwohnung ist sie nicht jedermann zugänglich.

1209 erscheinen die Herren von Wildenstein auf Wildenfels zum erstenmal in der Geschichte, sie waren die Erbauer und Besitzer der Burg Wildenfels. Die Burg selbst wird 1310 erstmals genannt. Bis Ende des 15. Jahrhunderts blieben die Wildensteiner Besitzer von Wildenfels, dann ging ihr Besitz an die Herren von Leutesheim, die Wildenfels an die Brüder Belecken in Nürnberg verkauften, die ihrerseits die Burg 1511 der Freien Reichsstadt Nürnberg verkauften. Die Nürnberger bauten die im Bauernkrieg niedergebrannte Burg wieder auf. Zur Ruine wurde Wildenfels durch Markgraf Albrecht Alcibiades, der die Burg zerstörte.

Von der Vorburg blieb ein Mauerrest. Die Ruine der Hauptburg besteht aus Palaswänden, Teilen der Umfassungsmauer und einem ziemlich hohen Turmrest.

Die Ursprungsgeschichte **Hohensteins** ist mit den Gütern, die zum Kloster Bergen gehörten, verknüpft, denn 1163 wird Sicolinus von Hohenstein als Vogt der Äbtissin von Bergen mit Einverständnis Kaiser Friedrich Barbarossas in und um Hersbruck eingesetzt. 1188 wurde Hohenstein staufisch, da zwischen dem Kaiser und dem Bischof von Bamberg ein Erbvertrag für den Fall des Aussterbens der Grafen von Sulzbach ausgehandelt wurde. Als Konradin als letzter staufischer Erbe 1268 starb, fiel Hohenstein an die beiden als Erben eingesetzten Onkel Ludwig und Heinrich von Bayern. Unter den nachfolgenden Kaisern wurde nicht nur Hohenstein, sondern das gesamte ehemalige staufische Gut in diesem Raum bald als reichszugehörig vom Kaiser beansprucht, bald dem bayerischen Herzog als Lehen überlassen. Erst gegen Ende des 13. Jahrhunderts wurde Hohenstein wittelsbachisch. Die Schuldforderungen, die König Karl IV. an die bayerischen Herzöge hatte, wurden dadurch abgelöst, daß Hohenstein u.a. 1353 böhmisch wurde. In den Streitigkeiten zwischen König Wenzel und dem Gegenkönig Ruprecht von der Pfalz, die durch die Absetzung Wenzels entstanden, war das Gebiet um Hohenstein oft Schauplatz der Gefechte. Von 1400–1420 versuchte der böhmische König das wittelsbachisch gewordene Gebiet wieder zurückzubekommen. Das ganze Jahrhundert hindurch wurde Hohenstein von einem herzoglichen Pfleger verwaltet. Mit dem Landshuter Erbfolgekrieg änderte sich das Besitzverhältnis wieder. Hohenstein wurde durch Nürnberg 1505 von Herzog Albrecht gekauft, und damit blieb es 300 Jahre nürnbergisch. Nachdem die Burg 1553 von Markgraf Albrecht Alcibiades erobert und zerstört worden war, wurde sie nur noch notdürftig instand gesetzt.

Von der Unterburg stehen das nürnbergische Pflegeamtsgebäude, das „lange Haus", und einige Mauerreste. Die Oberburg blieb mit den immer wieder reparierten Gebäuden, Kapelle und Palas, trotzdem eine Ruine. Die Kapelle liegt im Obergeschoß des Torbaues. Das Untergeschoß des Palas geht noch in die Frühzeit der Burg zurück. An der Stelle des Bergfrieds steht ein kleines Glockentürmchen. Sonst sind nur Teile der Außenmauer und Spuren eines Rundturmes erhalten.

Lauf oder Lauf(f)en bedeutet Stromschnellen, Wasserfall, davon hat **Lauf** seinen Namen. Auf einer Pegnitzinsel wurde die erste Befestigung angelegt. Wann das war, ist nicht bekannt, denn bei einem Rathausbrand wurden alle Urkunden der Frühzeit Laufs vernichtet. So beginnt die Geschichte erst mit der Erwähnung des Namens in einer Urkunde des Klosters Engelthal um

Lauf, Judenturm

1243. Andere Urkunden nennen Lupold von Lauf 1243 und 1254, Hiltebold von Lauf um 1268. Diese Ritter haben gleichzeitig auch Burg Rothenberg besessen. Diese Laufer Herren sind die bayerischen Wildensteiner, die im Nordgau immer wieder als Beamte auftreten. Als bedeutendstes Amt hatten die Herren von Lauf das Geleitrecht an der Straße von Nürnberg nach Prag. In den Thronstreitigkeiten zwischen Adolf von Nassau und Albrecht von Österreich wurde die Burg in Lauf 1301 zerstört. Erst als König Karl IV. seine böhmischen Besitzungen bis beinahe nach Nürnberg ausdehnte, wurde die Burg 1357 bis 1360 wieder errichtet. Bereits 1355 hatte Karl IV. dem Markt Lauf am 23. August die Stadtrechte mit eigener Gerichtsbarkeit verliehen. Die Stadt wurde mit Mauer und drei Toren befestigt. 1373 wurde Lauf wieder bayerisch (wittelsbachisch). 1413 wurde das Recht auf vier Jahrmärkte verliehen. Um 1430 begannen Erweiterungen der Stadtbefestigung. Um 1450 wurde der Judenturm, eine Eckbastion der Stadtmauer und geeignet für Geschützaufstellung, gebaut. Das Obere Tor trägt die Jahreszahl 1476 und das Untere Tor 1526. Das Wassertor wurde 1850 abgerissen. 1504 wurde Lauf während des Landshuter Erbfolgekrieges von Nürnberg erobert und gehörte danach 300 Jahre zur Reichsstadt. Im Markgrafenkrieg wurde Lauf von Albrecht Alcibiades 1553 fast völlig zerstört. Schon im 15. Jahrhundert, aber besonders im 16. Jahrhundert richtete man in Lauf viele Mühlen und Hämmer ein, um die Wasserkraft der Pegnitz zu nutzen. Die Besitzer dieser „Industriebetriebe" waren meist Nürnberger Patrizier.

Die Umbauten der Burg veränderten die Anlage, wie sie Karl IV. errichten ließ, kaum. Die Umfassungsmauer hat fast überall eine Stärke von 2–2,5 m. Der Palas besteht aus zwei Flügeln. Der Nordostbau war der eigentliche Wohnbereich des Kaisers. Das obere Stockwerk nimmt der Kaisersaal ein. Er ist 26 m lang und über sechs Meter breit. Die ehemaligen Wohn- und Schlafzimmer Kaiser Karls IV. schmücken als Wappenfries 112 Wappen der böhmischen Untertanen. Der Bergfried tritt nicht so sehr als Turm, sondern mehr als wuchtiger Block in Erscheinung. Er ist aus beinahe vier Meter dicken Mauern errichtet.

Heute befindet sich in der Burg das Amtsgericht. Einmal im Jahr am Kunigundenfest hat das Publikum Zutritt.

Errichtet wurde Burg **Veldenstein** über Neuhaus vermutlich auf Veranlassung König Konrads I. In einer Urkunde vom 9. September 918 befahl der König dem Eichstätter Bischof an der Grenze seines Bistums Festungen gegen die Wenden anzulegen. Die Burg „daz newe house" wird als Besitz des Bischofs von Bamberg 1269 erstmals erwähnt. Wenige Jahre nach 1331 gehörte die Burg dem Landgrafen von Leuchtenberg. 1410 verpfändete Bischof Albert Burg und Amt Veldenstein an Hans VI. von Egloffstein. Sein Sohn Siegmund war Reichsschultheiß von Nürnberg. Aber 1468 löste sich wieder die Verbindung zu Nürnberg, als der Bischof von Bamberg Veldenstein wieder an sich zog. 1480 wurde die Burg zur Residenz der Bischöfe umgebaut. So residierte noch während des Dreißigjährigen Krieges Bischof Melchior Otto auf der Burg.

Im heutigen Burggelände sind ein kleiner Zoo und Vergnügungsstätten eingerichtet. Von der ursprünglichen Burg sind nur Außenmauern mit ihren Türmen erhalten. Der Palas wurde bei einer Explosion 1708 zerstört. An der Nordseite der Burgmauer steht der 21 m hohe Bergfried auf einem 11 m hochragenden Felsen, der bestiegen werden kann.

In **Osternohe** mit dem Schloßberg liegen die wenigen Überreste einer Burg: ein Turmsockel und Mauerreste, die einstmals mit den Felsen, auf denen sie zu sehen sind, eine wehrhafte Burg bildeten, wie Ansichten im Germanischen Nationalmuseum zeigen.

Im 12. Jahrhundert saßen hier die Ritter von Osternohe, bezeugt ist der Name 1169 durch Reginold von Osternohe. Um 1320 gehörte die Burg dem Ritter von Rindsmaul. Am 1420 war hier von den brandenburgischen Markgrafen ein Amt eingerichtet worden. Erstmals zerstört und niedergebrannt wurde die Burg von den Nürnbergern 1553. In den folgenden Jahren baute man sie wieder auf; aber seit 1722 wurde sie nicht mehr bewohnt, so daß sie zerfallen konnte.

Im Umkreis des Fremdenverkehrszentrums Pommelsbrunn liegen zwei Burgruinen: **Lichtenstein** und **Reicheneck.**

Der Stammsitz der Ritter von Lichtenstein ist heute eine Ruine, die aus Mauerresten und einem Haus besteht. Genannt werden die Lichtenstein erstmals im Jahre 1262. Die Burg wird urkundlich 1353 erwähnt. Sie war Eigentum des Kaisers Karl IV. Später kam sie an die Wittelsbacher. 1388 wurde die Burg zerstört. Im 15. Jahrhundert gab es verschiedene Besitzer, unter anderen war Ewald von Lichtenstein 1423 als Raubritter bekannt. Im selben Jahrhundert wurde die Burg zur Ruine. Die Erhaltung im jetzigen Zustand verdankt sie den Freiherrn Ebner von Eschenbach.

Von Burg Reicheneck haben sich nur das Torhaus und Gebäudereste, die im Zusammenhang mit einigen Bauernhäusern stehen, erhalten. Doch diese Ruinenreste stammen von der zweiten Burganlage, die im 15. Jahrhundert errichtet wurde.

Die erste Burg aus dem 12. Jahrhundert gehörte dem Markgrafen von Vohburg. 1188 gelangte die Burg an die Staufer, bis sie 1238 Eigentum des Ulrich von Königstein wurde, der sie 1252 an Walter Schenk von Klingenberg vererbte. Dieser begründete das Geschlecht der Schenken von Reicheneck, die im 15. Jahrhundert ausstarben. In der 2. Hälfte des 15. Jahrhunderts waren die bayerischen Herzöge Besitzer. Beim Frieden nach dem Landshuter

Erbfolgekrieg wurde Nürnberg 1505 Eigentümer. Im zweiten Markgrafenkrieg wurde die Burg 1553 niedergebrannt. Die wieder aufgebaute Burg verkaufte man 1607 und brach sie ab.

Die Festungsruine **Rothenberg** würde nicht hierher gehören, wenn nicht ihre Geschichte auf eine Burg des Mittelalters zurückginge. Burg und Ort Rothenberg über Schnaittach, das als Sneitaha seit 1011 bekannt ist, gehörte Jahrzehnte den Herren von Lauf. 1360 wurde Rothenberg von Karl IV. erobert und als böhmisches Pflegeamt eingerichtet. 1478 kauften 44 fränkische Ritter den Rothenberg und errichteten auf dem Gelände des verschwundenen Ortes eine Ganerbenburg. 1698 gelangte nach jahrelangem Bemühen die Burg an Bayern. 1729 wurde mit dem Bau der bastionären Festung begonnen, durch Gefechte unterbrochen, wurde der Weiterbau erst 1799 beendet, zumal die Festung ihre Bedeutung verloren hatte.

Soweit die Gebäudeteile nicht baufällig sind und ihr Betreten nicht lebensgefährlich ist, können Bastionen und Kasematten unter Anleitung des Führers besucht werden.

Velden geht auf eine bayerische Gründung im Jahre 730 zurück. Am 28. Mai 889 unterzeichnete König Arnulf in Felda eine Urkunde. In einer anderen Urkunde von König Konrad I. wird der Ort 912 Felduna genannt. 1009 wurde Velden dem Bistum Bamberg geschenkt. Aus staufischem Besitz kam Velden 1268 an die Wittelsbacher und 1353 an Böhmen. Von Kaiser Karl IV. erhielt Velden am 17. Mai 1376 die Stadtrechte. Beim Landshuter Erbfolgekrieg wurde Nürnberg neuer Besitzer. Es richtet eines der Pflegeämter ein, die erst 1806 mit den anderen Ämtern aufgehoben wurden.

Seine Zerstörung erfuhr Velden im Zweiten Weltkrieg, als es am 17./18. April 1945 bombardiert wurde. So blieb von der Stadtbefestigung nur das Mühltor erhalten.

In nächster Umgebung von Nürnberg liegen mehrere Schlösser, die auch besucht werden können, so das Schloß der von Hallerstein in **Großgründlach.** Das Schloß der Kreß von Kressenstein in **Kraftshof** dient als Außenstelle des Germanischen Nationalmuseums – ein Beispiel für die Wohnkultur der Nürnberger Patrizier. In **Heroldsberg** stehen vier Schlösser, die den Herren von Geuder gehörten. Nach der Farbe der Fensterläden wurden sie das Rote, Grüne, Weiße und Gelbe Schloß genannt. Ferner das Hallerschloß in **Kalchreuth,** das Schloß in **Neunhof,** das Schloß **Malmsbach** bei Behringersdorf, das Pellerschloß in **Fischbach,** das Petzenschloß und Faberschloß in **Schwarzenbruck,** Schloß Gugelhammer in **Röthenbach** b. St. Wolfgang und das Schloß in **Kornburg** mit Heimatmuseum.

NÜRNBERG

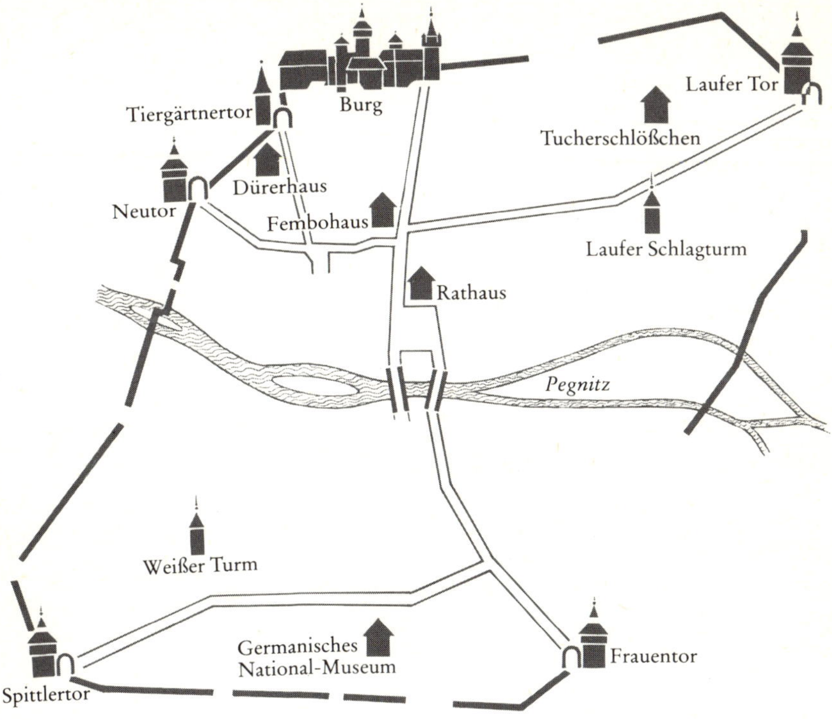

Abseits von den Machtzentren, aber auf Reichsboden liegend, gründete Kaiser Heinrich III. **Nürnberg** zwischen 1040 und 1050 auf einem hochragenden Felsen an der Pegnitz als Kaiserburg vor allem zur Sicherung der ausgedehnten Reichsforsten (nördlich der Sebalder und südlich der Lorenzer Wald). Für das 12. Jahrhundert ist die Familie, die mit dem Burggrafenamt betreut ist, bekannt, sie geht auf den 1113 bezeugten Gottfried von Nurinberg zurück. Nach Aussterben der Familie 1190 wurde das Amt von Kaiser Heinrich VI. den schwäbischen Zollern übertragen. Der Burggraf war Stellvertreter des Kaisers, wenn dieser sich nicht am Ort befand. Er hatte das Kommando über die Burgbesatzung und über die Reichsministerialen des zugehörigen Gebiets inne. Solange die Bürger die Verteidigung der Stadt nicht in eigener Verantwortung ausübten, besaß er auch das Stadtkommando. Gelegentliches Andeuten von Marktrecht oder Zollfreiheit trat hinter die Bedeutung als Sperrfeste an der Straße von West nach Ost und nach Süd zurück. Erst zur Zeit Kaiser

Friedrichs I. Barbarossa wuchs Nürnberg zu einem stadtähnlichen Ort aus der Siedlung unterhalb der Burg und des Königshofes bei St. Jakob heran.

Einen ersten Abschnitt in der Stadtentwicklung stellte der Freiheitsbrief Kaiser Friedrichs II. von 1219 dar. Hierin wurde festgestellt, daß der Nürnberger Bürger nur den König als Oberherrn hatte. In dieser Urkunde wurde Nürnberg auch ausdrücklich Stadt genannt. Haus- bzw. Reichsgut war Nürnberg, solange die Staufer Kaiser waren. Stauferfreundlich blieb die Stadt auch zur Zeit der Exkommunikation durch den Papst. Selbst zur Zeit des Interregnums, als der Gegenkönig Heinrich Raspe die Stadt und Burg mit Hilfe seines Parteigängers Burggraf Friedrich II. 1246 erobern konnte, blieben die Bürger den Staufern treu, wie sich nach dem plötzlichen Tod Heinrich Raspes zeigte. Zu Ende der Stauferzeit schloß sich Nürnberg an den Böhmenkönig Ottokar II. an, um sich gegen den Besitzanspruch der bayerischen Herzöge zu stellen. Als aber das staufische Erbe an die Wittelsbacher fiel, wurde Nürnberg 1269 bayerisch. Die Königswahl Rudolfs von Habsburg betrieb der Burggraf Friedrich III., was ihm nicht nur Machtzuwachs brachte, sondern die Stadt wurde wieder aus der Hand der Wittelsbacher genommen und unmittelbar unter Reichsgewalt gestellt. 1313 bestätigte Kaiser Heinrich VII. nicht nur die bisherigen Rechte der Stadt, sondern erweiterte sie durch die Befreiung vom geistlichen Gericht in Bamberg, Aufnahme von Juden als Bürger sowie Verwaltung der Burg bei Thronvakanz. Bei der Doppelwahl 1314 entschied sich Nürnberg für Ludwig den Bayern gegen Friedrich von Österreich. Die Stadt erhielt für ihre Dienste während seiner 33jährigen Herrschaft 34 Privilegien. Dem Burggrafen wurde seine Hilfe in der entscheidenden Schlacht bei Mühldorf durch das Reichsschultheißenamt von Nürnberg vergolten. Erst dem Bürger Konrad Groß gelang es, dieses Amt 1338/39 mit der Summe von 6000 Pfund Hellern auszulösen. Diesem Finanzmann glückte es auch, 1349 das Münzrecht an sich zu bringen. Während des 14. Jahrhunderts erhielt Nürnberg bedeutende Handelsprivilegien, in Orten des Herzogtums Brabant und in staufischen Orten. Auf der Donau von Regensburg bis Passau waren die Nürnberger Kaufleute vom Zoll befreit.

In diesen Jahrzehnten war die Stadt durch die sogenannte vorletzte Stadtbefestigung ummauert. In die ersten Jahre der Regierung Kaiser Karls IV. fällt der Handwerkeraufstand und der Judenprogrom. Die Patrizier konnten die erzwungenen Rechte der Zünfte zurückgewinnen, und die Schulden der Stadt wurden durch die eingezogenen Vermögen der Juden beglichen. Entgegen der wachsenden Gegnerschaft der deutschen Fürsten hielt Nürnberg zunächst am Königtum Wenzels fest, selbst als 1400 Wenzel tatsächlich abgesetzt wurde, ließen sich die Nürnberger ihre Rechte durch den neugewählten König Ruprecht ausdrücklich bestätigen. König Siegmunds Regierungszeit war von den Kämpfen gegen die Hussiten angefüllt. Während des 15. Jahrhunderts wurde die letzte, die heutige Stadtbefestigung angelegt. Die inneren Gräben wurden eingeebnet, um Baugelände zu erhalten.

Mit dem Herrschaftsantritt des Markgrafen Albrecht Achilles 1440, der sein Fürstentum Ansbach unter seine alleinige Botmäßigkeit zu bringen versuchte, begannen die Auseinandersetzungen mit Nürnberg, das weitverstreut auf markgräflichem Gebiet Besitzungen unterhielt. Nach anfänglichen Verhandlungen über Rechte des Markgrafen in der Stadt kam es 1449 zum Krieg. Den Kriegsvorbereitungen diente auch die Zählung der Bevölkerung. So ist bekannt, daß in Nürnberg 1450 20 219 Bürger lebten. Nach gegenseitigem Niederbrennen von Dörfern und Burgen und wechselnden Niederlagen des städtischen oder markgräflichen Heeres, aber auch vielen Verhandlungen und Waffenstillständen, kam es 1453 zum Friedensvertrag, der die Bestätigung der Rechte Nürnbergs brachte. Die Stadt mußte jedoch dem Markgrafen eine Entschädigung von 25000 Gulden bezahlen. Mit dem Tod Albrecht Achilles 1486 endete eine Zeit der kämpferischen Selbstbehauptung, die aber den Grund legte zur kulturellen Blüte der Stadt.

Im Bayerischen Erbfolgekrieg 1504/05 nahm Nürnberg auf seiten des erbberechtigten Münchener Herzogs gegen die Pfälzer Linie teil. Als Kriegsentschädigung erhielt Nürnberg das eroberte pfälzische Gebiet. Nicht nur Krieg vermehrte in den ersten Jahren des 16. Jahrhunderts den Besitz Nürnbergs. Auch durch Kauf gelangte vieles unter die Hoheit der Stadt. Das neugewonnene Gebiet wurde durch Landpflegeämter verwaltet. Der Ausgleich mit dem Markgrafen von Ansbach kam nicht zustande, da sich Nürnberg nicht bereitfand, auf den nötigen Gebietstausch einzugehen. So blieben Streitigkeiten auch weiterhin bestehen. Mit der Wahl Kaiser Karls V. und seit dem Wormser Reichstag 1519 begann auch für Nürnberg die Frage nach der Einführung der Reformation. Das Für und Wider der Reformation erfuhr eine Unterbrechung als Markgraf Albrecht Alcibiades sich nicht nur als Gegner der Bischöfe von Würzburg und Bamberg zu verheerenden Kämpfen aufmachte, sondern auch Nürnberg im Bündnis mit den Bischöfen bekriegte. Im Friedensvertrag von 1552 mußte sich Nürnberg mit der Zahlung von 200 000 Gulden Kriegsentschädigung abfinden, während die Bischöfe zu Landabtretungen gezwungen waren. Die zum Plünderungskrieg ausartenden Züge Albrecht Alcibiades wurden wieder zu Lasten Nürnbergs weitergeführt. Die ungeklärte Lage der Reformation während des Bündnisses mit den Bischöfen endete 1555 auf dem Reichstag zu Augsburg, im Religionsfrieden. Nürnberg hatte fortan die reichsrechtlich garantierte Konfession zu sichern, das Einvernehmen mit dem Kaiser zu wahren und die Schäden des Krieges auszugleichen. Die Schadensersatzsumme, die Nürnberg leisten mußte, war neben anderen Verlusten und Schäden der Anlaß, daß sich Nürnberg trotz der Schuldenabtragung bis zum Dreißigjährigen Krieg nicht mehr erholen konnte.

Nürnbergs Stadtbefestigungsbauten haben Kriegsverwüstungen und Stadtmodernisierung soweit überstanden, daß seit Jahren Mauern, Türme und Tore durch Renovierungsarbeiten das mittelalterliche Bild wieder hervorkehren.

Der Bau der sogenannten letzten Stadtummauerung begann, als Nürnbergs größte Stadterweiterung im Mittelalter gesichert werden mußte. Diese umfangreichen Wehrbauten sind durch denkmalpflegerische Maßnahmen geschützt. Als noch im letzten Jahrhundert der Gedanke der Stadtmodernisierung vorherrschte, wurden einige Teile der Mauer eingerissen und Gräben zugeschüttet. Doch der weitaus größere Teil des Mauerrings blieb erhalten.

Stadterweiterung durch Hinausschieben der Mauer, um Neubaugebiet zu sichern, muß gleichzeitig auch mit einer Stärkung der Burg gesehen werden. So ist es auch heute noch am empfehlenswertesten, die immerhin fast 5 km lange Mauer zunächst einmal von der Burg her zu betrachten.

Die Mauer, die an die Burg anschließt mit dem noch im Burgbereich stehenden Durchlaß, dem Vestnertor, wird durch die breite Lücke des Maxtores unterbrochen. Hier ist kein Tor zu finden, sondern der Name Maxtor steht für einen Platz, an dem es sich einmal befand. Bis zum Laufer Tor blieb die Mauer völlig erhalten. Die Arbeiten am Laufer Tor begannen um 1377; vollendet war es 1385. Damals war der Torturm ein viereckiger Turmbau, der erst 1556 bis 1559 zusammen mit anderen Toren umgebaut wurde. Stadtbaumeister Georg Unger umgab die jeweiligen Türme mit einem runden Steinmantel, so daß die Türme auf eine Breite von 18 m anwuchsen, was bei einer Höhe von 40 m einen ungeheuer mächtigen Eindruck hinterläßt. Verkehr und die Notwendigkeit, neues Baugelände zu erschließen, bewirkten den Verlust fast der gesamten Mauer, die die Altstadt im Osten begrenzte. Nur im Bereich des Pegnitz-Einflusses blieb ein Stück der Mauer und die Sicherung des Flusses erhalten. Den Fluß überbrückende, mit Türmen versehene Bauwerke sollten den Überfall auf die Stadt vom Flusse her unmöglich machen. Von den Türmen dieser Bauanlage steht noch ein Turm, der Männereisen heißt. Das Frauentor in der Nähe des Bahnhofes wird durch einen der Rundtürme genauso wie das Spittlertor an der Südwestecke der Altstadt gesichert. Zwischen beiden blieb die Mauer, bis auf eine kleine Lücke, doch mit fast allen Türmen und Türmchen erhalten.

Um 1346 wird von den Arbeiten am Spittlertor berichtet, die um 1385 abgeschlossen waren. Wenig später, 1388, stand auch das Frauentor. Um dieselbe Zeit wurde auch die Mauer, die zu dem jüngeren Teil der Altstadt gehört, der Lorenzer Stadtseite, errichtet. Bis 1400 wurde sie noch erhöht und mit Wehrgängen versehen. Eine der letzten Befestigungslücken wurde an dem Pegnitz-Ausfluß 1422 geschlossen. Es wurde ein ähnliches Brückengebäude erstellt, wie es auch am Pegnitz-Einfluß steht. Henkersturm und Wasserturm sind beide erhalten, und der Henkerssteg ist der Wehrgang, der von Turm zu

Königstormauer

Turm über die Pegnitz führt. Das kurze Mauerstück bis zur Burg wurde durch zwei Tore für wichtige Straßen geöffnet. Durch das Neutor führte der Weg nach Würzburg und Frankfurt und durch das Tiergärtnertor nach Bamberg.

Das Neutor erhielt auch einen der schon bekannten Rundtürme. Als einziger Torturm blieb am Tiergärtnertor das ältere Bauwerk, der viereckige Turm, bebestehen. Die Rundtürme mußten die schweren Geschütze tragen, und vielleicht erübrigte sich bei der Nähe des Neutores ein weiterer Geschützturm.

Was auf dem Weg entlang der Mauer immer wieder beobachtet werden kann, ob nun die Mauer innen oder außen abgeschritten wird, ist die doppelte Ausführung der Mauer mit abwechselnd hohen und niederen Türmen. Die Zahl dieser Türme wird, wenn Sagen erzählt werden, mit beinahe 400 angegeben. Wahrscheinlicher ist, daß es mit den fünf Tortürmen 128 waren. Heute sind noch 60 erhalten oder wieder renoviert. Eine Besonderheit fällt im Zusammenhang mit den Wehrtürmen in Nürnberg auf. Fast in allen Orten wurden die Türme mit Namen versehen, jedoch in Nürnberg wurden die Türme den Farben, die die Stadtwehr in den einzelnen Stadtvierteln trugen, zugeteilt. Seit 1449 gibt es eine Einteilung in schwarze, blaue, rote und grüne Gruppen. Die einzelnen Türme jedes Abschnitts wurden dann von A bis Z durchgezählt. In der grünen Gruppe reichte die Bezeichnung nur bis zum H.

In der Zeit, als Nürnberg sich noch nicht auf die Fläche der heutigen Altstadt ausdehnte, bestand aber auch eine Mauer, die als vorletzte Stadtumwallung bezeichnet wird, Sie gehört in die Bauperiode der 2. Hälfte des 13. Jahrhunderts. Da diese Mauerwerke mit den Toren und Türmen innerhalb der Stadt immer mehr störend empfunden wurden, fiel fast alles dem Abruch zum Opfer. Doch der Laufer Schlagturm und der Weiße Turm gehören, zusammen mit einigen Mauerpartien an der Peter-Vischer-Straße und an der Grübelstraße, noch in diese frühe Zeit.

Zu erwähnen bleibt, um die Stärke der Befestigung zu ermessen, daß seit der späten Salierzeit bis zu Albrecht Alcibiades kein Angriff auf Nürnberg erfolgte. Albrecht Alcibiades mußte ohne Erfolg abziehen, und Wallenstein wagte es nicht, Nürnberg zu stürmen. Erst durch andere militärische Mittel gezwungen, mußte Nürnberg 1762 dem preußischen General von Kleist seine Tore öffnen.

Die Burg zu Nürnberg ist nicht aus der Bausucht ihres Gründers auf das Ausmaß von 220 m Länge und 50 m Breite gewachsen, sondern Gegensätzlichkeit und Ergänzung ihrer Funktionen brachte drei Bauteile hervor, die nur so zweckmäßig waren.

Als Sicherung des Königsgutes wurde der Grund gelegt für ein sicheres Haus des königlichen Beamten, des Burgvogtes, des späteren Burggrafen bzw. Markgrafen. Von 1192 bis 1420 hatten die Zollern dieses Amt inne. 1040, zu einer Zeit, als Nürnberg noch kaum bekannt war, wurde der Fünfeckturm errichtet. Er ist der älteste Bergfried der gesamten Anlage, an ihn schlossen sich Palas und andere Wohnbauten an. Wiedererrichtet wurde die burggräfliche Kapelle St. Walpurga. Die Burgamtsmannwohnung, an die eine Mauer mit dem Heimlichen Wächtergang anschließt, stammt aus späterer Zeit. Diese Mauer war zunächst Außenmauer und wurde aber durch die Erweiterung, die die Errichtung der Kaiserburg mit sich brachte, zur Trennmauer zwischen burggräflichem und kaiserlichem Bereich. Nächst dieser Mauer ist auch der Bergfried der Kaiserburg, der Sinwellturm, errichtet. Erklärlich ist der Bau der Kaiserburg dadurch, daß die Burggrafenburg dem kaiserlichen Bedürfnis seiner Würde entsprechend mit seinem Gefolge zu wohnen, nicht mehr genügte. Älteste Teile der Kaiserburg sind der Heidenturm, der östlichste Teil des Palas mit der Doppelkapelle, deren Chor in den Turm hineinreicht, und der 50 m tiefe Brunnen mit dem späteren Badhaus. Dieser Palas wurde von König Konrad um 1140 angelegt. Unter Kaiser Friedrich I. Barbarossa begannen schon Umbauten, die sich bis nach 1200 hinzogen. König Friedrich III. ließ den Palas 1440–42 neu errichten und 1487 wurde der Palas noch einmal verlängert. Für Kaiser Ferdinand I. wurde als letzte Erweiterung 1559–60 ein Wohnraum angefügt. Damit war das heutige Bild der Kaiserburg erreicht.

Der untere Saal des Palas wird Rittersaal genannt, der obere Kaisersaal. Die Anbauten nehmen Empfangs- und Wohnzimmer des Kaisers und den Frauenbau, Kemenate, ein. Die Kapelle ist zweigeschossig: das obere Geschoß war für das kaiserliche Gefolge bestimmt, für den Kaiser selbst gab es eine Empore, und das untere Geschoß für die Bediensteten. Schon frühzeitig überließen die Kaiser die Bewachung und Bewahrung der Kaiserburg den Nürnberger Bürgern. Der immer stärker zu Tage tretende Zwiespalt der Stadt Nürnberg mit dem Burggrafen führte dazu, daß die Kaiserburg Verstärkung gegen die Burggrafenburg erfuhr. Ihren höchsten Ausdruck fand diese Handlungsweise durch den Bau des Luginsland. Von diesem Turm aus beobachteten die Bürger die Vorgänge in der Burggrafenburg. Als in der offen ausbrechenden Fehde Nürnbergs Bürger sich gegen den inzwischen den Titel Markgraf führenden Zollern durchsetzten, wurde die Burggrafenburg zerstört. Im Raum zwischen Luginsland und Fünfeckturm errichteten die Nürnberger 1495 die Kaiserstallung. Bei Reichstagen diente das Gebäude der Unterbringung der Pferde des kaiserlichen Trosses. Die Obergeschosse waren Kornspeicher. Im Zuge der Stadtbefestigung wurde im Nordwesten der Burg von Antonio Fazuni 1538–45 die Burgbastei geschaffen.

Alles, was 1945 zerstört wurde, ist inzwischen wieder aufgebaut. In der Kaiserburg finden regelmäßig Führungen statt. Die Türme können bestiegen werden. Die Kaiserstallung ist Jugendherberge und Standort der Noricama („Multivisionsschau einer Stadt in Bild, Ton und Bewegung").

Selten ist es einer Stadt möglich, wie in Nürnberg, alle Lebensbereiche vergangener und gegenwärtiger Zeit durch Museen in geeigneten Gebäuden zur Geltung zu bringen: das Bürgertum im Fembohaus, die Welt der Patrizier im Tucherschlößchen, das Individuum Künstler im Kreis der Mitmenschen im Dürerhaus, der abgesonderte Verbrecher in den Lochgefängnissen des Rathauses und der über Nürnbergs Bereich hinausgehende Deutsche im Germanischen Nationalmuseum.

Das Fembohaus wurde 1591–96 von Philipp van Oyrl aus den Niederlanden errichtet. 1734–1852 war die Homannsche Landkartendruckerei darin untergebracht. Der Familie Fembo gehörte es seit 1804. 1953 wurde es zum Stadtmuseum umgestaltet. Stuckierte, getäfelte und bemalte Decken und Wände zeugen vom Reichtum der Besitzer. In über 30 Räumen befinden sich Ausstattungsstücke aus drei Jahrhunderten des Bürgertums. Besonders zu vermerken sind die Nürnberger Fayencen, Münzen und Medaillen, die alte Küche und der Innenhof mit dem 18 m tiefen Brunnen.

Das Tucherschlößchen wurde 1533–44 für diese Nürnberger Kaufmannsfamilie gebaut. Viele Einrichtungsgegenstände stehen im Zusammenhang mit der Familiengeschichte der Tucher. Auf Gemälden werden Mitglieder der Familie abgebildet. Die Möbel stammen aus Süddeutschland oder Italien, Wandteppiche aus Flandern. Berühmt ist das achtteilige Prunkserviece des Wenzel Jamnitzer. Verwunderlich wirkt der Elefantensockel des Chörleins an der Außenfront. Da der Erbauer Lorenz Tucher ein weitgereister Bürger war, hat er sicher diese Anregung von einer Orientreise mitgebracht.

Das 1455 erbaute Eckhaus am Tiergärtnertor wurde von Albrecht Dürer von 1509 bis 1528 bewohnt. Drei Stockwerke sind zur Erinnerung an diesen Maler ausgestattet. Eine Druckerpresse, wie sie Dürer benutzte, ist nach seinen Zeichnungen rekonstruiert. Die Küche ist seit dem 16. Jahrhundert nicht mehr verändert worden. Die Wohnräume sind auf das Leben und Wirken Dürers hin geordnet durch Gemälde, Graphiken und Lichtbilder. Selbst Kleinigkeiten – so Dürers Zeichenfeder – kommen hier zur Geltung.

Im Keller des 1332–40 erbauten Rathauses, gab es für Untersuchungsgefangene von Anfang an Gefängniszellen, die als Lochgefängnisse bezeichnet werden. Vier Zellen, Armesünderzellen genannt, waren für die zum Tode bestraften Verbrecher reserviert. Die Gefangenen wurden hier nicht mehr angekettet, aber Tag und Nacht vom Wächter bewacht, um Selbstmord zu verhindern. Diese Zellen wurden auch als einzige mit Ölfunzeln beleuchtet, während die anderen immer dunkel waren. In der Folterkammer gibt es noch Folterinstrumente zu sehen. In zwei Stockzellen konnten die Füße und Hände der Gefangenen im Stock eingeschraubt werden. In der Henkerszelle erhielt der Verurteilte 24 Stunden vor seiner Hinrichtung die letzte, die Henkersmahlzeit. Diese Zelle ist die einzige, in die ein wenig Tageslicht fällt. In der „Roten-Hahn-Zelle" wurden die Brandstifter und in der „Schwarzen-Katze-Zelle" die Verleumder gefangen gehalten. Wasser erhielten die Gefangenen aus dem unterirdischen Ziehbrunnen. In der Schmiede wurden Ketten und Folterinstrumente hergestellt oder repariert. Auch der Gefängniswärter hatte hier seine Wohnung, sie lag eine Treppe höher. Gegenüber der Folterkammer liegt ein Gewölbe, in dem der Stadtschatz und wichtige Dokumente in Kriegszeiten verwahrt wurden.

Das Germanische Nationalmuseum wurde von Hans von Aufseß 1852 gegründet. Seit 1857 befindet es sich im ehemaligen Kartäuserkloster aus dem Jahre 1380. Um den mittelalterlichen Kern – Kirche, große und kleine Mönchszellen und Gemeinschaftsräume – gruppieren sich moderne Neubauten. In der hier versammelten Gesamtschau deutscher Kunst und Kultur aus Vor- und Frühgeschichte, Mittelalter, Renaissance, Barock und Neuzeit mag es kleinlich erscheinen auf einige wenige Beispiele hinzuweisen, die einen Bezug auf Nürnberg haben. Die Verzahnung des Nürnbergischen mit dem übrigen Deutschland ist unlösbar. Hervorgehoben seien hier kirchliche Skulpturen aus Nürnbergs Kirchen, Portalfiguren vom Rathaus, Bildnisse von Mitgliedern der Familie Tucher, Gemälde der Schlacht zwischen Nürnberg und Markgraf Casimir von Brandenburg-Ansbach, Münzen und Medaillen der Nürnberger Stadt- und Reichsmünzstätte, Kokosnußpokal der Familie Holzschuher, Waffen und Rüstungen aus Nürnberg, Gerät der Nürnberger Zünfte, wie Schenkkannen, Handwerkszepter, Werkzeuge, Pokale, „Nürnberger Ei" und andere Uhren, Plastiken von Nürnberger Bürgerhäusern, Innenausstattung von Wohnungen – Pramsches Zimmer mit Möbeln, Bilder, Kleidung u. a. –, Sternapotheke aus Nürnberg samt Einrichtung oder Werke des Nürnbergers Veit Stoß.

ORTSVERZEICHNIS

NACHWORT

Ohne die Mithilfe von Gemeindeverwaltungen, Fremdenverkehrsämtern und vielen Bürgern auf der Straße wäre dieses Buch, so wie es jetzt vorliegt, nicht zustande gekommen. Alle, die mir geholfen haben und hier anonym angesprochen sind, werden meinen Dank spüren.

Besondere Erwähnung verdienen die Orte, die ihren Teil zur Illustration des Buches beigetragen haben. Den Bürgermeistern, Leitern von Fremdenverkehrsämtern und den im Bildnachweis genannten Personen ist es zu verdanken, daß das Buch mit den Fotos auszustatten war.

BILDNACHWEIS

Abenberg (Fremdenverkehrsverband Nordbayern) – Alzenau (Stadtverwaltung) – Aub (Bürgermeisteramt) – Bad Wimpfen (Städt. Verkehrsamt) – Bamberg (Staatsgalerie in der Neuen Residenz) – Coburg (Fremdenverkehrsamt) – Creussen (Stadtverwaltung) – Dinkelsbühl (Städt. Verkehrsamt) – Eberbach (Kultur- u. Verkehrsamt) – Frickenhausen (Gemeindeamt) – Guttenberg (Freiherr von Gemmingen-Guttenberg) – Hammelburg (Stadtverwaltung) – Homburg (Löbl-Schreyer) – Iphofen (Eva Seidel) – Kirchberg (Werner Martin Dienel) – Königsberg (Stadtverwaltung) – Kronach (Stadtverwaltung) – Kulmbach (Fremdenverkehrsverband Franken) – Lauenstein (Stadtverwaltung, Ludwigstadt) – Lauf (Stadtverwaltung) Leofels (Werner Martin Dienel) – Lichtenburg (Lichtenburggemeinde, Ostheim v.d. Rhön) – Lisberg (Hans Fischer) – Lohr (Verkehrsamt) – Mellrichstadt (Stadtverwaltung) – Neuenstein (Werner Martin Dienel) – Neuhaus (Werner Martin Dienel) – Neustadt (Stadtverwaltung) – Niedernhall (Bürgermeisteramt) – Nürnberg (Hauptamt für Hochbauwesen, Bildstelle u. Denkmalsarchiv) – Obernburg (Stadtverwaltung) – Ochsenfurt (Stadtverwaltung) – Öhringen (Werner Martin Dienel) – Ornbau (ehem. Bürgermeisteramt) Pappenheim (Stadtverwaltung) – Prichsenstadt (Bürgermeisteramt) – Rieneck (Stadtverwaltung) – Rothenburg (Werner Martin Dienel) – Scheinfeld (Stadtverwaltung) – Schwäbisch Hall (Werner Martin Dienel) – Seßlach (Stadtverwaltung) – Stetten (Werner Martin Dienel) – Uffenheim (Stadtverwaltung) – Unteraufseß (Hans Werner Freiherr von Aufseß) – Vellberg (Werner Martin Dienel) – Weikersheim (Werner Martin Dienel) – Weismain (Heimat- u. Fremdenverkehrsverein) – Weißenburg (Stadtverwaltung) – Wertheim (Stadtverwaltung) – Wildenburg (Fürstlich Leiningensches Archiv, Amorbach) – Wolframs-Eschenbach (ehem. Bürgermeisteramt) – Würzburg (Fremdenverkehrsamt)